U0142570

圖解

現行考銓制度

梅林 著

三版序

　　距離上一版又過了三年的時間，我國的人事法規一如往常的大幅變動：

一、在組織方面，考試院的退撫基金監理委員會及管理委員會都已改制甚至裁撤而業務挪移，行政院的組改也終於邁入最後一哩路。

二、在任免法規方面，任用法、陞遷法、專技轉任條例都有修正，其中以陞遷法的修正幅度最大，從原本的「資績並重」調整為「功績原則」，而連帶影響了許多陞任計分、陞遷資格審查的規定，而專技轉任制度則由原本的輔助性用人措施逐漸轉型為常態用人的併行管道。

三、考績法雖然尚未修正，但是在此刻改版的當下，仍有對前次修正草案再修正的擬議討論。

四、服務法及保障法方面，則在消防人員提出救濟而做出的大法官釋字第 785 號之後，基於憲法所保障的服公職權與健康權而修法訂定框架性規範。服務法更趁本次修法將兼職、發表言論等規定與時俱進的大幅調整，逐漸從義務踐行規範朝向權利合理保障的發展趨向。

五、個人專戶制退撫法的新立法，則是在現行確定給付制的退撫制度下，將 112 年 7 月 1 日以後初任公務人員的退休制度又設立了一個新的確定提撥制度。

　　此外，這段期間也發生了：高考三級及普考的考試專業科目數量刪除整併，最後一個交通資位制的台鐵在公司化之後，我國資位制正式走入歷史，而派用條例在 9 年的過渡期間屆滿後，成為歷史名詞。

　　除了以上更新修訂說明，再次檢查仍然有發現部分文字誤植而一併修正，另外也將部分圖說或文字以更口語化的方式調整潤飾，希望能有助於閱讀理解。

　　初版自序中提及全國人事人員賴以維生的單一查詢系統「全國人事法規資料庫檢索系統」已退役，法規函釋的查詢各自回歸考試院、銓敘部、保訓會、人事總處等主管機關的法規檢索系統，也在此一併向讀者報告。

修訂版序

　　人事業務雖算不上是博大精深，但因涉及人員的選、用、育、晉、留等各項層面，從入到出的所有框架或細項都有個別的法令規定。

　　本書初版至今已有三年時間，部分規定或體制皆有大幅修訂，如：考試委員任期及人數調整、108 年職組職系經通盤檢討後大幅整併更名、行政院零派遣政策的人員轉換、簡任升官等考試正式走入歷史、釋字第 785 號後的人事行政行為措施改認行政處分（影響救濟途徑的改變）、109 年懲戒法再修（公懲會改制為懲戒法院、改為一級二審等）、休假改進措施調整（即國民旅遊卡制度）、退休再任私校職務應停發月退休金屬違憲、因應少子化的各項育嬰留職停薪規定的微調等，皆在此次改版中予以更新。

　　另因經驗不足，實務上對於部分說明有所錯誤之處（如年終工作獎金、加班費並非如考績獎金般以俸給總額計算）也加以修正。此外，為利讀者能更清楚了解，部分圖說方式也有所調整，雖腦中仍持續建構，但為了不耽誤出版期程，只能暫時打住，希望日後能有機會再精進。

　　人員管理制度永遠是動態進行式，在權力意識抬頭、政府彈性授權聲浪不斷的趨勢推動下，公務人員永業保障不如以往，而有關如：非典型人力運用、考績法修正（如納入面談機制、考評項目調整與授權等）、服務法修正（特別就兼職、旋轉門等是否將放寬及幅度等）、揭弊人保護法草案、因應釋字 785 號的保障法現行雙軌救濟架構未來變化等各項議題，均值得留意追蹤。

自序

這是一段真實的日常生活對話。

「我現在好像比較不會對著電視發脾氣。」

「咦？有嗎？為什麼？」

「有啊，因為家裡有個公務員。」

「是喔，哪有什麼差？」「因為如果節目上在亂講什麼，你都會再跟我分析，其實是怎麼一回事，規定還有哪些，雖然有時候真的嫌你囉嗦，可是好像也讓我變得比較客觀哩。」

有幸在友人引介之下，接到圖解書系列的邀約，當年的對話又浮現腦海，也給了我接受挑戰的勇氣。在還沒有報考公職之前，對於公家機關的認識，好像也全部來自於媒體與政論節目，但自從擔任了人事人員，漸漸看事情的角度有所改變，而且或許是由於已有不少年的私部門工作經驗，似乎更容易能從產、官、學等不同面向，試著相互體會與體諒。因此，本書在著手規劃之初，所設定的讀者對象就有點蛇吞象的貪心，除了針對準備國家考試的考生外，同時也希望對初初辦理人事業務的人事人員，又或是對政府人事制度有興趣想進一步了解的人，盡自己所知所能，提供一個盡量完整且正確的輪廓介紹。

無論局勢如何變化，春去秋來、日出日沒的常律依然不斷運行，人事制度其實也扮演著相類似角色，即便是近年來考點或人事業務增加了不少如性別平等、關鍵績效、政務事務的區辨、委外人力等新增議題，但如任免遷調、考核獎懲、待遇福利、退離照護等人事業務，才真正是大多數人事人員的日常，就算平時有如空氣般存在，但任何的貽誤或疏失，都恐將對於同仁身分或財產上的權益造成輕重不等的影響。我國人事法規多如牛毛，本書希望能從歷史淵源、體系架構、業務流程等各方面，提供按圖索驥的查找功能，不過近年來人事制度的變化幅度及速度都很大，本書付梓之時，小從請假規則，大至服務法、考績法，都還在改革進行式當中，建議讀者在參考書中內容的同時，務必至如「全國人事法規釋例資料庫檢索系統」、「全國法規資料庫」、考試院、銓敘部、人事總處網站首頁等，確認是否有最新修正規定。

謝謝五南圖書，耐心的等候我雖是慢工但稱不上細活的撰寫，其實在幾次校對過程中，總還是有很多地方覺得不足而想更加盡善盡美，只是我再這麼任性下去，此書恐怕永無出版之日。

謝謝在我中年轉職成為人事人員的公務生涯中所遇到的每一位長官與同仁,你們不藏私的經驗分享,豐富了我的人生,無論在工作上或生活中,也成就了這本圖解書。

最後,對準備成為公務人員的你、已經是公務人員的你,又或是對於公務人員有興趣的你,希望本書能有些許幫助。在浩瀚的文官制度中,自己的所知永遠不足,疏誤恐仍在所難免,還望先進後輩不吝指教。

本書目錄

本書目錄

第2章 人事體制

第 3 章　考選制度

津貼補助

訓練進修

請假

退撫保險

成績考核

雙重身分者（即現職人員）

永久限制

6 年限制

3 年限制

1 年限制

檢覈考試

銓定資格考試

檢定考試

第 4 章　任用制度

專才專業

適才適所

初任與升調並重

人與事之適切配合

積極任用資格

消極任用資格

其他資格限制

一般查核

特殊查核

本書目錄

回職復薪規定

其他權益變動

迴避任用

離職卸任前任用限制

政務人員亦適用

設置目的

進用依據

資格條件

員額及職務限制

聘用人員

派用人員

聘任人員

約僱人員

雇員

立法目的

實施情形

111 年主要修正規定

其他限制放寬

業務委外

臨時（約用）人員

計劃（約用）人員

勞務承攬

志願服務

替代役

本書目錄

第 6 章　俸給制度

本書目錄

年終工作獎金及慰問金

個別性獎金

生活津貼

優惠貸款

文康活動

第 7 章　考績制度

現制缺失爭議

近次修正草案重點

考績原則

考績制度功能

身分對象區分

應予考績人員之條件

期間性質

情事性質

辦理條件

權責機關

考核項目與計算

考評等次

結果運用

平時考核

專案考績

本書目錄

第 8 章 獎懲制度

第⑩章 服務制度

本書目錄

揭弊者保護

本書目錄

第 **1** 章

人事機構與組織

● 章節體系架構

UNIT **1-1**
人事行政與功績制度

(一) 人事行政的意涵

人事行政一詞多用於政府用人治事的文官制度，也有人事管理、人力資本管理等其他類似名詞，概念上大致相同。由於人是獨一無二的個體，複雜度遠高於事務或財產管理，所以人事行政也是一切行政管理的基礎。

並非所有的政府組織都一定有人事制度：若規模小，成員不多，問題能權宜處理，就不見得有典章制度；一旦規模逐漸擴大，產生各種複雜的適用情形，就必然有制度化的需求，方能統一有效管理。美國人事行政學者史塔爾（O. Glenn Stahl）就認為，古埃及、羅馬帝國均有其文官制度，而性質上為城邦國家的雅典則沒有文官制度，原因也就在此。

(二) 功績制度演進

古代多為君主政治，政府用人治事沒有客觀標準，明君則盛，昏君則衰，然全憑統治者一己好惡，關的重要性遠大於能力，此時期多以「瞻徇制」、「恩賜制」（Favoritism）稱之。

之後政黨政治興起，人民用選票決定統理治理者的資格，政府職位成了勝者全拿的戰利品分給同黨之人，帶有酬庸性質。然而會選舉的人不見得能做事，且文官任免不看能否勝任，而看所屬政黨勝敗，用人不當，貪污舞弊，造成社會紊亂與政治動盪，此時期多以「分贓制」（Spoils System）稱之。

鑑於以往制度的流弊，美國在 1883 年通過彭德爾頓法（Pendleton Act），實施「功績制」（Merit System），透過公開考試的方式來選拔才能識士，文官任免以能力為考量，讓專才專業且具有實學的人擔任政府職位，而非考量其政黨、血統、關係或階級，並透過考試及考核方式選拔適格人員擔任適當職位，以工作崗位上的功績表現作為獎優汰劣的基礎，進而使政府職位專業化、永業化。因此，功績制具有「考試用人」、「專才專業」、「職位保障」及「行政中立」等特色。

(三) 我國功績制度實施情形

我國現行人事制度是以功績制為基礎，主要規範於公務人員考試法、任用法、俸給法及考績法等四部人事法令中。實施情形說明如下：

❶ **考試取才**：考試以公開競爭方式行之，除依年度任用需求決定正額錄取人員，並有彈性增額錄取規定。各種考試並有分類、分科的應考資格條件。

❷ **依法任用**：文官任用應本於專才專業、適才適所，人與事需能適切配合。獲任用人員應具有依法考試及格、銓敘或升等合格資格，依官等及職等任用。

❸ **同工同酬**：各項法定職務就其工作職責及所需資格，依職等標準列入職務列等表。任各官等職務人員除有起敘規定，並依所任職務之列等支領俸給。

❹ **獎優汰劣**：本綜覈名實、信賞必罰的意旨，對文官表現做準確客觀的考核，年終考績並以平時考核為依據，有重大功過時則辦理專案考績，均訂有獎懲規定。

名詞定義

	人事管理	人事行政	人力資源管理	人力資本管理
意涵	企業機構運用人才的管理程序與具體執行	政府人員任免運用及管理措施所發展出的制度及政策	將人視為資源（Resource），需經有效管理以發揮其潛能	將人視為資本（Capital），一種日後能帶來收益的無形資產
	作業性取向		策略性取向	
特點	單純處理人事的各種方法、技術與實施。較屬事務性質工作	為公共行政中各組織人力運用及員工行為管理措施	以投入產出的角度研究，屬經濟資源的有效運用管理	專指不易甄補替代、具市場獨特性及核心價值的員工管理

美國文官制度演進（綜整美國行政學者 Rosenbloom 及彭錦鵬教授分類）

時期	仕紳制（Gentlemen）	分贓制（Spoils）	功績制（Merit）	
			創建期	強化期
期間	1789-1829	1829-1883	1883-1978	1978-
主政者	華盛頓總統（George Washington）	傑克遜總統（Andrew Jackson）	由民主黨議員潘德頓（G. H. Pendleton）提出法案	卡特總統（James Earl Carter）
內涵	文官大多來自上流社會「適才」菁英，即使未具擔任職位所需技能。因早年行政單純，故多能快速學會。	認為文官久任後易脫離人民及公共利益，鼓吹「服官者」，屬於選舉勝利者，主張「官職輪換」與「平民政治」。	透過考試及考核方式選出適格的人員來擔任適當的職位，以功績表現作為人員獎優汰劣的依據。	在加強人事管理措施以提高聯邦公務員的工作績效，與強化公務員權益保障之間取得衡平。
可能缺失	人員任用多以個人關係為重要因素，純為以私人為中心的人治主義。	文官任免具酬庸性質，視所屬政黨勝敗而定，易有用人不當，貪污舞弊情形。	基於消極防弊考量而有過分高度中央控制情形，較不符人事積極服務趨勢。	X 理論的管理哲學並不一定適當。

功績制度特點

考試用人	透過公平、公正、公開的競爭考試方式來選拔人才，而非以政黨、血統、關係或階級等作為考量。
專業專才	選拔專才專業且具有實學的人員，擔任適當職位，使其在該職位上能有功績表現。
職位保障	依法任用的文官，地位獲得保障，非依法定程序，長官不得任意免職或懲罰。權利如受侵害，可依法尋求有效的救濟。
行政中立	要求文官在執行職務時，中立且公正無私，不受當權者或政治力影響。且不得利用職權，參加政黨鬥爭，違者將受處分。

UNIT 1-2 人事機構設置類型

在一般傳統上有「部外制」、「部內制」及「折衷制」等三種主要分類。近年來有學者針對我國特有的情形，提出「幕僚制」與「獨立制」一說。

(一) 部外制

是指在行政權系統內設獨立人事機構，在人事職權的行使上超然獨立，不受政黨或行政首長的干涉與控制，為最高人事機關。此制度的原始設計理念，是基於防止以往贍徇制或分贓制的流弊。如美國「聯邦文官委員會」（1883-1978）及日本「人事院」（1947-）的制度設計。

部外制的人事機構較能宏觀性通盤規劃考量，也具有保障文官地位永業化的優點，但同時也可能有規劃措施不能切合機關實際需求、剝奪行政首長人事監督管理權、妨害行政責任的完整等缺失。

(二) 部內制

是指在行政權下設人事主管機關，用以統一解釋法令或統籌監督各機關人事管理，但所屬人員的選任、俸給、考績及獎懲等實際人事權行使，仍由各機關自行掌理，也稱為官僚制或德法制，因德、法兩國為集中或集權制，歷史悠久，官僚體系效率卓越，並無考量另設超然獨立人事機構。

此制雖然可保有行政權的完整，人事運作也較能切合個別機關實際需要，但因力量分散，往往易有各自為政，難以產生革新作為的缺失。

(三) 折衷制

因上開制度皆有優、缺點，故英國取長削短，將人事權二分，文官考選及資格審定交由超然獨立的「文官委員會」（1855-1968）掌理（部外制性質），另考選以外的其他人事管理則由行政權系統下的財政部掌理（部內制性質），此制也稱為英國制或混合制。

在折衷制下的文官考選權獨立行使，可以真正確保公正客觀、用人唯才的功績制，免除首長任用私人或政黨分贓的弊端，但也因文官考選與其他人事行政分別由不同機構管理，容易形成權力相爭、協調困難的窘境。

(四) 幕僚制

傳統上雖有以上三種類型的區分，但仍然均屬於行政權（而非立法權或司法權）的範疇，差別只在人事機構能否超然獨立行使職權，不受最高行政首長或政黨的干涉。但人事權仍隸屬於行政權，人事主管機關仍為行政首長的幕僚性質，故學者將以上三制均歸納為幕僚制。

(五) 獨立制

在我國五權分立的憲政體制下，考試院與行政院分立制衡，人事權（考試及其他人事職權）完全獨立並脫離於行政權之外，故稱為獨立制。各級人事人員任免由上級人事機關而非服務機關首長掌理，管理上則是雙重隸屬監督。許南雄教授認為我國考試院擁有人事行政決策權、法規提案權、人事機構管理權，但無須列席立法院接受施政質詢；行政院雖無上開人事職權，其施政卻須向立法院報告及備詢，權責上有欠明確且不連貫。

一般通說 —— 三權分立的觀點

部外制	部內制	折衷制
❶ 在行政權系統外設置獨立的人事機構，超然獨立行使人事職權，不受政黨或行政首長的干涉。 ❷ 代表性國家：美國「聯邦文官委員會」（1883-1978）、日本「人事院」（1947-）。	❶ 人事權的行使由各行政部門自行掌理。如另設有人事主管機關，亦僅為統一解釋法令或統籌監督性質。 ❷ 代表性國家：法國、德國。	❶ 把人事權切割，將文官考選權交由部外制機關掌理，其餘人事業務則由部內制性質機關掌理。 ❷ 為英國在1855-1968年間特有的折衷性質的人事機構設置，也稱混合制。

以我國五權分立作為劃分的觀點

幕僚制	獨立制
無論「部外制」、「部內制」及「折衷制」，人事權仍皆屬於行政權範疇，差異只在人事職權行使是否不受政黨及最高行政首長干涉而超然獨立，但人事主管機關仍為行政首長的幕僚性質。	❶ 依我國現行憲政體制，考試院與行政部門分立制衡，二者不具「隸屬—監督」，而是「分立—制衡」關係，人事權完全獨立並脫離於行政權之外。 ❷ 為我國特有制度。

世界先進國家人事制度發展趨勢

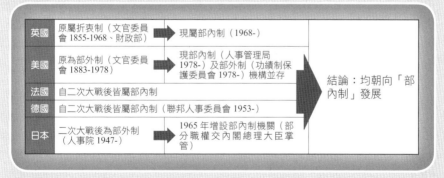

英國	原屬折衷制（文官委員會 1855-1968、財政部）	➡	現屬部內制（1968-）	
美國	原為部外制（文官委員會 1883-1978）		現部內制（人事管理局 1978-）及部外制（功績制保護委員會 1978-）機構並存	結論：均朝向「部內制」發展
法國	自二次大戰後皆屬部內制			
德國	自二次大戰後皆屬部內制（聯邦人事委員會 1953-）			
日本	二次大戰後為部外制（人事院 1947-）	➡	1965 年增設部內制機關（部分職權交內閣總理大臣掌管）	

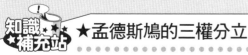

★孟德斯鳩的三權分立

孟德斯鳩（Montesquieu, 1689-1755），是法國啟蒙時期的思想家、社會學家及律師，與伏爾泰、盧梭並稱「法國啟蒙三劍俠」。孟德斯鳩認為若要保障人民自由，便應制止權力濫用，而方法則透過權力分立，提出將國家三種主要公權力分散，即行政、司法、立法三大政府機構分別共同存在，不集中在單一機關，如此便能夠產生互相制衡的作用，避免政府權力濫用，得以保障人民。

UNIT 1-3
我國人事職權變遷

一直以來，我國的人事機構設置類型，有些人認為是屬於部外制，但也有人認為是如同英國般的折衷制，說法莫衷一是。直到學者針對我國特有的五權分立情形，提出幕僚制與獨立制的學理分類，才逐漸形成共識。

但如果觀察先進國家的發展趨勢，無論當初設置超然獨立人事（或考選）專責機構的目的為何，事實上在運作多年後皆受到行政機能分裂的質疑，而紛紛朝向部內制發展，回歸孟德斯鳩三權分立且相互制衡的理念。

在強調消除政治或人情因素影響政府用人的時期，另設地位超然的專責人事機構確實有其時代必要性，但隨著人事權逐漸受到正視後，各國也多回歸部內制類型。然而，我國現行人事職權的行使，囿於五權憲法的憲政架構修正不易，牽一髮而動全身，但行政運作也應配合實際需要，所以除了獨立制的考試院之外，行政院下也同時設有幕僚性質的人事主管機關。

(一) 人事職權發展變遷

依據憲法於民國 19 年成立考試院，為國家最高人事機關。但考量人事權的行使與機關的實際用人管理息息相關，政策面與執行面如不加以區分，全部交給考試院，而行政院下沒有可以負責統籌管理的人事幕僚機構，實務運作上將產生許多窒礙難行、權責不清的狀況。

在動員戡亂時期終止之後，依據憲法增修條文規定，將考試院的職權重新予以劃分，並於民國 56 年成立行政院人事行政局，為行政院的人事幕僚機構，統籌行政院所屬各機關的人事行政事宜，以兼顧行政管理權行使的實際需求。

(二) 考試院

依據憲法第 83 條及增修條文第 6 條規定，考試院為國家最高考試機關，其權限另區分為掌有完整國家考試權責，公務人員銓敘、保障、撫卹及退休的法制及執行權責，以及公務人員任免、考績、級俸、陞遷、褒獎的法制權責。轄下的所屬機關除熟知的考選部及銓敘部之外，還有保訓會、文官學院與 112 年因應新的退撫個人專戶制而改制的基管局。

(三) 行政院人事行政總處

前身為行政院人事行政局，民國 56 年成立，於民國 82 年始公布組織條例，並於民國 101 年改制為人事總處。為行政院的人事幕僚主管機關，統籌人事行政管理事宜。另關於政府人力綜合規劃、組織編制、進用、訓練、考核、待遇、福利等人事行政的執行、管理或技術性事宜，均由該總處負責，同時掌理行政院所屬人事人員管理，並依據憲法與府、院、地方政府等機關溝通合作。轄下三級機關原有❶公務人力發展中心，及❷地方行政研習中心。兩中心已於 106 年合併為公務人力發展學院，分為臺北院區及南投院區。另原轄下的住福會已於民國 101 年組織再造時裁併。

考試院與行政院之人事職權關係

—— 行政管轄
----- 業務監督

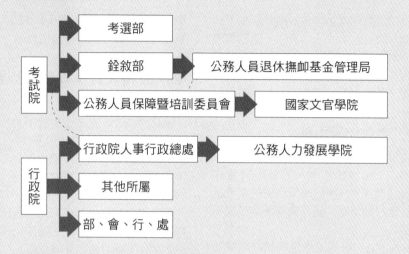

重要人事機關設置歷程

19年1月6日	考試院與所屬考選委員會及銓敘部成立	37年6月24日,考選委員會改組為考選部
56年9月16日	依據動員戡亂時期臨時款第5條規定成立行政院人事行政局	動員戡亂時期終止後,82年12月30日完成組織法制化
		101年2月6日改制為行政院人事行政總處
84年5月1日	成立公務人員退休撫卹基金監理委員會及管理委員會	分別隸屬考試院及銓敘部(基管會於112年改制為基管局,監委會整併入銓敘部)
85年1月3日	公布公務人力發展中心組織條例	隸屬人事行政總處
85年6月1日	成立公務人員保障暨培訓委員會	隸屬考試院
86年4月9日	公布公務人員住宅及福利委員會組織條例	103年6月18日總統令廢止
88年7月26日	成立國家文官培訓所	99年3月26日改制為國家文官學院
91年6月26日	公布地方行政研習中心組織條例	隸屬人事行政總處
106年3月31日	公務人力發展中心及地方行政研習中心依組織法合併為公務人力發展學院	原兩中心分別改為臺北院區及南投院區

UNIT 1-4
考試院

考試院依照憲法規定為國家最高考試機關，與行政、立法、司法、監察等四院立於平等地位而獨立行使職權。但考量行政管理的實務需要，在憲法增修條文後，職權已重行調整。

(一) 考試院院本部

置院長、副院長各 1 人、考試委員 7 至 9 人，由總統提名、經立院同意任命，任期 4 年。所做決策均需經過考試院會議討論決定，屬合議制（委員制）型態。

108 年立法院三讀通過考試院組織法修正，對於委員人數、任期大幅下修，提名資格、執掌及內部委員會組設等相關條文也多有修刪，頗有在維持五權分立架構下限縮實權的意味。

(二) 銓敘部

除業務需要所設的銓審司、套審司、退撫司等內部單位外，得報請考試院核准，設各種委員會，聘請專家學者或指定人員為委員。主要負責公務人員之銓敘、撫卹、退休及其任免、考績、級俸、陞遷、褒獎等法制事項，以及各政府機關人事機構之管理等事項。

轄下基管會因應 112 年 7 月 1 日退撫個人專戶制，改制為基管局。

(三) 考選部

設有綜合規劃、高普考試、特種考試、專技考試、測驗發展等內部單位。又為因應各種考試業務或特殊需要，設有各種審議或處理委員會，分別辦理考選相關事宜。

主管公務人員任用資格與專門職業及技術人員執業資格等各種國家考試，負責全國考選行政並辦理相關考試，及監督受委託機關、團體辦理情形。

(四) 公務人員保障暨培訓委員會

簡稱保訓會，置主任委員 1 人，副主任委員 2 人，並置委員 10 至 14 人，包含專任及聘兼委員，任期均為 3 年，任滿得連任。轄下有國家文官學院，以應國家文官培訓需要。

負責有關公務人員權利保障與訓練進修政策、法制事項，依法審議公務人員保障案件，執行各項保障業務。

(五) 公務人員退休撫卹基金管理局

隸屬銓敘部，原本是委員會的組織型態，但為因應 112 年 7 月 1 日實施的個人專戶退撫新制而改首長制。另原隸屬於考試院的監理委員會也已裁撤，而由銓敘部新設單位「監理司」來管理退撫基金、公保準備金、個人專戶新制退撫儲金等相關監理業務。

(六) 國家文官學院

院長由保訓會主任委員兼任，設有研究發展、訓練發展、評鑑發展中心、數位學習中心等內部單位。另於南投縣設置中區培訓中心。

負責全國公務人員法定訓練，辦理高階公務人員中長期發展性訓練、晉升官等訓練、考試錄取人員訓練、行政中立訓練等各項培訓業務。

職權演變

憲法第 83 條規定	➡	憲法增修條文第 6 條
考試院為國家最高考試機關,掌理考試、任用、銓敘、考績、級俸、陞遷、保障、褒獎、撫卹、退休、養老等事項。		考試院為國家最高考試機關,掌理下列事項,不適用憲法第 83 條之規定: ❶ 考試。 ❷ 公務人員之銓敘、保障、撫卹、退休。 ❸ 公務人員任免、考績、級俸、陞遷、褒獎之法制事項。

理由
❶ **考試**:國父孫中山先生建國大綱中即規劃:「凡候選及任命官員,無論中央地方,皆須經中央考試銓定資格者乃可」。故據以確立五院組織職掌,考試權由考試院依法獨立行使。
❷ **公務人員之銓敘、保障、撫卹、退休**:實務上其法制及實際執行事項均由考試院掌理。
❸ **公務人員之任免、考績、級俸、陞遷及褒獎之法制事項**:因涉人員管理權之行使,實際執行權責係屬各用人機關首長,考試院僅負責制定法律規範,不及於實際之人員管理。
❹ **養老事項刪除**:實務上考試院數十年來對於公務人員養老事項並未制定法律,實際工作亦僅止於保險、退休給與及些許照護事項。

組織職掌

機關	層級	職掌
考試院	中央一級機關	行使憲法賦予職權(主要為政策層面)。
銓敘部	中央二級機關	負責公務人員之銓敘、撫卹、退休及其任免、考績、級俸、陞遷、褒獎等法制事項,以及各政府機關人事機構之管理等事項。112 年 7 月新增退撫相關監理業務。
考選部	中央二級機關	主管公務人員任用資格與專門職業及技術人員執業資格等各種國家考試,負責全國考選行政並辦理相關考試,及監督受委託機關、團體辦理情形。
公務人員保障暨培訓委員會	中央二級機關	負責有關公務人員權利保障與訓練進修政策、法制事項,依法審議公務人員保障案件,執行各項保障業務。
公務人員退休撫卹基金管理局	中央三級機關	隸屬銓敘部,負責掌理基金的收支、管理及運用事宜。於 112 年 7 月配合全新的退撫個人專戶制度,由委員制改為首長制。
國家文官學院	中央三級機關	隸屬保訓會,負責全國性之高階公務人員中長期發展性訓練、晉升官等訓練、考試錄取人員訓練、行政中立訓練等。

知識補充站 ★「考」「銓」制度

考	以選賢之功	**考選**——考察才能,選拔賢才	以公開競爭考試的方法,來選拔才能識士,讓專才專業且具有實學的人擔任政府職位。
銓	收舉能之效	**銓敘**——銓定資格,敘訂俸級	為使政府職位成為專業及永業化,凡依法任用的文官,在資格及待遇上均能獲得保障。

UNIT 1-5
行政院人事行政總處

前身為行政院人事行政局，民國 101 年因政府組織再造改制為行政院人事行政總處。置人事長 1 人，副人事長 2 人。內部分設業務及幕僚單位，另有 1 個所屬機關。

(一) 業務單位職掌

❶ **綜合規劃處**：負責人事行政業務的策略規劃及政策研究發展、施政計畫彙編及考核、綜合性人事法制研究建議、各級人事人員任免遷調考核獎懲等管理，行政法人制度的研析及推動等。

❷ **組編人力處**：負責組織與員額管理法令的研擬及解釋、組織結構與單位設置或修正、員額管理、員額評鑑、任免遷調、工友（含技工、駕駛）管理、委外及臨時人員管理、政府補（捐）助財團法人相關負責或經理人的遴選等。

❸ **培訓考用處**：負責訓練進修與國內外培訓發展交流、訓練機構評鑑輔導與合作協調、考試用人計畫與及格人員分發、服務差勤管理與辦公時間規劃、考核獎懲與停（復、免）職之規劃擬議。

❹ **給與福利處**：負責待遇加給規劃與通案調整審議、獎金兼職與生活津貼等各種給與規劃擬議、退休撫卹保險資遣等發給擬議、優惠退離規劃、員工福利的規劃執行等。

❺ **人事資訊處**：人事資訊系統統籌規劃及推動輔導、人事資料蒐集運用與研析、組織結構資訊作業之整體規劃及推動等。

(二) 所屬機關業務

原轄下的兩個訓練機構已於 106 年合併為公務人力發展學院，仍負責中高階公務人員在職培訓、公務人員與人事人員訓練進修、重要政策法令及業務研習辦理、數位學習及終身學習推動等，及國內外訓練機構、學術機構交流合作及跨域整合、行政院所屬機關與地方機關之職能評鑑與訓練。

原轄下公務人員住宅及福利委員會於民國 101 年裁併，所負責的公教低利貸款、文康活動、健康管理等福利措施相關業務，現部分開放市場機制自由競爭，部分改由給與福利處承接。

(三) 與考試院的業務分工

有關公務人員考試業務，依據憲法由考選部全權負責，較無疑義；但有關銓敘業務，因涉及人員實際管理，所以銓敘部主管範疇較偏重於法規與政策性的法制業務，而總處則實際負責所屬人員有關人事管理的執行性與技術性事宜。換言之，銓敘部為「全國性主管機關」，而總處為「行政院所屬機關之統籌管理機關」。

另就訓練業務而言，保訓會負責業務較為全國一致性的法制業務、考試人員錄取訓練、升官等訓練及行政中立訓練，近年來並加強高階公務人員的中長期培訓；至於一般或專業知能提升訓練，則多由總處及各主管機關所轄訓練機構個別辦理，而部分由總處進行協調、審議及規劃。

內部單位	
綜合規劃處	負責人事行政業務的策略規劃及政策研究發展、施政計畫彙編及考核、綜合性人事法制研究建議、行政院所屬機關及地方機關各級人事人員任免遷調考核獎懲等管理，行政法人制度的研析及推動等。
組編人力處	負責中央機關組織與員額管理法令的研擬及解釋、組織結構與單位設置或修正、員額管理的推動及員額評鑑辦理、行政院所屬機關及地方機關公務人員任免遷調、工友（含技工、駕駛）管理、委外及臨時人員管理、政府補（捐）助財團法人相關負責或經理人的遴選等。
培訓考用處	負責行政院所屬機關及地方機關公務人員訓練進修與國內外培訓發展交流、訓練機構的評鑑輔導與合作協調、考試用人計畫與及格人員分發作業、服務差勤管理與辦公時間規劃、考核獎懲與停（復、免）職之規劃擬議。
給與福利處	負責行政機關、公立學校及軍事機關員工待遇加給規劃與通案調整審議、獎金兼職費用與生活津貼等各種給與之規劃擬議、退休撫卹保險資遣等相關發給擬議、優惠退離之規劃擬議、員工福利的規劃執行等。
人事資訊處	人事資訊系統統籌規劃及推動輔導、人事資料蒐集運用與研析、組織結構資訊作業之整體規劃及推動，以及總處及所屬機構之辦公室自動化及資通安全規劃及推動等。
其他幕僚單位	秘書室、人事室、主計室、政風室。分別負責總務、庶務、事務、人事、歲計、會計、統計及政風等幕僚業務。
所屬機關	
公務人力發展學院（中央三級機關）	行政院所屬機關及地方機關中高階公務人員在職培訓發展、人事人員訓練、數位學習及終身學習、人力訓練諮詢及輔導；行政院重要政令研習；國內外訓練發展交流合作；公務人力資源管理發展研究。

 ★動員戡亂時期臨時條款

民國 37 年 5 月 10 日施行，為憲法的緊急授權條款，明定總統在動員戡亂時期，為避免國家或人民遭遇緊急危難，或應付政治經濟上重大變故，得經行政院會議之決議，為緊急處分，不受憲法第 39 或 43 條所規定程序限制。隔年 5 月 20 日零時起並實施臺灣地區全境戒嚴。

該臨時條款原規定有效期為兩年半，應於動戡時期終止後回復憲政常態，但考量當時政治紊亂，國民政府甫撤守臺灣，兩岸形成長期對峙狀態，故多次修正延長實施期間。惟之後國內外政經情勢皆有變遷，兩岸關係趨緩，民主開放呼聲漸高，且時任總統蔣經國宣布於民國 76 年 7 月 15 日起解嚴後，為回歸並確立憲政常規，民國 80 年 5 月 1 日經國民大會決議及時任總統李登輝公告廢止，共施行 43 年。

UNIT 1-6
人事管理機構

我國在特有的五權分立憲政體制下，人事權責自成「一條鞭系統」的特殊體制。人事人員的任免、考核、獎懲、管理皆由上級人事機關而非服務機關首長掌理，但在業務辦理上同時受到上級人事主管及服務機關首長的指揮監督。機構及人員的設置管理，主要規範於「人事管理條例」及「行政院所屬各級人事機構人員設置管理要點」。

(一) 人事機構

人事機構屬於機關內部一級幕僚單位的性質，其名稱有人事處、人事室以及人事管理員三種，至於能設哪一種，又可以置多少名人事人員，則要依據前述管理要點中的員額設置標準表規定設置。畢竟一個機關主要的成立目的是為了推動業務，人力當以業務單位為優先，而人事單位扮演的幕僚角色從以往被動的人事管理到現在主動的人力資源規畫服務，都是處理人的工作，所以人事機構的設置選擇，是以機關層級、機關人數規模多寡加以綜合考量，並有設置人數比率。一般來說，層級高且所轄人數眾多的機關可設人事處，而所轄人數未滿 50 人的小機關、機構、學校，則只能置 1 名人事管理員，甚至僅得以兼任的方式為之。

此外，規模較大的人事機構（人事處、人事室），如再下設二級單位分科辦事，原則上也以 4 個為限。

(二) 人事人員

一條鞭系統人員除為幕僚性質外，還帶有把關色彩，所以主管人員多有任期年限的規定，除可維持中立角色，也能避免因久任同一機關而有為不法情事護航的情形發生，可分為：

❶ **人事主管人員**：指人事處處長、人事室主任、人事管理員。人事主管職期，一任 3 年（人事管理員除外），得連任一次。因業務特殊需要或家庭因素，於連任期限屆滿後得延長 1 年。

❷ **人事佐理人員**：上開人事主管以外人員都屬之，如副處長、專門委員、科長、課長、股長等，都沒有任期及連任的規定。

另外，較高職位的人事主管人員或人事佐理人員，管理要點中還有許多職務歷練的規定，近年有多次調整。

(三) 職掌

人事管理機構的法定職掌包括：關於本機關有關人事規章的擬訂與人事管理的建議改進事項；本機關職員送銓敘審定案件、任免遷調、薪資俸級、考績獎懲、訓練籌辦、福利規劃、差勤管理、撫卹簽擬等人事管理事項；本機關需用人員依法舉行考試建議；所屬機關有關人事案件之依法核辦事項；人事調查統計資料的蒐集；以及關於銓敘機關的交辦事項。

但也因為社會變遷造成人際關係與權利義務的轉變，人事業務近年來也增加如職場防霸凌、性騷擾防制等、員工協助方案推動等，漸趨複雜。

我國特有的幕僚三條鞭系統

我國人事、主計、政風系統均自成「準封閉性」的組織系統，期發揮行政中立與專業幕僚精神，具有雙重隸屬監督體制，除高度受到各自中央主管機關的指揮與監督，亦受到服務機關首長的指揮監督。

人員	法令依據與主管機關	管理權責	目的
人事人員	「人事管理條例」銓敘部及行政院人事行政總處統一指揮監督	● 人員任免遷調考核獎懲等權責　→ 各主管機關 ● 日常業務辦理監督權責　→ 各主管機關　→ 各服務機關（此為雙重隸屬監督的意涵）	建立專業而不受民選首長違反人事典章的制度
主計人員	「主計機構人員設置管理條例」行政院主計總處統一指揮監督		使各級政府會統資料能不受民選首長影響，而公正與正確無誤
政風人員	「政風機構人員設置條例」法務部統一指揮監督		建立行政機關內部的防貪腐監控機制，樹立官箴
一般人員	公務人員任用法律各機關首長指揮監督	● 人員任免遷調考核獎懲等權責 ● 日常業務辦理監督權責　→ 皆屬各服務機關	

以人員陞遷為例：

❶非一條鞭系統人員：

外補

經濟部科員 → 經濟部水利署專員

・分屬不同機關
・機關雖有隸屬關係，但任免權各為「本機關」

❷一條鞭系統人員：

內陞

經濟部人事處科員 → 經濟部水利署人事室專員

・經濟部及所屬人事均視為一個「本機關」
・人事人員任免權為經濟部人事處

知識補充站 ★一條鞭法

是明朝對於全國賦役制度實施的一種新改良規定。古時候人民要上繳田賦、丁役、土貢等各式各樣名目的稅賦，明朝萬曆 9 年（1581 年），張居正在全面清查丈量全國土地後，將丁役、土貢方物等各種原有稅賦條項，整個合併於田賦一條，通通按田畝大小徵收稅賦銀兩。因為這種立法方式相當簡便，所以後人就將「刪繁就簡」或「事權統一」的規定，稱為一條鞭。

UNIT 1-7
組織法規與員額管理

公私部門間的差異除了是否以營利為目的外，還有規模大小的受限，因為所有國庫支出都來自人民繳納的稅收，應審慎運用。宋太祖趙匡胤命人刻在石上用來告誡為官者的「爾祿爾俸，民脂民膏」，就是這個道理。

我國受到「組織法定主義」的約束，所以機關組設與員額規模均受到法律規範限制，以避免隨著時間不斷膨脹，造成國家人事費用大幅增加。

(一) 組織法規

分別以「中央行政機關組織基準法」及「地方行政機關組織準則」作為規範標準。

❶ **中央行政機關**：行政院及所屬二、三級機關、獨立機關組織以法律定之，定名為法；其餘如四級機關組織以命令定之，定名為規程。但如僅因轄區事務不同的機關，其共同適用的組織法律則定名為通則。

❷ **地方行政機關**：各級地方政府也應擬訂組織自治條例，分別報請主管機關或政府備查，並訂定其所屬機關組織規程。

另外，有關內部單位的分工職掌，機關組織以法律制定者，以處務規程定之；以命令定之者，則以辦事細則定之。

(二) 員額編制

機關員額數量與人員身分高低，因涉及領導統御與俸給給與，也一併有所規定。但實務上有各種不同名稱以應需求呈現：

❶ **編制員額**：指機關法定編制的職稱及員額，任何異動均需透過修法程序，如機關僅通過組織法但尚未通過編制表時，也以法定員額稱之。

❷ **預算員額**：視國家財政每年的歲出歲入情形，並配合機關業務實際運作的需求，另以預算編列情形所核定的預算員額，可兼顧組織法定主義規範與國家財政的彈性運用。

❸ **現有員額**：組織其實是一個動態體，必定有新進退離等人員流動情形，所以在實務上機關內截至一定時間的實際在職人數，多以現有員額稱之。

(三) 配置比例

為了避免因人情主義而產生機關內高低官等間的人員數量差距懸殊，造成機關內「有將無兵」的情形，銓敘部訂有「各機關職稱及官等職等員額配置準則」，在職稱的選置、機關內各官等員額之間的配置比率均有明文規定，各機關並應另於編制表中明列。地方行政機關組織準則中也有類似規定。

(四) 分層負責與權責劃分

在韋伯（M. Weber）的官僚組織體系下，採行層級節制的指揮監督，此種管理模式也呈現在我國的組織法令相關規定裡中，用來簡化工作並提升效率。主管機關與所屬機關間的授權辦理是以「權責劃分表」規定，而各機關自己內部單位分工授權情形則多以「分層負責明細表」訂之。

以行政院人事行政總處為例

組織法規	內部分工職掌	員額編制
組織法（節錄）	處務規程（節錄）	編制表（節錄）
行政院人事行政總處組織法	行政院人事行政總處處務規程	行政院人事行政總處編制表

各項員額名稱比較

編制員額	預算員額	現有員額	實際人力
機關組織法規規定該機關配置之員額，多以編制表呈現，也稱為法定員額。	在編制員額範圍內，衡酌財政狀況及機關業務，循預算程式編列之員額。	組織為動態體，必有人員流動情形，此為現正在職人員。	政府用人漸趨彈性多元，除各項正式員額外，機關內部多半還有替代役、計畫人員、約用人力、承攬等性質的諸多非典型人力協助推動辦理業務。

編制員額 ≧ 預算員額 ≧ 現有員額

※ 以上各類員額多寡比較僅限正式編制職員。
※ 聘用、約僱、工友等非永久進用，多僅每年編列於預算內。

★組織法定主義

一個機關的設立、調整或裁撤，及其員額多寡，均需透過完成立法或修法的方式始得為之，雖可維持組織穩定，避免政府人事費濫用，但同時卻也可能造成政府機關對於外在環境的變化無法快速因應。我國相關規定如下：
❶憲法：五院及各級法院之組織，以法律定之；❷憲法增修條文：國家機關之職權、設立程序及總員額，得以法律為準則性之規定；❸中央法規標準法第 5 條第 3 款：國家各機關之組織，應以法律定之；❹地方制度法第 28 條第 3 款：地方自治團體及所營事業機構之組織，以自治條例定之。

UNIT 1-8
中央政府組織改造

在面臨全球化的競爭壓力及新公共管理的思潮推動下，世界各國多在 80 年代推動行政改革，而政府組織再造也屬於其中一環。

我國組織改造從地方政府先行啟動，在 98 年 4 月 15 日修正公布的地方制度法，賦予縣市單獨或合併升格的法源依據後，目前已整併為 6 都 16 縣市的格局。至於中央政府，行政院在 95 年通傳會設立後已達 37 個部會，遠多於其他先進國家部會數量（多在 15-25 之間），形成組織僵化、疊床架屋、無法適應環境變遷等問題。

(一) 行政院組織設置歷程

行政院組織法於 36 年 3 月 31 日制定，38 年修正時將原轄下 15 部 3 會 1 局整併，但自 41 年以後陸續增設達 37 個二級機關，不但不利於縱向橫向整合協調，更可能危及人民生命財產安全。89 年在嘉義發生的八掌溪事件，因政府救援體系重疊，造成 4 名在河床上工作的工人在洪流中受困數小時後，終因體力不支而喪生，就是政府應深切反省的教訓。

(二) 組織改造四法

❶ 行政院組織法：修正作業從 76 年就已開始，曾六度函送立法院審議，並歷經二次政黨輪替，終在 99 年定調，將行政院所屬二級機關由 37 個精簡為 29 個，國發會於 105 年將組改業務交棒給人事總處之後，現行架構為 30 個部會。

❷ 中央行政機關組織基準法：配合連動修正部分條文，訂定部、會、獨立機關及內部單位數目的上限，另中央三級機關署、局總量上限為 70 個。另明定機關得依業務繁簡、組織規模不必逐級設立，以及增訂機構類型等規定。

❸ 行政院功能業務與組織調整暫行條例：組織改造是一個動態過程，且涉及機關功能業務調整、財產接管、預決算處理、員額移撥及權益保障等諸多事項，相關配套措施以暫行條例訂定，並訂有落日條款。

❹ 中央政府機關總員額法：為管理政府員額，增進調配彈性並提升用人效能，除了將中央機關總員額總數明訂最高上限外（108 年檢討後下修為 16 萬零 900 人），也規定各機關應定期評鑑所屬人力之工作狀況，並依相關法令對於不適任人力採取考核淘汰或工作重新指派等管理措施，同時搭配優惠離職以增進人力精簡效果。

(三) 組改後行政院組織

99 年行政院組織法草案經立法院三讀通過，當時明定將轄下 37 個部會整併為 29 個。採「分批完成立法，分階段施行」的原則，自 101 年起陸續施行，但 110 年新設「數位發展部」，故現有 30 個。而 99 年的架構及業務在這段期間也有不少的分拆及整合變化，從 76 年的 1.0 版提出，到 112 年陸續通過環保署（組改後為環境部）、農委會（組改後為農業部）、經濟部、交通部、內政部及原子能委員會（組改後為三級獨立機關核安會）等 6 個部會的相關組織法，歷時 35 年之久，整個組改方案總算是走完了最後一哩路，但整合後的成效如何，仍待考驗。

行政院組織變化情形 (112.4.26 行政院組織法修正公布版)

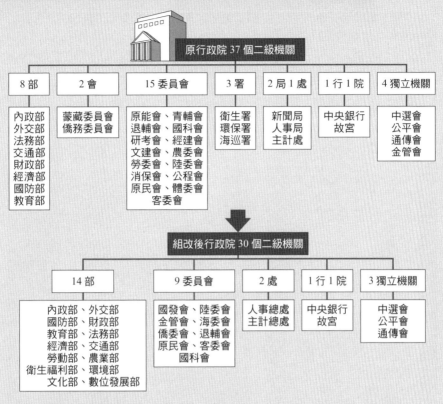

原行政院 37 個二級機關

| 8 部 | 2 會 | 15 委員會 | 3 署 | 2 局 1 處 | 1 行 1 院 | 4 獨立機關 |

| 內政部
外交部
法務部
交通部
財政部
經濟部
國防部
教育部 | 蒙藏委員會
僑務委員會 | 原能會、青輔會
退輔會、國科會
研考會、經建會
文建會、農委會
勞委會、陸委會
消保會、公程會
原民會、體委會
客委會 | 衛生署
環保署
海巡署 | 新聞局
人事局
主計處 | 中央銀行
故宮 | 中選會
公平會
通傳會
金管會 |

組改後行政院 30 個二級機關

| 14 部 | 9 委員會 | 2 處 | 1 行 1 院 | 3 獨立機關 |

| 內政部、外交部
國防部、財政部
教育部、法務部
經濟部、交通部
勞動部、農業部
衛生福利部、環境部
文化部、數位發展部 | 國發會、陸委會
金管會、海委會
僑委會、退輔會
原民會、客委會
國科會 | 人事總處
主計總處 | 中央銀行
故宮 | 中選會
公平會
通傳會 |

※ 行政院組織法規定不再設置「工程會」，現評估未來業務調整方向
※「原能會」調整為行政院相當三級獨立機關「核安會」

101 年起各部會組改啟動時程 (施行日)

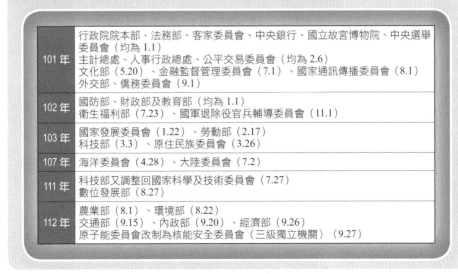

101 年	行政院本部、法務部、客家委員會、中央銀行、國立故宮博物院、中央選舉委員會（均為 1.1） 主計總處、人事行政總處、公平交易委員會（均為 2.6） 文化部（5.20）、金融監督管理委員會（7.1）、國家通訊傳播委員會（8.1） 外交部、僑務委員會（9.1）
102 年	國防部、財政部及教育部（均為 1.1） 衛生福利部（7.23）、國軍退除役官兵輔導委員會（11.1）
103 年	國家發展委員會（1.22）、勞動部（2.17） 科技部（3.3）、原住民族委員會（3.26）
107 年	海洋委員會（4.28）、大陸委員會（7.2）
111 年	科技部又調整回國家科學及技術委員會（7.27） 數位發展部（8.27）
112 年	農業部（8.1）、環境部（8.22） 交通部（9.15）、內政部（9.20）、經濟部（9.26） 原子能委員會改制為核能安全委員會（三級獨立機關）（9.27）

第 2 章

人事體制

● 章節體系架構 ▼

UNIT **2-1**
人事分類體制

文官制度在人員選拔及職務調動的規範設計上，主要有因人設事的「品位制」及因事擇人的「職位制」兩大類型。

(一) 品位分類制

以「人」為中心，按照個人所具備資格條件，如考試、學歷、經歷等因素作為分類標準，並作為身分高低的等第區分。

歷史悠久的國家大多屬品位制，特別是在君王恩寵的時代，社會職能區分不如今日複雜細緻，不甚強調專業分工，加上受教育機會少且學費高昂，往往要有一定經濟條件及社會地位，才有機會謀得一官半職，英、法、德及中國古代的各朝各代的文官體制多屬此制。

「品級名位」為此制人員鼓勵的方式，希望激勵為官者追求較高的官等名分（即身分地位），便能獲得較多的敬重與報酬，也因人員劃分較為簡單，故相對晉升幅度也較大，具有通才性質。

此制以明確的文官品位等級作為人事管理制度的骨幹架構，因能滿足文官追求榮耀地位的心理，故激勵效果顯著；另因純粹將人員由上而下縱向區分，除較為簡化而便於管理外，對高階文官的人才運用及調動因未受專業限制，也能較為彈性運用。但此制並未考量工作本身所需的專業條件，不易達到適才適所，也因報酬高低無關工作難易，恐有同工不同酬現象；另因以年資考量為主，而有身分地位的尊卑觀念，年功序列下的序進體制阻礙人才陞遷，也影響了專業行政的發展，不符現代趨勢。

(二) 職位分類制

以「事」為中心，以科學化方式將每一職位的工作性質、繁簡難易、責任輕重、所需的專業資格條件等因素加以分析，作為分類與等級的評定標準。

此制緣於美國 1923 年的職位分類法，為了解決無法同工同酬的薪俸問題，配合當時的科學管理思潮，提出職位（而非人員）才是應被歸類的對象，採行工商界的管理方法，運用職等、職級的基本概念，將政府所有職位以科學化分析評價，並做有系統的排列，以達成有效管理與同工同酬的目標。

「工作報酬」為此制人員鼓勵方式，挑戰難度較高並承擔較重責任的工作，相對可獲得較高報酬。此制分工較為細密，職等劃分也較多，可達到人與事密切配合、同工同酬的目標，具有專業專才性質。

相對於品位制，職位分類制則因能按照工作困難程度等作為報酬高低的依據，以達同工同酬的公平合理原則，同時以工作為中心的管理制度，標準客觀具體，擺脫意識束縛，是其優點。但缺點則在於過於精細的專業區分無法因應快速的社會型態變遷，加上繁瑣的分類造成文書作業龐雜，也因缺乏彈性而造成人員管理上的困擾。再者，此制較忽略人有潛能、反應等個別差異，而受管理僵化的批評。

品位制與職位制的比較

	品位制（官等區分）	職位制（職等區分）
	以「人」為中心，因人而擇事。	以「事」為中心，因事而擇人。
分類基礎	按照個人所具備的資格條件，如考試、學歷、經歷等因素作為分類的依據標準，並作為身分高低的等第區分。	以科學方式分析每一職位的工作性質、繁簡難易、責任輕重、所需的專業資格條件等因素，並區分職系及職等，作為評定標準。
性質作用	以「品級名位」作為人員鼓勵的方式，希望激勵人員努力向上，追求較高官等名分（即身分地位），以獲得較多敬重。	以「工作報酬」作為人員鼓勵的方式，激勵人員挑戰難度較高並承擔較重責任的工作，以獲得較高的報酬。
特點	❶ 因人員的高低種類劃分較為簡單，相對晉升的幅度也較大。 ❷ 具有通才的性質。	❶ 分工較為細密，職等劃分也較多，能夠達到人與事密切配合、同工同酬的目標。 ❷ 具有專業專才的性質。
優點	❶ 能夠明確劃分文官品位等級，作為人事管理制度的骨幹架構。 ❷ 能夠滿足文官追求榮耀地位的心理，激勵效果相對顯著。 ❸ 純粹縱向區分，體制較為簡化，且調動不受職系限制，更為彈性。	❶ 按照工作困難程度等因素作為報酬高低的依據，可達同工同酬的公平合理原則。 ❷ 建立以工作為中心的管理制度，標準客觀具體，擺脫身分品位的意識束縛。 ❸ 科學化分析管理，符合專業行政趨勢。
缺點	❶ 無法建立以工作為中心的人事制度，難以達到適所適所的目標。 ❷ 不因工作難易決定報酬高低，往往形成同工不同酬現象。 ❸ 年資因素往往重於才能，具有身分地位的尊卑觀念，也影響專業行政發展。	❶ 過於精細的專業區分無法因應快速的社會型態變遷，缺乏彈性。 ❷ 各種職組、職系、職等的分類體系繁瑣，文書作業龐雜。 ❸ 忽略人的因素，未能考慮個別差異，而有僵化之虞。
代表性國家及分類	英國原一般行政人員的行政級、執行級、文書級與助理文書級。 法國 A、B、C、D 類。 德國高等職、上等職、中等職與簡易職。	美國一般俸表（GS），分 18 級，18 級最高，1 級最低。 日本行政職（一）俸表，分 11 俸等，11 等最高，1 等最低。

 ★九品中正制度

魏晉南北朝實行的「九品中正」是當時主要的選官制度，此制建於魏延康元年（西元 220 年），罷於隋開皇年間（西元 581-600 年），在隋煬帝時代由科舉制度取代，前後歷經 360 餘年。

因東漢末年天下大亂，由地方長官在轄區內隨時考察及選取人才的「察舉」制度已無法推行，故魏文帝接受吏部尚書陳群的建議，立「九品官人法」，由各州郡長官推舉現任中央官員擔任大小「中正」，負責品第人才。各中正按照才、德、門第等三項標準，將該地方人士分成九品：上上、上中、上下、中上、中中、中下、下上、下中、下下。由小中正呈給大中正核實後，再呈給司徒核實，然後送尚書選用，作為吏部授官的依據。

UNIT 2-2
我國體制類型及沿革

圖解現行考銓制度

前一節所稱的品位制，通常也稱為官等制，其中的「官」也就是資格與身分地位的象徵，古代通過科舉考試及格者僅先取得「出身」資格，還需經任官銓選合格程序後，才具所任職務的實權。而近代因職能專業分工日趨複雜，且強調平等身分地位的民主思維，職位制度逐漸興起。

我國一般行政機關的人事制度，最初建立於民國元年，並經歷以下三次重大改進發展：

(一) 簡薦委制時期

民初南京臨時政府廢除清朝的「九品官等制」，另定「特任、簡任、薦任、委任」等四個官等，並於民國元年公布「中央行政官官等法」規定簡任、薦任、委任官的任用敘等程序及方式，不含特任官。自此我國逐漸有政務官與事務官區隔的雛形外，任官程序也逐漸與官階敘等結合。

民國 38 年公布的「公務人員任用法」及「公務人員俸給法」，將公務人員任用資格區分為簡任、薦任、委任三等，以人員品級資歷作為分類標準，重視身分與年資，職務等級幅度較大，人員調任彈性靈活，屬通才性質。

(二) 品位、職位雙軌併行時期

隨著時代變遷與社會進步發展，為了增進行政效率，我國嘗試引用美國具有科學、客觀精神的職位分類制度。行政院及考試院分別曾設立行政效率研究會與職務分類研究委員會，就我國的職位分類制度進行規劃設計的研究，並於民國 47 年 10 月 30 日公布實施「公務職位分類法」，作為我國職位分類制度實施的準據。

考試院於民國 58 年陸續修正公布了分類職位公務人員考試、任用、俸給、考績等四法，並於 10 月開始實施，將公務職位分為 14 職等，無官等設計。但新制區分較細，分類龐雜，職級規範不明確，調任限制也多，加上推行時間過於短促，受到機關的反彈與抗拒，故再於 62 年修正「公務職位分類法」，規定不宜實施職位分類的司法等五類人員排除適用，而形成了兩制併行的雙軌時期。

(三) 官職併立制時期

因為兩種體制精神原本就大不相同，且在兩制併行之下，國家不僅需建立兩套完全不同的人事法規制度，同一資格的人員進入另一制度的機關擔任相同職務時，也常發生因人員管理及權益不同，在調任實施及管理上產生困難。因此考試院幾番權衡之下，重行研究將兩種制度整合，建立所謂的「新人事制度」。

76 年 1 月 16 日起，依據新的公務人員考試、任用、俸給、考績等四法，參酌過去兩種制度的原則，取長捨短，折衷以人及事為管理基礎，施行官等職等併立制度，沿用迄今，為一般公務人員較能接受的制度。但如司法、關務、警察、教育、醫事人員等，仍有其專屬人事法規。

我國文官體制發展沿革

品位制	**第一次改革（民國 58 年以前）：** 建立「簡薦委制」 ❶ 將公務人員任用資格區分為簡任、薦任、委任三等，排除特任，故此制也慣稱為「簡薦委制」。 ❷ 以人員的品級資歷作為分類標準，重視身分與年資，職務等級的幅度較大，人員調任靈活且具有彈性，屬通才性質，但易造成同工不同酬的情形。	**主要特點：** 建立一個依憲法所定「考試用人」為中心的人事制度。
職位制	**第二次改革（民國 58-76 年）：** 「簡薦委制」與「職位分類」兩制併行 ❶ 隨時代變遷與進步，引用美國職位分類制，以取代品位概念的「簡薦委制」，將公務職位分為十四等，且無官等設計。 ❷ 以工作責任為分類基礎，重視專業知能與績效，但推行時間短促，加上分類觀念難為國人接受，故司法、外交、警察、衛生及民意機關等五類人員不實施，遂形成兩制併存局面。	**主要特點：** 以科學與客觀的職位分類制度，取代原有的品位分類制度。
官職併立	**第三次改革（民國 76 年以後）：** 官職等制併立之新人事制度 ❶ 76 年 1 月 16 日起，折衷以人及事為管理基礎，以官等為經，職等為緯，融合兩制一體實施。 ❷ 現行官職等併立制要點： ①官等與職等併存；②職務得跨列官等或職等；③考試等級與任用資格依官職等設定；④職等均依考績晉升，官等則依考試或其他條件晉升。 ❸ 制度缺失： ①晉升官等條件放寬，使官等意義模糊；②跨列官等職務增加，悖離建制本旨；③人員多集中於薦任官等，職務列等調整受限；④職等官等化現象，產生適用模糊；⑤專業分工日趨精細，職系擴增複雜；⑥各類人員紛訂專屬人事法規，制度分歧。	**主要特點：** 將兩制度取長捨短，融合建立「新人事制度」，同時簡併法規，增加用人彈性。

第
2
章

人事體制

現行文官體制任用法制規定

官職併立制：

任用法第 1、5 條：公務人員之任用，依本法行之。依官等及職等任用之。

其他任用例外：

❶ 任用法第 32 條：司法、審計、主計、關務、外交領事及警察人員之任用，均另以法律定之。但任用資格規定，不得牴觸本法。
❷ 任用法第 33 條：教育、醫事、交通事業及公營事業人員之任用，均另以法律定之。
❸ 任用法第 33-1 條，為技術人員任用條例廢止後之適用。
❹ 任用法第 34 條，為專技人員轉任條例訂定依據。
❺ 任用法第 36-1 條，為派用人員派用條例廢止後之適用。

UNIT **2-3**
新人事制度

我國自 76 年 1 月 16 日起，實施以官等為經，職等為緯，融合「簡薦委制」與「職位分類制」兩制於一體的「新人事制度」，為我國現行主要的一般公務人員制度。

(一) 新人事制度要義

此制主要以民國 75 年間制定之公務人員考試法、升等考試法、任用法、俸給法、考績法等五法，取代原本兩制所分別適用的對應法規。新制由 3 個官等與 14 個職等組合而成：委任為第 1-5 職等；薦任為第 6-9 職等；簡任為第 10-14 職等。

每一個職務並均依照其職務因素，包括工作性質、繁簡難易、責任輕重及所需資格條件等，歸入適當的職系與列等，必要時一職務得跨列官等或職等，而人員的初任及調任，則需符合相關職組、職系、官職等各項條件範圍。

新人事制度的運作方式在於將品位與職位兩種精神融合，將人員所具備的資格條件，與擬擔任（或調任）職務的資格條件相互搭配，希望在人與事之間能夠適切的配合。

(二) 名詞定義

公務人員任用法中將新人事制度的各項名詞加以定義：

❶ **官等**：任命層次及所需基本資格條件範圍之區分。分為簡任、薦任及委任。以簡任官等為最高。

❷ **職等**：職責程度及所需資格條件之區分。分為第 1-14 職等，以第 14 職等為最高。

❸ **職等標準**：敘述上開每一職等的工作繁簡難易、責任輕重及所需資格條件程度之文書。

❹ **職務**：分配同一職稱人員所擔任之工作及責任。如人事職務、會計職務。

❺ **職務說明書**：說明每一職務之工作性質及責任之文書。

❻ **職務列等表**：將各種職務，按其職責程度依序列入適當職等之文書。

❼ **職系**：包括工作性質及所需學識相似之職務。如人事行政職系、統計職系。

❽ **職系說明書**：說明上開每一職系工作性質之文書。

❾ **職組**：包括工作性質相近之職系。如人事行政、綜合行政、社會工作等職系均歸屬於綜合職組。考試院並有「職組暨職系名稱一覽表」，表中並訂有單向及雙向調任等規定。

(三) 實施成效

新制除我國固有的品位概念外，亦具有職位分類制精神，使人與事更能適切配合。在新制之下，各機關職務均須辦理職務歸系及職務列等的工作，而人員調任則須考慮其職組、職系、職等之各項條件的相符性，同時更放寬各類人員及專技人員的轉任，對人才羅致更具彈性，且不違考試用人精神。

然而在兩制合一之下，為了相互牽就因不同立足點之下所產生的制度，同樣也存在著如：官等因晉升條件放寬而區分日益模糊、可跨列官職等的職務設計已與設計原旨悖離、職務分類作業龐雜且限制調整反成僵化、各類人員紛定專屬人事法規而莫衷一是等諸多問題與批評。

新人事制度要義

官等	意涵	職等	初任考試	初任考試及格者所銓敘之官職等俸級
簡任	緣於「請簡」,由帝王主動降旨,或由臣屬擇列人員後,陳請帝王揀選任官	14		
		13		
		12		
		11		
		10	前甲等特考	
薦任	緣於「奏補」,由臣屬奏薦人員補缺,有薦請核定任官之意	9	高考一級、特考一等	薦任第9職等本俸1級
		8		
		7	高考二級、特考二等	薦任第7職等本俸1級
		6	高考三級、特考三等、前乙等特考	薦任第6職等本俸1級
委任	緣於「咨補」,由被授權者選人補缺,有帝王委任授權自行選派任官之意	5		
		4		
		3	普通考試、特考四等、前丙等特考	委任第3職等本俸1級
		2		
		1	初等考試、特考五等、前丁等特考	委任第1職等本俸1級

※ 85.1.16 以前公務人員高考分一、二級,相當於本表的高考二、三級。

以「人事行政職系課員」一職為例

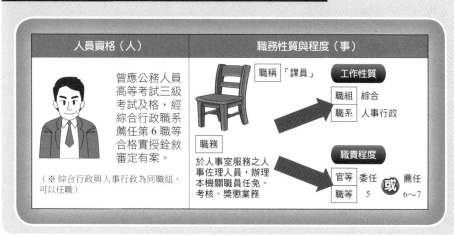

人員資格(人)	職務性質與程度(事)
曾應公務人員高等考試三級考試及格,經綜合行政職系薦任第6職等合格實授銓敘審定有案。 (※ 綜合行政與人事行政為同職組,可以任職)	職稱「課員」　工作性質 職組　綜合 職系　人事行政 職務 於人事室服務之人事佐理人員,辦理本機關職員任免、考核、獎懲業務 職責程度 官等　委任 或 薦任 職等　5　　6~7

UNIT **2-4**
職務管理 —— 歸系與列等

新人事制度採官職併立制，人有資格，事有條件，主要以「職務」為中心，相互配合運作方式則以公務人員任用法為主要依據。

(一) 職務管理

職務與職稱不同，職稱是職務的名稱，但所被賦予的工作及責任程度，則為職務，內容規範於職務說明書中，包括一定範圍的工作項目、適當的工作量及明確的工作權責，作為工作指派及考核辦理的依據，而同時也能使人員對於自己應負責的工作範圍明確了解。

銓敘部訂有「職務說明書訂定辦法」，當中對於應包含項目、法定格式、職務編號的訂定方式等皆有明文規範。另外，在職務名稱上也必須要從考試院訂頒的「職務列等表」當中選用，不可以自行創設職稱。各機關並應每年或間年進行職務普查，進行管理。

(二) 職務歸系

職系，就是工作性質及所需學識相似的職務，也就是「某類型的專業」，而各機關組織法規所定的職務，均應就職務說明書中所定的工作性質，依職系說明書及其他有關規定，將其歸入適當的職系，並製作職務歸系表送銓敘部核備。

但並非所有職務的工作項目性質都明確單一，也不見得容易清楚切割，例如辦理人事業務，總還是會碰到少部分文書（綜合行政）或是算帳（會計）之類的業務。因此在歸系的選擇上，應依據以下原則辦理：以其主要工作性質為準；如分屬兩職系以上，先以其責任程度較高為準，再以其工作時間較多為準。但如果還是分不出來，表示該職務的工作過於混雜而專業不明，則應由歸系機關調整工作項目後，再行辦理歸系。

各種職系的說明，可參考「職系說明書」，而辦理職務歸系的相關程序，銓敘部訂有「職務歸系辦法」。

(三) 職務列等

除歸系之外，各職務尚有相對應的列等，但相同職稱卻不一定是同樣列等，還需配合考試院依職責程度、機關層次及業務性質等所訂定的「職等標準」及「職務列等表」，按職務說明書所定內容，擇定並列入適當的職等。

考試院訂有「各機關職稱及官等職等員額配置準則」，讓各機關可以應業務需要，考量職責程度，按照職稱屬性，在其所適用的職務列等表當中選置職稱，機關內的官等職等員額的配置比率均有規定，各機關並應另於編制表中明列。

職務列等得具彈性，必要時，一職務得列二個至三個職等，甚至跨列官等。雖然職位分類制的精神是每一職位僅列一個職等，以求職責分明，但新人事制度實施時，為了遷就原簡薦委制職務所跨列的俸級較長，故有了職務跨等的規定，仍以單列為原則，跨列為例外。惟現行多數職務皆有跨等情形。

職務編號編碼規定

共 7 碼，恆按各單位職務之高低順序排列

如：A 10 003 0

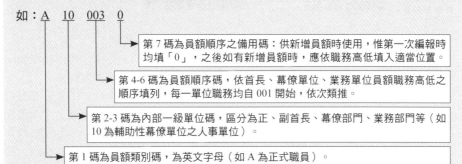

第 7 碼為員額順序之備用碼：供新增員額時使用，惟第一次編報時均填「0」，之後如有新增員額時，應依職務高低填入適當位置。

第 4-6 碼為員額順序碼，依首長、幕僚單位、業務單位員額職務高低之順序填列，每一單位職務均自 001 開始，依次類推。

第 2-3 碼為內部一級單位碼，區分為正、副首長、幕僚部門、業務部門等（如 10 為輔助性幕僚單位之人事單位）。

第 1 碼為員額類別碼，為英文字母（如 A 為正式職員）。

職務説明書參考範例

（機關全銜） （機關代碼）	職務説明書	一、職務編號	A100030
二、職　稱	科員	三、所在單位	人事室
四、官等職等	委任第五職等或薦任第六職等至第七職等	五、職　系	人事行政
六、工作項目	❶ 本機關職員之訓練及進修等業務之籌辦事項。50% ❷ 本機關職員差勤管理及紀錄之辦理事項。40% ❸ 其他臨時交辦事項。10% （工作項目以不超過五項為原則，每項註明百分比，並於最後列述「其他臨時交辦事項」）		
七、工作權責	本業務須運用較為專精之學識獨立判斷，在主任或其他長官指揮督導下，從事前述各項工作，對本單位工作之推展及任務之達成，均具影響力。		
八、所需知能	需具備有關人事行政各項法令規章，並能操作人事管理資訊系統。		
備　　註			
填　表　人		單位主管 人事主管		機關首長	
中　華　民　國　○　○　○　年　○　○　月　○　○　日			

職等標準（部分摘錄）

第六職等
本職等所包括之職務，其職責係在法律規定及一般監督下，運用較為專精之學識獨立判斷以：❶ 獨立執行職務；❷ 主持或主管中央各部會附屬機關、省市、縣轄市、或鄉鎮職責複雜之單位或機關業務；❸ 辦理技術或各專業方面最複雜事項之計畫、設計、擬訂或業務解釋 ❹ 辦理其他職責程度相當業務。在處理業務時，通常需要與機關內外相當人員接觸，說明本單位主要業務，磋商、研究職務上計畫、設計、擬訂事項，增進瞭解或協調。並需建議、創新、決定本單位或機構工作方法或程序。其對本單位或機關業務進行或改進，就職務上所作決定或建議有影響力。 充任本職等各職務之人員，須具有下列資格之一者（略）：

第三職等
本職等所包括之職務，其職責係在法律規定及一般或直接監督下，運用基本學識或初步專業學識，獨立判斷以：❶ 辦理職責稍複雜之固定性例行工作或較初級技術工作；❷ 辦理其他職責程度相當工作。在處理業務時，通常需要與機關內外人員接觸，就主辦事項作說明或解答，並需具備辦力，以辨別不合規定或錯誤之事實，或對主辦業務提出適當之建議。 充任本職等各職務之人員，須具有下列資格之一者（略）：

UNIT 2-5
職務管理 —— 職組與職系

除了歸系與列等作業外，為便於人員的彈性調動，管理上尚有將工作性質相近的職系整合為單一職組之規定。

(一) 設置意旨

「職系」的設置是就全國所有的職務，按工作性質及所需學識區分，把相同或相似的列為同一職系，以便於設科取才、職務配置；而「職組」則是把工作性質相近的職系群組起來，利於靈活用人、工作指派。

如果從考試取才類科的設置角度來看，職組職系區分的合理性，關乎國家人事行政的基礎工程。全球化競爭之下變遷快速，文官事務處理的廣度及深度，恐怕已不能只具有單一專業能力，而需要兼有專業性的通才能力，方可完全勝任所任職務的工作職責。

各種職系的定義均規範於「職系說明書」，而職系與職組間的關係則訂於「職組暨職系名稱一覽表」中，該表的備註欄並分別有單向或雙向調任規定，另外還有「依法考試及格人員考試類科適用職系對照表」，讓未列明職系的公務人員考試類科，如交通事業機構、警察及關務特考等，其適用上能有明確的參考依據。

(二) 職組職系演變情形

❶ 43 年簡薦委制：沒有職系的區分，僅於舉辦考試時分類科，調任限制較為寬鬆，用人彈性，利於培養通才。

❷ 58 年職位分類制：置 159 個職系，惟因區分過於精細，實務上窒礙難行，初任與調任皆受到職系限制而調任困難，但有利於培養專才。

❸ 76 年官職併立制：
① 重新簡併為 53 個職系、26 個職組，訂有單向及相互調任的設計。
② 考量期間雖曾歷經 9 次修正，但均為小幅調整，可是政府專業分工漸趨細緻，簡併分類恐已無法因應機關業務實際發展需要，故組成專案小組，於 93 年間通盤檢討，大幅擴增為 95 個職系、43 個職組。

(三) 109 年大幅修正

職組職系的調整本應視需要隨時檢討修正，而職系數量多寡也與政府職能、社會分工情形有高度相關，但區分程度及數量仍須適當得宜，不能過疏，也不宜過密，而影響人員的靈活運用。自行政院組織改造以來，機關業務調整多為整併或移撥，原則上並無新增，但實務上卻仍有不少增設職系建議，認為可藉此解決用人需求，導致職系數量有不斷擴增的趨勢。自76 年實施新人事制度以來的 53 個職系，大幅增加到 96 個職系（43 個職組）。

銓敘部在多方意見需求整合下，依考試院第 12 屆施政綱領所定「通盤檢討整併職組職系」的政策方向，簡化公務人員職系，增加人員調動彈性，期使政府機關人才培育及人力運用，發揮更積極功能。109 年 1 月 16 日修正調整後為 57 個職系、25 個職組。

職組暨職系名稱一覽表（部分摘錄）

代號	類別	代號	職組名稱	代號	職系名稱	備註
0A	行政類	A1	綜合	A101	綜合行政職系	新聞傳播職系與外交事務職系視為同一職組，現職人員得相互調任。
				A102	社勞行政職系	
				A103	社會工作職系	
				A104	文教行政職系	
				A105	新聞傳播職系	
				A106	圖書史料檔案職系	
				A107	人事行政職系	
		A2	財務	A201	財稅金融職系	一、本職組各職系與綜合行政、經建行政職系視為同一職組，但以本職組現職人員單向調任為限。 二、財稅金融職系與廉政職系視為同一職組，但以本職系現職人員單向調任為限。
				A202	會計審計職系	
				A203	統計職系	

職組職系重要演變歷程（擇要）

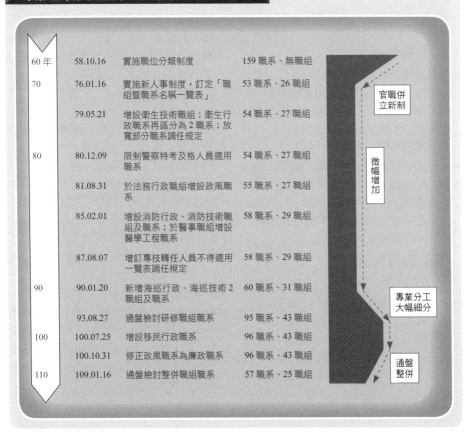

60 年	58.10.16	實施職位分類制度	159 職系、無職組
70	76.01.16	實施新人事制度，訂定「職組暨職系名稱一覽表」	53 職系、26 職組
	79.05.21	增設衛生技術職組；衛生行政職系再區分為 2 職系；放寬部分職系調任規定	54 職系、27 職組
80	80.12.09	限制警察特考及格人員適用職系	54 職系、27 職組
	81.08.31	於法務行政職組增設政風職系	55 職系、27 職組
	85.02.01	增設消防行政、消防技術職組及職系；於醫事職組增設醫學工程職系	58 職系、29 職組
	87.08.07	增訂專技轉任人員不得適用一覽表調任規定	58 職系、29 職組
90	90.01.20	新增海巡行政、海巡技術 2 職組及職系	60 職系、31 職組
	93.08.27	通盤檢討研修職組職系	95 職系、43 職組
100	100.07.25	增設移民行政職系	96 職系、43 職組
	100.10.31	修正政風職系為廉政職系	96 職系、43 職組
110	109.01.16	通盤檢討整併職組職系	57 職系、25 職組

官職併立新制

微幅增加

專業分工大幅細分

通盤整併

第 **2** 章　人事體制

UNIT **2-6**
其他各類人事制度

除一般公務人員主要適用的新人事制度外，公務人員任用法第 32 條以下，尚授權其他特殊業務性質需求人員之任用，另以法律定之。

(一) 關務人員

執行關務任務人員，為官稱職務分立制，即官稱和職務分別管理，官稱受保障，職務得調任。分為關務、技術兩類，各有三種官稱，官階區分為 1-4 階不等。

主要由財政部（關務署）管理，但官階晉升準用公務人員考績升職等的規定，資遣、考績、退休與撫卹，則分別適用公務人員相關法律規定。

(二) 警察人員

執行警察任務人員，按照類科可區分為行政、交通、消防、刑事警察等，亦為官職分立制，官受保障，職得調任。有警監、警正、警佐 3 個官等，再細分為 4-5 階不等。

主要由內政部（警政署）管理，但海岸巡防機關及消防機關列警察官人員的人事事項，則分別由海巡署（組改後的海委會）及內政部消防署為主管機關。

(三) 教育人員

公立學校校長、教師，社教機構專業人員及教育學術研究機構的研究人員，為聘任制。專科學校以上的教師稱法不同，較具有品位概念，所需資格以學歷、年資經歷為主；高級中學以下則統一稱為教師。校長採任期制，教師則有聘期，在聘約效期內，學校不得任意解聘，教師亦不得任意辭聘。

(四) 醫事人員

依法領有醫事專門職業證書，並擔任公立醫療機關（構）編制內的醫事職務人員，分為師級及士（生）級，師級人員並再分為師（一）～（三）級，所需資格以學歷、經歷及專業訓練為主。

早期公立醫院醫事人員適用一般人事法規，民國 80 年代後期才另訂相關人事法規，目前以自行遴用專技考試及格人員為主，但住院醫師則採聘用制。

(五) 事業機構人員

❶ **交通事業機構人員**：以前交通部所屬事業機構多為此制。採資位職務分立制，同類職務可調任，分業務、技術兩類，各分為 5 級。近年來配合組織改造推動，如郵政、電信、港務等多已走向民營化或改制。在臺鐵因公司化於 113 元旦正式掛牌營運後，交通資位制也正式走入歷史。

❷ **國營事業機構人員**：經濟部所屬事業機構，如中油、台電等，採職位列等制，區分為 15 個職等。屬「公務員兼具勞工身分」人員，但近年來也配合政府民營化政策逐漸轉型。

❸ **公營事業機構人員**：主要為臺灣省政府時代的省營或市營生產事業，如臺北市自來水事業處，採試辦職位分類制，區分為 16 個職等。原中興紙業、唐榮工程等多已全部或一部移轉民營。

❹ **金融保險事業機構人員**：指財政部所屬國營金融、保險事業機構，如臺銀、土銀等，為推動企業化經營，採試行職位列等制，區分為 15 個職等，實施用人費率薪給。

現行各類人事制度表列

人員類別	體制類型	任用法令依據	等級結構	適用機關
一般公務人員	官職併立制	公務人員任用法	委任為第 1-5 職等；薦任為第 6-9 職等；簡任為第 10-14 職等。	一般行政機關
關務人員	官職分立制	關務人員人事條例	分關務、技術兩類，各有監、正、高員、員及佐等五種官稱，官階區分為 1-4 階不等。	關務署所屬基隆、臺北、臺中、高雄等四關
警察人員	官職分立制	警察人員人事條例	警監官等分為特、一、二、三、四階，以特階為最高階；警正及警佐官等各分一、二、三、四階，均以第一階為最高階。	警察局、警察分局
教育人員	聘任制	教育人員任用條例	專科學校以上分為教授、副教授、助理教授、講師、助教；高中以下均為教師。	各級公立學校教師
醫事人員	師級制	醫事人員人事條例	分為師級及士（生）級，師級人員並再分為師（一）、（二）、（三）級。	公立醫院醫師
交通事業機構人員	資位制	交通事業人員任用條例	分業務、技術兩類，各有長、副長、高員、員、佐、士等五級。	原臺鐵 (113 年公司化)
國營事業機構人員	職位列等制	經濟部所屬事業機構人員進用辦法	區分為 15 個職等。	中油、台電、台水、台糖
公營事業機構人員	試辦職位分類制	臺北市政府所屬臺北自來水事業處職員進用考核辦法	區分為 16 個職等。	如臺北市自來水事業處 (※)
金融保險事業機構人員	試行職位列等制	財政部所屬金融保險事業機構人員進用辦法	區分為 15 個職等。	臺灣銀行、土地銀行、合作金庫等

※ 我國政府自民國 78 年起推動公營事業民營化以來，多已全部或一部移轉民營，本表僅暫以北市府自來水處為例說明。

知識補充站 ★官職分立

指官階和職務分別管理，屬於人事行政的品位制。官職分立下，有官階不一定有職務，但派任職務之前，則必須先有適任的官職。如果喪失了職務（如停職），並不一定會喪失官階。通常官階與職務若同時喪失，必然是基於極為嚴重的違法行為，如警察人員人事條例第 31 條當中規定有「依第一項免職者，並予免官」，包括未具或喪失中華民國國籍、兼具外國國籍等情形。

UNIT **2-7**
文官定義

我國文官制度規定散見於各種法規，文官定義也大不相同，除了在各項法規當中有不同用詞外，其所指涉的範圍也不盡相同。

(一) 公職人員、官吏、官員

我國的憲法中，對於文官的概念充滿了各式各樣的名稱，包括了第 18 條的人民有應考試服「公職」之權；第 24 條的凡「公務員」違法侵害人民之自由或權利者所應承擔的各項責任；第 41 條的總統依法任免「文武官員」；第 75 條的立法委員不得兼任「官吏」；第 77 條中司法院掌理的「公務員」懲戒；第 85、86 條當中考試院掌理「公務人員」之選拔、「公務人員」任用資格之依法考選銓定；第 97、98 條中監察院所負之中央及地方「公務人員」之彈劾、糾舉權；第 103 條的監察委員不得兼任其他「公職」或執行業務；第 108 條有關中央與地方「官吏」之銓敘、任用等權限劃分；第 140 條規定現役軍人不得兼任「文官」等諸多規定。在名稱上可說是洋洋灑灑，令人眼花撩亂。

(二) 公務員

❶ 國家賠償法

該法第 2 條規定：本法所稱公務員者，謂依法令從事於公務之人員，在公務員的定義上算是相當廣義，以保障人民生命、身體及財產不致遭受故意或過失不法的損害，只要是從事公務，均包括在內。要注意的是，第 4 條還有規定受委託行使公權力之團體及個人，執行職務行使公權力時，也視同委託機關的公務員。

❷ 刑法

該法第 10 條第 2 項中規定的定義，公務員是指：

①依法令服務於國家、地方自治團體所屬機關而具有法定職務權限（屬於身分公務員），以及其他依法令從事於公共事務，而具有法定職務權限者（屬於授權公務員）。

②受國家、地方自治團體所屬機關依法委託，從事與委託機關權限有關之公共事務者（類似國家賠償法的委託公務員）。定義不似國賠法般廣泛，以避免僅具有公務員身分，而未區分從事職務即課予刑責，而有不當擴大的情形。

❸ 公務員服務法

該法第 2 條規定，本法適用於受有俸給之文武職公務員及公營事業機構純勞工以外之人員。可以看作是對於公務員的定義條文，主要的要件為「受有俸給」。

(三) 公務人員

❶ 公務人員任用法

在該法施行細則第 2 條中規定，所稱公務人員，指各機關組織法規中，除政務人員及民選人員外，定有職稱及官等、職等之人員。在定義上狹義許多。

❷ 公務人員保障法

該法第 3 條規定，所稱公務人員，係指法定機關（構）及公立學校依公務人員任用法律任用之有給專任人員。第 102 條還有準用規定，將聘用、僱用、派用、考試訓練等人員包含在內，範圍較任用法廣泛。

各項文官用詞範疇比較

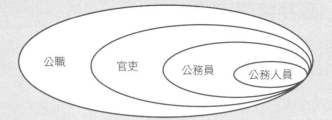

公職　　官吏　　公務員　　公務人員

我國相關法律中對於文官之定義規定

廣義		
	憲法	● **公職：** 如：第 18 條：人民有應考試服「公職」之權。 第 103 條：監察委員不得兼任其他「公職」或執行業務。 （釋字第 19 號）憲法第 103 條所稱不得兼任其他公職，與憲法第 75 條之專限制兼任官吏者有別，其涵義不僅以官吏為限。 （釋字第 42 號）憲法第 18 條所稱之公職涵義甚廣，凡各級民意代表、中央與地方機關之公務員及其他依法令從事於公務者皆屬之。 如：（前）國民大會代表、立法委員、監察委員、公營事業機關董事、監察人及總經理、公立醫院院長及醫生。
		● **官吏：** 如：第 75 條：立法委員不得兼任「官吏」。 （釋字第 4 號）聯合國韓國委員會我國副代表，既係由政府派充，且定有一年任期，不問其機構為臨時抑屬常設性質，應認其係憲法第 75 條所稱之官吏。 （釋字第 19 號略）憲法……所稱……公職……其涵義不僅以官吏為限。
		● **文官：** 如：第 41 條：總統依法任免「文武官員」。 第 140 條：現役軍人不得兼任「文官」。
	國家賠償法	● **公務員：** 第 2 條：本法所稱公務員者，謂依法令從事於公務之人員。 第 4 條：受委託行使公權力之團體，其執行職務之人於行使公權力時，視同委託機關之公務員。受委託行使公權力之個人，於執行職務行使公權力時亦同。
	刑法	● **公務員：** 第 10 條第 2 項： 稱公務員者，謂下列人員： （第 1 款）依法令服務於國家、地方自治團體所屬機關而具有法定職務權限，以及其他依法令從事於公共事務，而具有法定職務權限者。 （第 2 款）受國家、地方自治團體所屬機關依法委託，從事與委託機關權限有關之公共事務者。
	公務員服務法	● **公務員：** 第 2 條：本法適用於受有俸給之文武職公務員及公營事業機構純勞工以外之人員。
	公務人員保障法	● **公務人員：** 第 3 條： 本法所稱公務人員，係指法定機關（構）及公立學校依任用法律任用之有給專任人員。 第 102 條：下列人員準用本法之規定： 一、教育人員任用條例公布施行前已進用未經銓敘合格之公立學校職員。二、私立學校改制為公立學校未具任用資格之留用人員。三、公營事業依法任用之人員。四、各機關依法派用、聘用、聘任、僱用或留用人員。五、應各種公務人員考試錄取參加訓練之人員，或訓練期滿成績及格未獲分發任用之人員。
狹義	公務人員任用法	● **公務人員：** 施行細則第 2 條： （第 1 項）本法所稱公務人員，指各機關組織法規中，除政務人員及民選人員外，定有職稱及官等、職等之人員。 （釋字第 555 號）依憲法第 86 條及公務人員任用法規定觀之，稱公務人員者，係指依法考選銓定取得任用資格，並在法定機關擔任有職稱及官等之人員。是公務人員在現行公務員法制上，乃指業務文官而言，不含武職人員在內。

UNIT **2-8**
政務官與事務官

在「一朝天子一朝臣」的古代帝王統治時期，為官者皆是「君王的臣僕」，並沒有行政中立概念，也沒有政務官與事務官的區分。18 至 19 世紀民主政治興起後，為了降低贍徇制與分贓制的影響，政治與行政二分的聲浪逐漸興起，前者展現民主回應，後者強調專業穩定，缺一不可。此等區分於文官體制則轉化為政務官與事務官的分野，各有其扮演角色，由前者擬定政策方向，而後者主司政策執行，相互間具有分立但又存在互信的微妙夥伴關係。

(一) 政務官

中央部會閣員、政治任命人員等，為政黨體制運用的範疇，且須隨政黨進退，皆具政務性質，甚至擔任政治角色的高級文官、外補制高級幕僚人員，甚或民選人員，也屬於廣義的政務官，亦即我們常說的政治人物。

但狹義而言，則多指主要或核心政務官，亦即具有政策決定的內閣閣員。

(二) 事務官

依國家文官考試任用、聘僱等契約方式進用、從事勞務或勞力性質的技工友等、公營事業機構人員、公立學校教師，皆為廣義的事務官。

一般狹義而言，係指經考試任用並受文官法制保障與管理的永業文官。

(三) 兩者互動關係

由於事務官中，高階文官所扮演的正是與政務官的接軌角色，亞伯赫（Aberbach）、普特南（Putnam）、羅克曼（Rockman）等三位學者，在政治人物與高階事務官在政策議題的互動關係上，建構出四種不同的理論模式：

❶ **政策/行政關係**：即基於「政治與行政二元分立」的傳統行政學古典理論，政治人物制定政策，高階文官執行政策，彼此關係截然分立。

❷ **利益/事實關係**：承認兩者共同參與政策制定，惟各有不同貢獻，政治人物依其政治靈敏度引進利益及價值，重視對標的群體的需求回應；而高階文官則中立地提供事實及專業知識，重視政策的技術效能。

❸ **衝勁/平衡關係**：承認兩者均從事政策制定且與政治有關，差異則在於政治人物負責表達無組織群眾的廣泛性，而高階文官在政策採決前後與相關利益（或壓力）團體密切聯繫。

❹ **純然混合關係**：兩者均扮演結合實質專業與政治承諾的純合角色。有些學者稱之為「科層政治化與政治科層化」。

(四) 差異比較

兩者間存在著既混合又分立的關係，許南雄教授就其同異之處區分為：

❶ **相同處**：在現代的民主政治下，兩者皆具有「公僕」的身分，而皆屬於以公共政策制定與執行為主要職能的「治者」角色。

❷ **相異處**：除政務官屬於政治階層，而事務官屬於行政層級的差異外，兩者角色與功能不同、責任制度不同、任職久暫不同、產生與離退方式不同、人事管理方式不同、政治權利不同、權責體制也不相同。

政務官與事務官意涵（以許南雄教授之定義分類）

政務官	事務官
狹義定義：多指主要或核心政務官，亦即具有政策決定的內閣閣員。	**狹義定義**：一般而言係指經考試任用的永業化文官。
廣義的政務官可分為以下三類： ❶ 主要或核心政務官：各國中央部會入閣及不入閣閣員等重要政治職位，為全國性政策的決定者。 ❷ 政治任命人員：政務官一定是政治任命或民選人員，但並非所有政治任命人員皆為政務官。 ❸ 政治角色職：係指雖為高等文官或外補制高級幕僚人員，但具有政治任命色彩。	**廣義的事務官分為以下四類：** ❶ 常任（或永業）事務官：依考試任用的永業化文官。 ❷ 契約職公務員：依契約方式進用，如聘用、聘任、約僱等。 ❸ 勞動職公務員：從事勞務或勞力性質人員，如技工、工友、駕駛、警衛等。 ❹ 其他相當常任公務員人員：如公營事業機構人員、公立學校教師等。

差異比較（以許南雄教授之比較觀點）

	政務官	事務官
相同處	皆具有「公僕」身分：兩者皆應以民意為依歸而服務，便民親民，與民同疾苦。	
	皆屬於「治者」角色：兩者均以「公共政策」為主，在政策領導與專業決策上相互倚賴。	
相異處	屬於政治階層	屬行政層級
角色與功能不同	決定政策的政務官負有政策辯護與成敗之責。	為政策解釋、說明、參與研議的事務官負責政策執行。
責任制度不同	除集體與個別責任外，尚有政治責任、行政監督責任與法律責任。	負有行政責任、法律責任外，尚有專業、倫理及道德責任。
任職久暫不同	多屬「短暫性」或「非久任性」	具有「永業化」或「久任性」之安定
產生與離退方式不同	產生方式為政治任命、選舉或提名經同意後任命；離退方式一般多為個人請辭、內閣總辭，亦有遭罷免情形。	以考選任用為主要任命方式；離退方式一般多為退休、資遣等，亦有依法免職情形。
人事管理方式不同	各國不一定有政務人員相關管理法規或基準法的訂定。	必有文官法規及一般人事法的保障與規範，多為永業化體制。
政治權利不同	具有黨政取向，原則上不受行政中立限制（部分仍受如司法獨立等約束）。	政治權利多受極高限制，如不得積極參加黨政活動、參選、輔選、發表言論或投書等。
權責體制不相同	居於黨政要職，多屬政務首長、機關單位首長或主管，權責體系較高。	居於行政職位，無論主管或屬員，均受政務首長的領導執行政策，權責體系通常較低。

知識補充站 ★政治行政二元分立論

為傳統行政學的主流理論，一般認為源於美國行政學之父威爾遜（Woodrew Wilson）於 1887 年發表的「行政的研究」（the Study of Administration）一文當中對於政治與行政分立的強調，另外學者古德諾（Frank Goodnow）也認為「政治是國家意志的表現，行政是國家意志的執行」。其實英國早在 1701 年的「吏治澄清法」（the Act of Settlement）當中，就已有了政務官與事務官概念的區分，保障行政執行者不受到政治因素的影響干擾。

第 3 章

考選制度

章節體系架構

UNIT **3-1**
國家考試種類

考試院依憲法規定為國家最高考試機關,所辦考試主要分為公務人員考試及專技人員考試兩大類,性質完全不同。目前主要規範於「公務人員考試法」及「專門職業及技術人員考試法」當中。

(一) 公務人員考試

此類考試的主要目的為取得公務人員任用資格而舉辦的考試,也就是透過公開競爭考試的方式來選拔適格人才,包含以下類型:

❶ **高普初等考試**:我國公務人員考試曾歷經多次變革,目前分為高等考試、普通考試、初等考試三等,而其中高等考試按學歷高低不同又再分為一、二、三級。及格人員於服務 3 年內受有限制轉調規定。從民國 39 年以後,年年舉辦全國性公務人員考試,目前多於每年 7 月間辦理,堪稱年度一大盛事。

❷ **特種考試**:為因應特殊性質機關之需要及保障身心障礙者、原住民族就業權益,得比照高普初考等級舉行一、二、三、四、五等特種考試,如地方特考、鐵路特考、身心障礙者特考等皆屬之,目前經常舉辦的特種考試約有二十多種。除另有規定外,及格人員尚受有 6 年的限制轉調規定。

❸ **升官等考試**:屬於在文官體系內拔擢人才至較高官等的考試,參加者為符合特定條件的現職公務人員,主要為薦任升官等考試,另外還有警察、關務、交通升資等晉升官等考試。

雇員升委任官等考試已於 96 年廢止,另簡任升官等考試也已於 109 年走入歷史,以避免紙筆測驗無法篩選出有溝通、管理能力領導者的盲點。訂有公務人員升官等考試法。

❹ **轉任考試**:為武官轉任文官的考試。主要有退除役特考、上校以上軍官轉任考試,轉任機關範圍及限制轉調期間,都受有法定明文限制。

(二) 專門職業及技術人員考試

簡稱專技考試,考試目的是為取得專門職業及技術的執業資格,換句話說,也就是某些行業因為具有特殊學識或技能,必須要依法經國家考試及格並領有證書,才能執行相關業務,以保障公共利益及人民的生命、身心健康、財產等權利。例如不動產估價師、牙醫師、職能治療師等。

分為高等考試、普通考試二等級,每年或間年舉行一次,如應特殊需要或職業管理法律之特別規定,也得限期舉行特種考試。

我國早年因公立機構專業人力短缺,為彌補考試用人不足,訂有專技人員轉任條例,作為輔助性用人措施。在高普考試逐漸確立成為國家遴才主流之後,專技轉任曾有審查趨嚴甚至廢止之議,以回歸考試用人本質,但近年來又因退撫制度改革致退休金減少、公私人才交流的趨勢及影響之下,專技轉任制度於 112 年又有相當大幅度的調整變化,在放寬與緊縮之間,配合實際需求彈性拿捏。

國家考試

憲法第 86 條規定：
下列資格，應經考試院依法考選銓定之：

公務人員考試

● 高普初等考試
高等考試（分為一、二、三級考試）
普通考試
初等考試

● 特種考試（分為一、二、三、四、五等）
身心障礙人員考試、原住民族考試、司法人員考試、司法官考試、社會福利工作人員考試、國家安全局國家安全情報人員考試、法務部調查局調查人員考試、警察人員考試、一般警察人員考試、外交領事人員及外交行政人員考試、國際經濟商務人員考試、關務人員考試、移民行政人員考試、民航人員考試、交通事業人員考試、經濟部專利商標審查人員考試、地方政府公務人員考試、國防部文職人員考試、海岸巡防人員考試、水利人員及水土保持人員考試

● 升官等考試
公務人員升官等考試
警察人員升官等考試
關務人員升官等考試
交通事業人員升資考試

● 軍職轉任考試（亦屬特種考試）
退除役軍人轉任公務人員考試
國軍上校以上軍官轉任公務人員考試

專門職業及技術人員考試

● 高等暨普通考試
律師、會計師、建築師、技師（32類科）、獸醫師、醫師、藥師、牙醫師、中醫師、一等航行員船副、一等輪機員管輪、二等航行員船副、二等輪機員管輪、護理師、驗船師、引水人、醫事檢驗師、醫事放射師、營養師、地政士、專責報關人員、財產保險代理人、人身保險代理人、財產保險經紀人、人身保險經紀人、一般保險公證人、海事保險公證人、物理治療師、消防設備師、消防設備士、社會工作師、職能治療師、不動產經紀人、民間之公證人、不動產估價師、呼吸治療師、臨床心理師、諮商心理師、助產師、華語導遊人員、外語導遊人員、華語領隊人員、外語領隊人員、記帳士、法醫師、專利師、語言治療師、聽力師、牙體技術師、驗光師、驗光生。

兩類考試立法沿革

➡ 行憲後訂頒「考試法」，同時規定「公務人員考試」與「專門職業及技術人員考試」，採兩者合併立法。
➡ 雖有上開法源依據，但多未舉辦專技人員國家考試，而由各主管機關審查登記後發給證書，作為執業依據。
➡ 廢止原「考試法」，於民國 75 年 1 月 24 日分別訂定「公務人員考試法」與「專門職業及技術人員考試法」，自此採兩者分別立法迄今。理由包括：

❶ 前者為取得任用資格以獲分發任用，後者為取得執業資格以自行執業，兩者性質上有根本不同。
❷ 依憲法第 86 條規定，應經考試院依法考選銓定事項分為兩大類，分別立法方能符合法制完整性與實際需要。
❸ 按憲法第 85 條規定意旨，前者始應實行公開競爭考試制度，但後者則無此必要性。

UNIT **3-2**
公務人員考試沿革

(一) 建立國家考試基礎

民國 18 年國民政府公布考試法，建立現行國家考試基礎。第一屆高等及普通考試本採分試淘汰制，抗戰勝利後實行考訓結合，初試及格者須經訓練，再試及格者一律分發任用。

(二) 定期辦理高普考試

政府遷臺後，從 39 年至 57 年，每年均定期合併舉辦全國性及臺灣省公務人員高普考試，後者以本省籍國民為應考對象。另有按省區分定名額、分區舉辦之規定，但於 81 年停止適用。

(三) 特種考試辦理頻繁

雖規定特種考試應於高普考試及格人員不足時始能舉行，但因政府遷臺後需才孔急，高錄取率之特種考試遂大行其道，而排擠高普考試人員分發任用機會，考試院逐漸限縮請辦機關，相近類科併入高普考試，以確立高普考試的主流地位。

(四) 分類措施

因常有錄取人員無法到職而要求延後分發情形，故於 68 年起分別舉辦第一類〈立即接受分發任用〉及第二類〈原因消失後遇缺分發任用〉考試，到職率雖大幅提高，但因錄取標準不同而易有取巧情形，故自 75 年起取消。

(五) 新人事制度

75 年將公務人員與專技人員考試分別立法。另公務人員考試及格者應接受訓練，訓練期滿成績及格，始發給考試及格證書。在分發任用、考用配合有了根本上的改進。

(六) 取消甲等特考

由於甲等考試及格者取得簡任任用資格，為我國取得最高任用資格的考試，但確僅採著作審查及口試方式，過於寬鬆且缺乏客觀標準，隨著社會公平正義要求聲浪漸增，於 84 年廢止。

(七) 考試等級重行區分

85 年區分為高考、普考及初等考試，其中初等考試無學歷限制；另修訂特種考試舉辦原因，並有嚴格限制轉調，以回歸公開競爭精神。

(八) 實施分試制度

87 年起高考三級與普考實施分試制度，第一試擇優錄取 50% 參加第二試，再按需用名額決定錄取人數，目的在使初任人員具備宏觀視野，並提升第二試申論試卷閱卷品質。但因高資低考比率漸增，試務工作龐雜，辦理成效不明確，故於 95 年起恢復一試制度。

(九) 限制轉調期間修訂

90 年將特考及格人員限制轉調期限修正為 6 年；97 年增訂高普初等考試及格人員之 1 年限制轉調規定，以維持機關用人穩定，同時將列入候用名冊之增額錄取人員由用人機關自行遴用方式，修正為依考試成績定期依序分發。

(十) 因應少子化措施

為提供有育嬰需求應考人政策誘因，103 年增訂正額及增額人員申請保留及延後分配規定；另為培育初任公務人員具備完整職務歷練，高普初等考試及格人員限制轉調期間延長為 3 年。

公務人員考試沿革

高普初等考試	民國年	特種考試

高普初等考試

❶ 中華民國北京政府頒布「文官高等考試令」及「文官普通考試令」。
❷ 同年 6 月舉行第一次文官高等考試，為中華民國建國以來首次文官考試。
— 5年

4 月舉行第一次文官普通考試。 — 6年

制定考試法，分為高等、普通、特種考試。 — 18年

國民政府於首都南京舉行第一屆高等考試。 — 20年

舉行第一屆普通考試。 — 23年

每年定期合併舉行全國性及臺灣省公務人員高普考試，後者應試人以本省籍者為限。按省區分定錄取名額。 — 39年

— 51年

停止辦理臺灣省公務人員高普考試。 — 58年

實施「分類報名、分類錄取、分類分發」之分類考試措施。 — 68年

❶ 取消分類考試。
❷ 「公務人員考試法」及「專門職業及技術人員考試法」分別立法。
❸ 公務人員考試分高、普考試兩種；高考必要時得按學歷分一、二兩級舉行。
— 75年

按省區分別規定名額、分區舉行考試之規定均停止適用。 — 81年

— 84年

❶ 分高考（並按學歷分一、二、三級考試）、普考及初等考試。
❷ 廢止檢定考試及參加高一等級考試之停年規定。
— 85年

❶ 高考三級及普考實施分試制度。
❷ 無學歷限制之初等考試首次舉行。
— 87年

放寬正額錄取人員申請保留錄取資格範圍，並依事由分定保留年限。 — 90年

取消分試，恢復一試制度。 — 95年

❶ 增列高普初考及格人員 1 年限制轉調。
❷ 增額錄取人員改為定期依序分發。
— 97年

❶ 限制轉調期間延長為 3 年。
❷ 因應少子化，增訂養育 3 足歲以下子女之資格保留及延後分配規定。
— 103年

特種考試

經考試院認為有特殊情形者，始得舉行特種考試。

唯在高普考人數不足或不能適應需要時，始得舉辦。

為適應特殊需要，得舉行特種考試，分甲、乙、丙、丁四等。

取消甲等特考。

因特殊性質機關需要及照顧殘障者[1]就業權益，得比照高普初考等級，舉行一、二、三、四、五等特考，嚴格限制轉調。

❶ 放寬為 6 年限制職轉調。
❷ 增列得因照顧原住民族就業權而辦理。

[1] 97 年修正為「身心障礙者」。

UNIT **3-3**
考試原則

圖解現行考銓制度

(一) 公開競爭

考試法第 2 條規定,公務人員考試以公開競爭方式行之,其考試成績計算,除另有規定外,不得因身分而有特別規定。憲法第 85 條當中也規定,公務人員選拔,應實行公開競爭之考試制度。非經考試及格者,不得任用。

「公開競爭」是指舉辦考試時,凡中華民國國民,年滿 18 歲,符合考試法中之積極應考資格規定,而沒有消極不得應考情事者,皆得報名應考,並按考試成績高低順序擇優錄取。

此原則之目的在於避免瞻恩徇私或朋黨分贓的流弊,以客觀、公平、公正、公開方式對外徵才,凡有資格及意願者皆可報名參加,競爭機會均等。

(二) 考訓用合一

公務人員之考試,應依機關年度任用需求擇優錄取正額人員,並依考試成績高低順序分配訓練。並得在正額錄取之外,增列增額錄取人員,列入候用名冊,作為國家考試分發任用上的彈性運用。

此外,各等級考試正額錄取人員,需按錄取類科,依序分配訓練,訓練期滿成績及格者,發給證書,依序分發任用。而增額錄取人員如獲機關分配,其訓練及任用程序,與正額錄取者規定相同。

綜合上述,必須經考試錄取並接受分配後,始得接受訓練;而訓練期滿成績及格者,方可由機關分發任用。換句話說,訓練為考試的程序之一,而又與任用相配合,故為「考訓用合一」。

(三) 特考特用、限制轉調

除高普初等考試之外,尚可因應特殊目的或保障,依規定另外舉辦特種考試。既是特殊考量,因此錄取人員在分發任用機關及轉調期限的限制就有較為單獨的特別規定,目前主要可分為以下三種:

❶ **因應特殊機關或對象**:為因應特殊性質機關之需要及保障身心障礙者、原住民族之就業權益,得比照高普初等考試之等級舉行特種考試。除另有規定外,及格人員於服務 6 年內的轉調受到限制,而所限制的機關性質、範圍等細部規定,也另規範於各該特種考試規則中。

❷ **因應取才困難**:考試法第 8 條中規定,高科技或稀少性工作類科之技術人員,得由考選部報請考試院另訂特種考試規則辦理之。考試及格人員,不得轉調原分發任用機關以外之機關任職。

❸ **軍職轉任公務人員**:考試法第 24 條中規定,自 88 年起,退除役特考及格人員以分發國防部、退輔會、海委會及其所屬機關任用為限,受有 6 年限制轉調規定;上校以上檢覈及格及上校以上轉任考試及格者,僅得轉任國安會、國安局、國防部、退輔會、海委會及其所屬機關、中央及直轄市政府役政、軍訓單位。

考試法之原則

公開競爭

「中華民國國民、年滿 18 歲、有積極應考資格、無消極應考資格」

必勝

「客觀、公平、公正、公開」

考訓用合一

考試成績擇優錄取

試用及正式任用

實務訓練與基礎訓練

特考特用

為因應特殊需求所辦理之特殊考試，而另行訂定之特別任用規定。

● **特殊機關或對象：**
特殊性質機關
保障身心障礙者就業權益
保障原住民族之就業權益

● **取才困難：**
高科技或稀少性工作類科之技術人員

● **軍職轉任公務人員：**
退除役特考
上校以上檢覈及格
上校以上轉任考試及格

限制轉調

任職機關及轉調機關均受有明確限制。
可轉調之期間（年限）受有限制。

古今文官考選措施（許南雄教授之「人事行政學」）

歷代文官考選特質	考選制度化	始於周秦，奠基於漢唐，詳備於宋元明清。取仕制度雖代有興革，但均形成制度化。
	考官不考吏	此為歷代文官考選與現代之最大差別。「官」相當於高等文官、民選官及政務官等；「吏」則指中下級員吏，此與打破分贓制之民主發展有關。
	試之以詞章	取仕不僅重文才，亦重孝行與對策才幹，與現今行政管理知識不同。
	教考用合一	透過養才而取仕及任官相互連貫，歷經培育始能脫穎而出，惟學術與政途常相混淆，不免染上惡習。
現代考選原則基礎	公開競爭	考選技術除客觀與開放之外，亦重公平原則。
	考選獨立	考選權之行使獨立於政治特權之外，具體而言為「出題與評分獨立」，而不受政治因素（如政黨分贓、政治權勢）的影響。
	考用配合	強調考選單位應依組織需要甄選人才，而具任免權者應盡可能依考選正途羅致所需人才。與「考用合一」不盡相同。

UNIT 3-4 應考資格

中央政府、地方政府、民意機關、公立學校職員、公營及交通事業機構等機關人員之任用,以考試定其資格。

(一) 基本資格

中華民國國民,年滿 18 歲,符合考試法第 7 條(各項考試規則)、第 9 條(體格檢查及其他設限)及第 13 至 17 條(高普初考、特考及必要增列限制)規定,且無第 12 條不得應考情事者,皆得報名分別應各該考試。

未依各考試規則或報名相關公告於指定期限內繳交各種文件資料者,報名未完成,不得應考。另 108 年增訂,考試開始時,不具備或喪失應考資格者,亦不得應考。

(二) 積極資格

除上述基本資格外,還需有應積極具備的資格條件,包含品位分類精神的學歷與年資條件,及職位分類精神的專業資格條件。

❶ **高等考試**:分為三級,分別應取得博士、碩士及學士學位方得應考,其中高考三級亦可以高考及格或普考及格滿 3 年的資格應考。

❷ **普通考試**:國內外公私立職業學校、高中以上學校畢業者,或普考以上考試及格者,或初等考試及格滿 3 年者。

❸ **初等考試**:中華民國國民年滿 18 歲者,皆得應試。

❹ **特種考試**:分為五等,各等級之應考資格,分別準用上開高考、普考及初等考試規定。

❺ **其他**:必要時得視考試等級、類科需要,增列其他如提高學歷、相關經驗或語文檢定等應考資格條件。其職務依法律規定或因用人機關業務性質需要,尚應具有各該類科專門職業證書。

民國 85 年以前尚有可直接取得簡任資格的甲等特考,原意是為甄補高級文官,但受有爭議,故已廢止。另外考量我國高等教育日漸普及,以專科學歷應試高考三級的規定也在民國 97 年刪除,但有 3 年修正過渡緩衝期間。

(三) 消極資格

也就是消極不得應考情事,如:動戡時期終止後曾犯內亂或外患罪、曾服公務有貪污行為,經有罪判決確定或通緝有案尚未結案;褫奪公權尚未復權;受監護或輔助宣告尚未撤銷等情形。

依法停止任用者,即使再經公務人員考試錄取,於停止任用期間仍不得分配訓練或分發任用。

(四) 撤銷情形

應考人如有上開消極資格、冒名頂替、偽造或變造證件、作弊、不具應考資格等情形,相關資格將被撤銷,若涉及刑事責任,將移送檢察機關辦理。另如有冒名、偽變造及作弊情形,自發現日起 5 年內不得應國家考試。

至於撤銷應考資格、扣考、不予錄取等認定,則依發現時間點而有不同規定。

應考資格

✔ 基本資料

❶ 中華民國國民。
❷ 年滿 18 歲。
❸ 具有考試法第 13 條至第 17 條之各該（高等、普通、初等及特種）考試應考資格。
❹ 無考試法第 12 條不得應考情事者。
❺ 符合各該考試規則之應考年齡、考試等級、類科及其分類、分科之應考資格、體檢標準、應試科目、考試方式、成績計算、限制轉調規定。
❻ 依任用實際需要，另行規定之體格檢查、年齡、兵役及性別條件。
❼ 報名時應提供之費件繳交或依試務機關之限期繳交或補正。

詳細法條內容請參考：
公務人員考試法第 7、9 條。
公務人員考試法施行細則第 3、14 條。

✘ 撤銷情形

❶ 有下列情事之一者，資格將撤銷。涉刑事責任者，另移送檢察機關：
　①有第 12 條第 1 項但書之消極資格情事。
　②冒名頂替。
　③偽造或變造應考證件。
　④以詐術或其他不正當方法，使考試發生不正確結果。
　⑤不具備應考資格。
❷ 有前項第 2 至 4 款情事之一者，自發現之日起 5 年內不得應考試院舉辦或委託舉辦之各種考試。
❸ 發現時點：

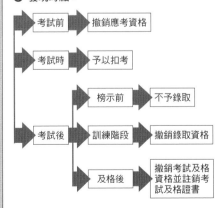

- 考試前 → 撤銷應考資格
- 考試時 → 予以扣考
- 考試後
  - 榜示前 → 不予錄取
  - 訓練階段 → 撤銷錄取資格
  - 及格後 → 撤銷考試及格資格並註銷考試及格證書

●詳細法條內容請參考：
公務人員考試法第 22 條。

✔ 積極資格

❶ 得應高考一級或特考一等考試：得有博士學位者。
❷ 得應高考二級或特考二等考試：得有碩士以上學位者。
❸ 得應高考三級或特考三等考試：獨立學院以上學位學程畢業者，或高考相當類科及格者，或普考相當類科及格滿 3 年者。
❹ 得應普通考試或特考四等考試：職業學校、高中以上畢業者，或普考以上相當類科及格者，或初等考試相當類科及格滿 3 年者。
❺ 得應初等考試或特考五等考試：中華民國國民年滿 18 歲者。
❻ 分類、分科之個別應試條件，必要時得增列：
　①提高學歷條件。
　②具有與類科相關之工作經驗或訓練並有證明文件。
　③經相當等級語文能力檢定合格。
❼ 另依法律規定或業務性質需要所應具備之專門職業證書。

詳細法條內容請參考：
公務人員考試法第 13 至 17 條。

✘ 消極資格

❶ 有下列各款情事之一者，不得應公務人員考試法之考試：
　①動員戡亂時期終止後，曾犯內亂罪、外患罪，經有罪判決確定或通緝有案尚未結案。
　②曾服公務有貪污行為，經有罪判決確定或通緝有案尚未結案。
　③褫奪公權尚未復權。
　④受監護或輔助宣告，尚未撤銷。
❷ 依法停止任用者，經公務人員考試錄取，於依法停止任用期間仍不得分配訓練或分發任用為公務人員。

詳細法條內容請參考：
公務人員考試法第 12 條。

UNIT **3-5** 考試程序

圖解現行考銓制度

公務人員考試應以公開競爭為之，自然也循公平、公正、公開的辦理程序以為落實。

110 年監試法廢止後，原監試法所列國家考試監試項目以及原由監試委員簽署封緘彌封等工作，則分由考選部及主持考試的典試委員長辦理。

❶ **決定舉辦考試**：公務人員考試應依用人機關年度任用需求決定正額錄取人數，再由考選部報請考試院核准各種考試辦理之考試類科、應試科目、應考資格及分類、分科等相關資格項目。

❷ **公告舉行考試**：公務人員各種考試得分試、分階段、分考區舉行，於考試 2 個月前公告考試類科、地點、日期等。應試科目修正於考試 6 個月前公告，但新增類科或減列應試科目者，得於考試 4 個月前公告。

❸ **組織典試委員會**：各種考試設典試委員會，於考試公告後成立，典試委員得再依考試類科或考試科目性質分組。但性質特殊或低於普通考試的考試，得經核定後，交由考選部或委託辦理。

❹ **受理報名**：舉行各種考試時，應考資格審查人審查應考人學歷、經歷是否合於應考資格規定。未於指定期限內繳交各種文件資料與報名費者，報名未完成，不得應考。

❺ **召開典試委員會第一次會議**：典試委員會依照法令及考試院會議之決定行使其職權。在考試舉行前，先召開第一次會議，決定命題標準、評閱標準及審查標準，擬題及閱卷之分配等事項。

❻ **命題**：除由典試委員擔任者外，必要時得增聘命題委員、閱卷委員、審查委員、口試委員、實地考試委員辦理。所命試題應以密件送典試委員長決定。

考選部為提升命題品質，得建立題庫試題，另定有相關規範。

❼ **考試**：公務人員考試得採筆試、口試、心理測驗等各種法定方式行之。除採筆試者外，其他應採 2 種以上方式，筆試原則上應用本國文字。試卷均予以彌封，閱卷者均不知卷屬何人，以維持公正評閱。

❽ **閱卷**：試卷評閱前，應先共同商定評分標準。申論式試卷評閱以單閱為原則，另得採平行兩閱、分題評閱、分題平行兩閱等方式行之，必要時得採線上閱卷。另訂有閱卷規則。

❾ **召開典試委員會第二次會議**：典試委員會在應考人成績登錄計算完畢後，召開第二次會議，以決定考試成績審查、錄取標準、榜示等事項。

❿ **榜示**：各科試卷評閱完畢，核算應考人成績製成統計表，由典試委員會審查，決定錄取或及格標準，按考試總成績高低排名，並榜示之。

⓫ **分配訓練**：各等級考試正額錄取者，按錄取類科，依序分配訓練。增額錄取者如獲分配，其訓練及分發任用程序，與正額錄取者規定相同。

⓬ **發給及格證書**：公務人員考試錄取人員經訓練期滿成績及格者，由保訓會報請考試院發給考試及格證書，由機關依序分發任用。

考試程序

決定舉辦考試	銓敘部及人事總處依各機關提報資料彙整年度任用需求，函考選部報請考試院核准各種考試辦理。
公告舉行考試	應由考選部於考試 2 個月前公告。
組織典試委員會	由典試委員長、典試委員及考選部部長組成。其中典試委員長經考試院會議呈請總統派用。
受理報名及審查應考資格	身心障礙、原住民族、低收入戶、中低收入戶及特殊境遇家庭之應考人，各種考試之報名費，得予減少。
第一次典試委員會	決定❶命題標準、評閱標準及審查標準；❷擬題及閱卷分配。
彌封試卷及姓名冊	試卷彌封或以其他保密方式行之。彌封姓名冊應予以固封保管，非經典試委員會決定及監視下，不得拆封。
命題	所命試題以密件送典試委員長決定。另得建立題庫試題。
入闈	訂有「國家考試闈場安全及管理辦法」。
考試	以高普考試為例，目前高考三級考試期間多為 3 天，普考多為 2 天。
閱卷	申論題以單閱為原則，測驗題採電子評閱。如有違法等情形，得請重閱或另組卷小組評閱。
統計成績	各科試卷評閱完畢，核算應考人成績製成統計表，由典試委員會審查。
第二次典試委員會	決定❶考試成績之審查；❷分數轉換之方式及標準之採用；❸錄取或及格標準之決定；❹彌封姓名冊、著作或發明及有關文件密號之開拆與核對；❺錄取或及格人員之榜示。
開拆彌封	錄取標準及人數確定後，始在相關人員監視下開拆彌封姓名冊並對號，確定錄取人員姓名。除有違法或顯有錯誤者外，不得再行評閱。
榜示	錄取或及格人員榜示，均應加蓋典試委員會關防，載明年月日，由典試委員長簽署公布。
複查成績	訂有「應考人申請複查成績辦法」。
分配訓練	包含基礎訓練與實務訓練，期間 4 個月至 1 年。
發給及格證書	訓練期滿成績及格者，始發給考試及格證書。

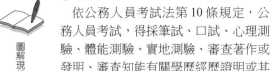

UNIT 3-6 考試方式與成績計算

(一) 辦理方式

❶ 方式

依公務人員考試法第 10 條規定，公務人員考試，得採筆試、口試、心理測驗、體能測驗、實地測驗、審查著作或發明、審查知能有關學歷經歷證明或其他方式行之。

雖然有多種考試方式得以選擇，但在公平與經濟性的考量下，公務人員考試主要還是多以筆試方式進行，較高等級（如高考一、二級）或有特殊考量的考試（如外交特考），則會增加口試，國安局特考還多加了體能測驗。至於審查著作、審查學經歷這類高度屬人性判斷、公平性易遭受質疑的考試方式，目前則多搭配用於高考一級或考試取才困難的高科技或稀少性技術人員考試。

除單採筆試者外，其他應併採 2 種以上的考試方式。而筆試除外國語文科目、專門名詞或有特別規定者外，應使用本國文字作答。

❷ 分試制度

是指以分階段篩選的考試方式，將考試程序予以區隔，通常先以綜合通識科目測試應考人的基本學識，及格後始可參加後續階段的專業考試。一般分為二試，必要時得分為三試。

碩士以上較高學歷應考之高考二級以上考試，目前採分試制度。然為使一般考試及格人員也能具備宏觀視野，我國曾於 87 年起於高考三級與普考實施分試制度，第一試按各科全程到考人數 50% 擇優錄取後，第二試再按各科需用名額決定錄取人數。但實施以來應考人反對聲浪不斷，認為綜合知識測驗科目過多，部分出題漸趨艱澀而悖離原始宏觀意旨，故於 95 年起又恢復一試制度。

(二) 成績計算

按公務人員考試總成績計算規則規定，僅以筆試方式舉行者，以筆試成績為考試總成績，如考科分有普通科目及專業科目，分數權重計算不同；採二種以上方式，總成績以各方式成績合併計算，一般而言，筆試分數占比還是比較高，如高考二級，第一試的筆試分數占 90%，第二試的口試分數只占 10%。

總成績未達 50 分者，或筆試有一科為零分，或特定科目未達最低分數者，均不予錄取；缺考科目，以零分計算。

(三) 榜示排名順序

典試委員會依據應考人成績統計表，決定錄取或及格標準，並予以排名榜示。按考試總成績高低排名者，總成績相同時，按專業科目平均成績排名；專業科目平均相同時，按國文成績排名；應試科目中無國文或國文成績相同時，按入場證號碼順序排名。

(四) 專業科目整併

為了符合機關用人的實際需求、更具焦專業核心職能，考選部近年來積極推動應試科目的彈性多元調整，以「專業知能核心化、擇才條件友善化」為精進方式，拍板定案自 113 年起減列高普考試專業科目，高考三級大多自 6 科減列為 4 科、普考自 4 科減列為 3 科，透過減少筆試應試負擔，漸進改革調整考試方式。

成績計算（以人事行政類科為例）

112 年高考三級暨普考考試規則修正重點：
❶ 國文科目刪除考列公文。
❷ 調整高考三級科目占比：法學知識與英文占 14%、國文占 8%、專業科目平均占 78%
❸ 其他還包括僑務行政等 4 類科增加通過英檢等級、公職社工師應考增訂工作經驗等。

	第一試筆試成績（80%）＋第二試口試成績（20%）＝考試總成績（100%）		
高考二級	第一試 （普通科目成績（20%）＋專業科目成績（80%）＝筆試成績）		第二試 （集體口試）
	普通科目 2 科 ● 憲法與英文 ● 國文（作文、公文與測驗）	專業科目 4 科 ● 行政法研究 ● 行政學研究 ● 人事行政學研究（包括考銓制度與法規） ● 各國人事制度研究	口試成績未滿 60 分，亦不予錄取
	普通科目成績（22%）＋專業科目成績（78%）＝考試總成績（100%）		
高考三級	普通科目 2 科 ● 國文（作文與測驗） ● 法學知識與英文（包括中華民國憲法、法學緒論、英文）	專業科目 4 科 ● 行政法 ● 行政學 ● 公共人力資源管理 ● 現行考銓制度	
	各科目成績＝考試總成績（100%）		
普通考試	普通科目 2 科 ● 國文（作文與測驗） ● 法學知識與英文（包括中華民國憲法、法學緒論、英文）	專業科目 3 科 ● 行政學概要 ● 行政法概要 ● 公共人力資源管理概要	
	各科目成績＝考試總成績（100%）		
初等考試	普通科目 2 科 ● 國文 ● 公民與英文	專業科目 2 科 ● 法學大意 ● 人事行政大意	

成績相同之榜示排序（典試法施行細則第 11 條）

 考試總成績　勝＞　 專業科目平均成績　勝＞　國文成績　勝＞　入場證號碼順序　＞　 優先排序

※ 取小數點後二位數，第三位數採四捨五入法進入第二位數。
※ 如算至尾數有二人以上成績相同者，皆視為錄取人員。

UNIT **3-7**
正額錄取與增額錄取

圖解現行考銓制度

現行公務人員考試錄取具有雙重性質,以兼顧公開競爭原則及實際用人需求,權益規定均有不同。訂有「公務人員考試及格人員分發辦法」。

(一) 錄取類型及性質

考試錄取除配合機關任用需求外,又須考量如重榜、保留、延後、放棄等變動因素,為使年度中隨時仍有可用之人,故將錄取人員分為正額與增額,正額錄取依序分發任用,屬任用考試性質;另得視考試成績增列增額錄取,為資格考試性質。考選部於榜單及錄取通知函也都會載明是正額或增額錄取。

(二) 正額錄取人員

❶ **意涵**:榜示錄取人員中依成績高低,計算至機關提缺需求人數,如算至尾數有 2 人以上成績相同者,皆視為正額錄取,也稱為同分正額錄取。因此,錄取人數有可能大於或等於職缺提報數。

❷ **資格保留**:如有法定事由無法立即接受分配訓練者,得於規定時間內(榜示後完成分配訓練作業前)檢具事證申請保留錄取資格。包括:服兵役、進修碩博士學位、疾病、懷孕、生產、父母病危、子女重症或其他不可歸責事由、養育三足歲以下子女等,均有保留年限規定。

❸ **原因消滅後**:經核准保留者,原因消滅後或期限屆滿後 3 個月內,應向保訓會申請補訓,並由保訓會通知分發機關依序分配訓練。逾期未提出申請,或未於規定時間內向機關報到接受訓練者,將喪失考試錄取資格。

(三) 增額錄取人員

❶ **意涵**:於正額錄取以外增加部分錄取名額,由分發機關依成績順序列入候用名冊,但如於下次同項考試放榜日前未獲分配訓練者,即喪失考試錄取資格。

❷ **延後分配**:如因服兵役或養育三足歲以下子女,無法立即接受分配訓練者,得於規定時間內(111 年起改為接獲選填志願通知後 15 日內)檢具事證向分發機關申請延後分配訓練。

❸ **原因消滅後**:經核准延後分配者,原因消滅後 3 個月內,應向分發機關申請分配訓練。如同正額規定,逾期未申請或報到者,喪失考試錄取資格。

(四) 分配訓練程序

正額錄取人員依成績高低選填志願,按錄取類科依序分配訓練。增額錄取人員列入候用名冊,於正額人員分配完畢後,再配合任用需要定期依序分配訓練,程序與正額規定相同。

應考人若有同項考試同時正額錄取情形(如高普考同時錄取的雙榜情形),應擇一接受分配訓練,若未自行擇一,將由分發機關依較高等級或依名次較前類科逕行分配,以確保機關用人權益。

正額錄取除經核准保留錄取資格者、增額錄取除經核准延後分配訓練者外,均應於規定時間內向機關報到接受訓練,逾期未報到並接受訓練者,即喪失考試錄取資格。但增額錄取者如於下次同考試榜示前未能獲分配訓練,亦喪失考試錄取資格。

任用考試與資格考試

發展沿革
民國 42 年以前：考試及格人員均分發任用。 民國 43 年至 74 年：高普考試採資格考試、特考採任用考試。 民國 75 年至 84 年：一律採任用考試。 民國 85 年起迄今：兼採「任用考試」與「資格考試」併行。

	任用考試	資格考試
目的	考試及格人員立即獲分發任用，即考即用，考任用得以密切配合。	考試及格人員僅具有獲遴用資格，無分發任用。
優點	❶ 配合任用需求辦理考試。 ❷ 考試及格人員獲有任用保障。 ❸ 分發機制可避免人情請託關説。	❶ 錄取人數可不受任用需求限制，具較大彈性。 ❷ 用人機關可遴選適當人才。 ❸ 可廣攬人才，不受在學在役限制。
缺點	❶ 考試及格人員因強制分發任用，如不滿意則可能異動頻繁。 ❷ 錄取人數受任用需求限制，部分成績優秀人才恐未能延攬。 ❸ 優秀應考人將受在學或在役等身分限制而無法報考。	❶ 及格人數如過多，恐造成人情請託關説困擾，而影響考試之舉辦。 ❷ 考試及格人員無任用保障。 ❸ 部分機關如因地點、性質等因素，難獲人員青睞，恐形成考用失衡。

正額錄取與增額錄取

正額錄取人員		增額錄取人員	
依機關任用需求，正式錄取的人員。		正式錄取以外，為彈性運用而增加錄取的人員。	
❶ 屬於分發任用性質。 ❷ 立即分配訓練。 ❸ 正式具備考試錄取資格。 ❹ 有法定可保留條件。		❶ 屬於遴用資格性質。 ❷ 須待正額人員分配完畢後，方視任用需要予以分配。 ❸ 法定期間內未獲分配者，喪失錄取資格。 ❹ 有法定可延後分配條件。	
正額	**得申請「保留」或「延後分配」條件與期限**		**增額**
✔	● 服法定兵役尚未屆滿或預官服務期間尚未屆滿，繳有證明者。 ● 保留（或延後分配）期限不得逾法定役期。		✔
✔	● 修讀碩士班、博士班尚未取得學位繳有證明者。 ● 進修碩士學位保留期限不得逾 2 年；博士不得逾 3 年。		
✔	● 患有疾病、懷孕、生產、父母病危或子女重症繳有全民健保特約醫院證明，或有其他不可歸責事由繳有證明者。 ● 保留期限不得逾 2 年。		
✔	● 需養育三足歲以下子女繳有證明者。 ● 保留（或延後分配）期限不得逾 3 年。		✔
	※ 如配偶為公務人員並已依法申請育嬰留職停薪者不得申請保留。		

UNIT **3-8** 考試錄取訓練

圖解現行考銓制度

公務人員考試錄取後，須經訓練期滿且成績及格，始可分發任用，訓練為法定考試程序之一環。保訓會並訂有「公務人員考試錄取人員訓練辦法」，該規定在 105 年 2 月有諸多修正，主要將免除基礎訓練與縮短實務訓練的資格條件大幅限縮，及將「專題研討」一體適用於高普初等考試錄取基礎訓練（原本僅高考以上實施）。

訓練又分為基礎訓練與實務訓練，期間合計 4 個月至 1 年，另訂有免除或縮短的規定，資格條件均由保訓會認定。目前高普初等考試多為 4 個月訓練期間，訓期自報到日起算至訓練屆滿日止。

(一) 基礎訓練

❶ **目的**：以充實初任公務人員應具備的基本觀念、行政程序與技術等一般知識為主。

❷ **權責機關**：基礎訓練課程架構及配當表由保訓會訂定，交所屬國家文官學院辦理，或委託訓練機構辦理。

❸ **免除情形**：考量基礎訓練方式多以課程教學為主，基於訓練資源不重複浪費，規定受訓人員具有如最近 3 年內曾受同等級以上、或受次一等級以下且訓期相同或課程相當之考試錄取基礎訓練及格，應由機關於受訓人員報到後 7 日內函送保訓會核准免除。

本項規定原分為應予免除全部、應予免除部分及得予免除三大類型，105 年修正後僅保留最前項，且資格年限亦有大幅調整。需注意的是，免除的訓期不得抵扣考試錄取訓練期間。

(二) 實務訓練

❶ **目的**：以增進有關工作所需知能、考核品德操守、服務態度等專業訓練為重點。

❷ **權責機關**：由保訓會委託各用人機關辦理。但為了增進各類科未來工作實務上所需的專業知能，自 103 年起保訓會亦委託辦理集中訓練，期間以 1 至 2 週為原則。

❸ **縮短情形**：因涉及取得正式任用資格的早晚，故規定應於報到後 1 個月內檢具相關證明文件提出，逾期不予受理。另縮短後之訓練期間不得少於 2 個月。

現任或曾任公務人員，最近 5 年內具有與考試錄取同職系資格，期間 4 個月以上，並具有或曾擔任相當職等以上的資格及工作經驗，得於報到後 1 個月內，檢具相關證明文件，向機關提出申請轉送保訓會核准縮短實務訓練，逾期不予受理。

105 年的修正刪除了以曾任聘用人員、約僱人員、雇員等身分申請縮短實務訓練的資格條件，且限縮職系範圍，排除了以同職組各職系、單向調任、雙向調任等非屬該次考試錄取職系情形，並增訂工作年限規定，以避免過分從寬認定，而喪失實務訓練的意義。109 年對於免除及縮短訓練的採認年限微幅放寬，以兼顧訓練資源、人員權益及機關實務間的衡平。近年來更落實訓練淘汰機制，訓練內容也更紮實，鑑別度也大幅提升。

考試錄取訓練流程

榜示錄取

⬇（正額錄取人員於完成分配訓練作業前可申請資格保留）

選填志願

⬇（增額錄取人員接獲選填志願通知後 15 日內可申請延後分配訓練）

分配訓練結果通知

⬇（報到通知送達 10 日內）

至機關報到接受訓練 ➡ 未依限報到者，由機關函報廢止受訓資格

⬇（機關於人員報到 7 日內報送實務訓練計畫表）

實務訓練	基礎訓練
由實務訓練機關辦理	由國家文官學院統一辦理調訓
● 縮短條件：現任或曾任公務人員，最近 5 年內具有與考試錄取同職系，相當職等以上之資格及工作經驗，期間 4 個月以上。 ● 報到後 1 個月內，向機關提出申請轉送保訓會，逾期不予受理。	● 免除條件：最近 3 年內曾受同等級以上、或受次一等級以下且訓期相同或課程相當之基礎訓練及格者。 ● 機關於人員報到後 7 日內函送保訓會核准免除。
● 由輔導員帶領，以職前講習、工作觀摩、專業課程訓練或輔導、個別會談等方式實施。 ● 另集中訓練由保訓會委託相關機關辦理，期間以 1 至 2 週為原則。	● 訓期（109 年以後）： ❶ 高考及地方特考三等以上：4 週 ❷ 普考及地方特考四等：4 週 ❸ 初考及地方特考五等：4 週

⬇

訓練期滿成績考核

（基礎訓練及實務訓練成績均及格）　　　（基礎訓練成績不及格）　　　（實務訓練成績不及格）

⬇（機關 7 日內函送）

請領考試及格證書 ⬅ 1 個月內自費重訓　　及格

⬇

考試及格分發任用

（訓練期滿日之次日）　　仍不及格，廢止受訓資格

應經機關考績委員會審議、相關紀錄表件函送、保訓會實地訪查後變更或維持等法定程序

UNIT 3-9 訓練期間權益

圖解現行考銓制度

雖仍不具正式資格,但畢竟是將來成為公務人員的重要養成過程,因此訓練期間權益保障亦有明文規定。

(一) 訓練方式

實務訓練期間應指派專人輔導,分二階段實施:
❶ **實習階段**:自報到受訓日起 1 個月,以「不具名」方式協助辦理所指派工作。
❷ **試辦階段**:其餘時間在輔導員「輔導下具名」試辦所指派工作。

(二) 津貼補助

與公務人員「俸給」有別,故不適用俸給法規。發給標準是採「比照」以高普初考方式,高考各等級的津貼均較正式任用低一個俸級,普、初考則與正式取得任用資格所支領俸級相同。

得比照用人機關現職人員支給婚、喪、生育、子女教育補助。

(三) 訓練進修

在公務人員訓練進修法施行細則第 25 條明定,考試錄取訓練期間,不適用本法有關進修規定。所以參加一般訓練都不成問題,但不能夠利用公餘、上班時間進修,當然也不符合各項進修補助規定。

(四) 請假

基礎訓練期間的請假類別及事由規範在「公務人員考試錄取人員基礎訓練請假注意事項」,實務訓練期間則規定在「公務人員考試錄取人員訓練辦法」中。基本的事、病、喪、娩、產前、陪產假等都有,而婚、延病等特定假別在實務訓練期間才有,多數假別都須按比例計算,公假也僅限特定事由。

如果基礎訓練期間請假缺課超過課程時數 20%,應停止訓練,而實務訓練超過規定日數則須相對延長訓期。而訓練期間如有曠課、曠職、事假超過規定日數,還要按日扣除津貼。

(五) 退撫保險

除全民健保外,103～105 年度之考試錄取人員停止適用參加公保規定,但因亦不符合其他社會保險納保對象,爰由政府基於雇主良善義務,在人員受訓期間投保一般團體保險,自 106 年起已恢復為公保參加對象。

此外,因 103 年以後考試錄取分配訓練期間,不得採計為公務人員退休年資,所以也不可以在獲正式任用後補繳退撫基金,但可比照撫卹相關規定之標準支給遺族撫慰金。

(六) 成績考核

❶ **基礎訓練**:如經保訓會核定不及格,還有一次自費重訓的機會。但如果仍不及格,就由用人機關或委訓機關函送保訓會廢止受訓資格。
❷ **實務訓練**:若機關初核不及格或首長評核有意見,原則上都與正式公務人員考評程序類似,如應給予陳述意見機會且作成紀錄、交考績會審議(退考績會復議)等。

(七) 雙重身分者(即現職人員)

現職公務人員如果參加其他考試錄取,若具有職缺任用資格(已逾限制轉調年限、職系可調任、且具官職等任用或權理資格),則視同調任,身分資格及相關年資都不會中斷而銜接併計,具受訓及現職雙重身分。

相關權益

輔導方式	退撫保險
● 實習階段：報到接受訓練日起 1 個月，以不具名方式協助辦理。 ● 試辦階段，其餘時間在輔導員輔導下具名試辦。 ※ 縮短實務訓練，或具法定任用資　格經銓敘審定者，直接進入試辦　階段。 	● 比照現職人員撫卹相關規定之標準支給遺族撫慰金。 ● 參加全民健康保險。 ● 參加公教人員保險。 （但 103～105 年度考試錄取者應由機關辦理一般團體保險） ● 103 年以後訓練期間不得採計為退休年資。
津貼補助	**請假**
● 高考一級／特考一等：比照薦任 8 本 4 級。 ● 高考二級／特考二等：比照薦任 6 本 3 級。 ● 高考三級／特考三等：比照委任 5 本 5 級。 ● 普考／特考四等：比照委任 3 本 1 級。 ● 初等／特考五等：比照委任 1 本 1 級。 ● 得比照現職人員支給婚、喪、生育、子女教育補助。	● 基礎訓練期間，得請公假（有事由限制）、事假、喪假、娩假、產前假、陪產假、流產假及病假。請假缺課時數不得超過課程時數 20%。 ● 實務訓練期間： ❶ 事假等 7 類：按比例計算。 ❷ 延長病假：未逾實訓 1／2。 ❸ 捐贈骨髓或器官：14 日內。 ❹ 上開假別如超過規定，均應相對延長實訓。 ● 餘比照公務人員請假規則辦理。

成績評定法定程序

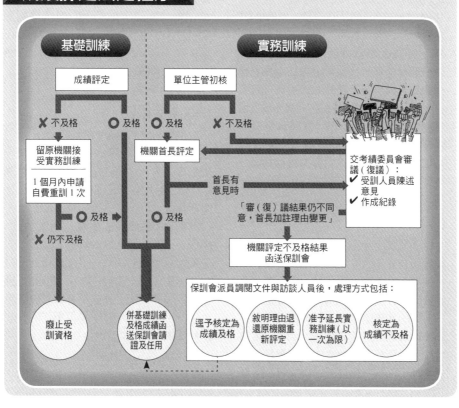

UNIT **3-10**
特考特用與限制轉調

圖解現行考銓制度

特種考試的舉辦是基於特別考量，因此及格人員任用範圍受有相關限制。但基於人力穩定、制度公平性等考量，其他考任制度其實也有類似的限制。

另為因應少子化需求並建構友善職場環境，112 年任用法第 22 條增訂項次規定，縮短考試及格人員因育嬰需求人員的限制轉調期間計算方式，並適度放寬其調任範圍。

(一) 永久限制

❶ **高科技或稀少性工作類科技術考試錄取人員**：僅取得申請考試機關有關職務任用資格，不得轉調其他機關任職。原本還訂有經公開競爭考試後無人錄取或錄取不足額的「取才困難」規定，103 年修法時將該要件刪除，以回歸法規鬆綁及彈性快速用人的立法初衷。

❷ **上校以上軍官外職停役轉任公務人員檢覈及格者，及國軍上校以上軍官轉任公務人員考試及格者**：僅得轉任國安會等特定機關及特定役政、軍訓單位。此制度起因於 50 年代，當時政經發展剛要起步，但高階管理人才卻亟缺乏，為了運用高階軍官人力資源協助推動，方有此延攬管道，故有其時代背景。

(二) 6 年限制

特種考試：除另有規定者外，及格人員於服務 6 年內，不得轉調申請舉辦特考機關及其所屬機關學校以外任職，範圍細節於各該特種考試規則中規定。

上述的 6 年限制多再細分為前 3 年及後 3 年規定。以地方特考為例，自取得考試及格資格之日起 3 年內不得轉調原分發任用機關，另外還需經原錄取分發區（目前分為 15 個錄取分發區）所屬機關再服務 3 年的轉調限制。

(三) 3 年限制

❶ **高普初等考試**：及格人員自實際任職起 3 年內不得轉調原分發任用之主管機關及其所屬機關、學校以外任職。此類全國性考試本無限制轉調規定，但部分機關可能因為地點或業務性質特殊，陷入不斷培訓新人卻又無人可用的窘境，故於 97 年增訂 1 年限制。又鑑於 1 年期間並不能真正累積嫻熟行政經驗，轉調率偏高也的確浪費行政資源。故於 103 年延長為 3 年，與地方特考衡平。

❷ **專技轉任**：依專技轉任條例進用人員，於實際任職 3 年內的調任機關範圍，於 112 年修法放寬為本機關及其所屬機關，另原本屬於永久限制的調任職系，也鬆綁擴大。

(四) 1 年限制

依現職公務人員調任辦法規定，調任視為同職組他職系職務及取得現任職務職系專長人員，需在該職系職務任職滿 1 年後，始取得再調任同職組其他職系職務資格。

上開限制原本為 6 個月，目的為協助調任人員與新職系歷練與專長學習，但考量短短半年期間尚不足以習得新知能並達專業程度，而實務上又常受到「過水」批評，因此，為能符合專才專業用人意旨，於 103 年修正將再調任的期限延長為 1 年。

特考特用與限制轉調

考任制度（註1）	限制轉調規定（註2）	限制期間
高普初等考試	（公務人員考試法第6條及其施行細則第7條）取得考試及格資格之日起，實際任職3年內，不得轉調原分發任用之主管機關及其所屬機關、學校以外之機關、學校任職。	3年（如內政部及其所屬機關）。
地方特考	（特種考試地方政府公務人員考試規則）取得考試及格資格之日起3年內不得轉調原分發占缺任用以外之機關，須經原錄取分發區所屬機關再服務3年，始得轉調上述機關以外機關任職。	6年（如前3年於南投縣魚池鄉公所，後3年於彰投區（包括彰化縣、南投縣））。
關務特考	（特種考試關務人員考試規則）本考試及格人員，取得關務人員有關類別之官稱之資格，並依「依法考試及格人員考試類科適用職務對照表」之規定取得任用資格，自取得考試及格資格之日起，實際任職3年內不得轉調原分發占缺任用以外之機關；並須於財政部及其所屬機關（構）再服務3年，始得轉調上述機關（構）以外職任職。	6年（如前3年於財政部關務署臺北關，後3年於財政部及其所屬機關）。
退除役特考	（公務人員考試法第24條）本考試及格人員以分發國防部、退輔會、海委會及其所屬機關（構）任用為限，及格人員於服務6年內，不得轉調原分發任用機關及其所屬機關以外之機關任職。	6年（如國防部及其所屬機關）。
上校以上轉任考試及格	（公務人員考試法第24條）僅得轉任國安會、國安局、國防部、退輔會、海委會及其所屬機關（構）、中央及直轄市政府役政、軍訓單位。	永久限制。
高科技或稀少性考試	（公務人員考試法第8條）考試及格人員，不得轉調原分發任用機關以外之機關任職。 （公務人員特種考試取才困難高科技或稀少性技術人員考試辦法）僅取得原應試職系之任用資格，不得調任其他機關及其他職系職務。	永久限制。
專技轉任	（專門職業及技術人員轉任公務人員條例）轉任人員於實際任職3年內，不得調任本機關及其所屬機關以外之機關任職。但以同一資格轉任後實際任職滿6年，且最近3年考績2甲1乙以上者，得依調任辦法或一覽表規定調任。	調任限制：3年。取得調任他職系資格限制：6年。
調任辦法	（現職公務人員調任辦法）依第4條規定調任視為同職組其他職系職務人員及依第5至8條規定取得現任職務之職系專長人員，於任該職系職務滿1年後，始得再調任視為同職組其他職系職務。	調任限制：無。取得調任他職系資格限制：1年。

（註1：僅列出部分主要代表性制度。）
（註2：非全引法條內容，部分文字精簡以便於讀者理解。）

限制轉調的作用

❶ 維持機關人事穩定，避免人員流失而影響業務的推行。
❷ 培育初任人員完整職務歷練，未來調任他機關後也能勝任工作。
❸ 維持考試公平性，以免破壞公務人員考試任用制度。

UNIT **3-11**
其他目的性考試（歷史名詞）

圖解現行考銓制度

文官制度的發展並非一成不變，基於特殊考量或時代變遷，我國也曾有過非屬於前述公開競爭的「考試」制度，但及格人員仍取得法定資格，因此這些歷史名詞還是會出現在現行文官法規或現職人員的資格條件中。

(一) 檢覈考試

嚴格說起來，「檢覈」並不能算是一種考試，以字面上來看就是檢驗、檢查、核實、審核的意思；「覈」其實就是「核」，有查考、對照之意，文獻上及法律用語多採用「覈」字，是以審查學歷、經歷、實務經驗等申請方式作為資格取得與否的審核方法，檢覈及格者即取得相關資格。

依民國 56 年公布施行的「後備軍人轉任公職考試比敘條例」規定，國軍上校以上軍官外職停役轉任公務人員，尚未取得任用資格者，其考試得以檢覈行之，凡經檢覈及格者取得公務人員任用資格，由考選部核定報請考試院發給及格證書。如前所述，此制是基於 50 年代行政管理人才缺乏而延攬高階軍官協助推動政經發展的時代背景，故於 91 年修正，訂定 3 年的過渡條款後廢止此種考任制度。

另外，專門職業及技術人員的資格取得也曾有十多種檢覈法規，為齊一專技人員素質，回復憲法第 86 條意旨，修法並訂定 5 年過渡條款，自民國 95 年起不再辦理專技人員檢覈考試。

(二) 銓定資格考試

原本沒有納入銓敘任用範圍機關，於納入範圍或機關改制時，對已任職但未具任用資格人員所舉辦的資格考試，經考試及格者，取得公務人員之任用資格。考試方法多以個人服務成績與考試成績合併計算，通常為一次性考試，並需在限期內辦理完竣，且以法律明文規定舉辦者為限。

我國曾辦理過的有：現職任用人員銓定資格考試、現職派用人員銓定任用資格考試、組織條例所定之銓定資格考試（如原為臨時機關性質的農委會、經建會）、交通事業現職人員銓定資位考試、金馬地區現職公務人員銓定資格考試等。

(三) 檢定考試

指檢定應考人學歷的考試，近似於學歷檢定考試，基於以往有部分未受正式或較高教育的失學人士，不能參加公務人員考試或較高等別考試，所以公務人員考試法中原有規定在舉行高普考試前，考選部得定期舉行檢定考試，以取得參加考試的應考資格，一方面可以保障苦讀自修者應考權，另一方面也同樣能維持應試人員素質。

但有鑑於正規教育日益普及，檢定考試報名人數亦逐年遞減，且多為所學與志趣不合或擬轉業者，已和原先設計目的相違，故於民國 85 年修法時刪除檢定考試，同時增加不限學歷、年滿 18 歲均可應考之初等考試，作為失學人士的補救措施。

其他目的性考試 (歷史名詞)

歷史名詞	目的	歷史制度或法規（均已刪除廢止或限期辦理完竣）
檢覈考試	基於特殊考量，以檢查、審核相關學歷、經歷、實務經驗等，作為及格資格之取得方式。	● **公務人員任用資格：** 上校以上軍官外職停役轉任公務人員檢覈。 ➡ 原規範於「後備軍人轉任公職考試比敘條例」，於民國 91 年修正廢止。 ● **專門職業及技術人員資格：** 律師檢覈辦法、會計師檢覈辦法、建築師檢覈辦法、技師檢覈辦法、醫事人員檢覈辦法、中醫師檢覈辦法、獸醫人員檢覈辦法、營養師檢覈辦法、社會工作師檢覈辦法、土地登記專業代理人檢覈辦法、漁船船員檢覈辦法、牙醫師檢覈筆試分階段考試規則等。 ➡ 民國 90 年修正「專門職業及技術人員考試法」取消檢覈。
銓定資格考試	使原已任職人員，基於機關改制需要，而取得現職在新制上所需之任用資格。	● **現職任用人員銓定資格考試：** 「公務人員任用法」民國 43 年修正前任職而未具任用資格之現職人員，由考試院以考試方法，限期銓定其任用資格。分甲、乙、丙、丁四種，分別供簡任、薦任、中級以上委任、初級委任職務人員應試。 ● **現職派用人員銓定任用資格考試：** 依據民國 58 年施行之「派用人員派用條例」所舉辦，但派用條例已於 104 年廢止，任用法第 36-1 條的 9 年過渡期也已屆滿。 ● **組織條例所定之銓定資格考試：** 民國 73 年公布之農委會組織條例及民國 74 年公布之經建會組織條例施行前，供原以臨時機關性質進用未具任用資格之現職派用人員應試。 ● **交通事業現職人員銓定資位考試：** 交通事業人員任用條例施行前之銓定資格考試，如臺灣省鐵路局人員初納入該條例適用時，供未具任用資位者應試。 ● **金馬地區現職公務人員銓定資格考試：** 民國 55 年依據「戰地公務人員管理條例」規定，訂頒「金馬地區現職公務人員銓定資格考試規則」，至民國 74 年間曾辦理 8 次，以鼓勵服務戰地之績優人員參加考試以取得公務人員任用資格。
檢定考試	學歷檢定考試性質，以符民主平等並保障應考權利，廣攬優秀人才。	「公務人員考試法」中原規定於舉行高等考試或普通考試之前，考選部得定期舉行高等或普通檢定考試，以取得應考資格，已於民國 85 年刪除。 刪除後放寬應考資格，增加初等考試，以作為失學者之補救措施，同時規定低一等級考試及格者，得報考高一等級考試，使其仍可循序參加各等級考試。

第 4 章

任用制度

●●●●●●●●●●●●●●●●●●●●●● 章節體系架構 ▼

UNIT **4-1**
任用原則

我國於憲法當中規定：總統依法任免文武官員。舉凡依公務人員任用法或其他任用法律規定，指定某人擔任該法規定應任用之職務時，這種由統治者行使的權力行為，均稱為「任用」。經正式任用的公務人員即取得法定身分與地位，非依法不得剝奪。除保障之外，同時為了避免人員任用過於寬濫，公務人員任用法第 2 條中即宣示任用基本原則：公務人員之任用，應本專才、專業、適才、適所之旨，初任與升調並重，為人與事之適切配合。

(一) 專才專業

在職能分工漸趨細膩的今日，此原則也是現代人事管理追求的目標。專才，相較於通才，是指具有某方面專門學識、經驗、技能及能力之人才，專門的範圍雖狹但精；而專業，則是指必須具有某種專門學識、經驗、技能及能力方能處理的某種專門性業務。

而專才專業，綜合上述來說就是：各種專門人才應擔任與其專才相符的專門業務，而各種專門業務，也應由具有該種專才的人員來擔任。所以在任用法當中，對於此項原則便有職務應歸入適當職系、擔任人員原則上應具有職務所列資格、調任時應受到職系相關限制等規定。

(二) 適才適所

才，是指人員所具有的專門範圍，也就是專長，而取得專長可透過如考試、學歷、經驗、訓練、著作發明等，並不限於一種方法，所以人員可取得的專長也並非限於一種；所，則是工作、職務，經由職位分類的方法，便可以瞭解每種職務所屬的職系及職等。

所以適才適所，綜合上述來說就是：具有某種專長的人，適合擔任與其專長相符的職務；而每種職務，也由具有該種專長的人擔任方為妥適。在任用法當中，亦有如學識才能應予擬任職務相當、主管職務應注意領導能力、現職人員得認定並依其職系專長調任等規定。

(三) 初任與升調並重

初任，是指自公務體系外初次獲任用的情形；而升調，則是指自公務體系內遴選人員擔任出缺職務；並重，則是不可偏廢的意思，雖不需刻意限制初任與升調比例必須各占一半，但為了考量衡平性，考任法規中還是有例如考試錄取人數應取決於年度任用需求、指名商調人員時應受到的限制等明確規定，可資依據。

(四) 人與事之適切配合

前開各項原則的規定，都是為了要達到政府用人治事上，可使人與事適切配合的最終目的。在任用法中，也有包括如：各職務應以職務說明書賦予一定範圍之工作，且為該職務人員工作指派及考核依據。或如機關應每年或間年進行職務普查等具體規定。

公務人員法令具體規範說明

❶ 各職務應就其工作職責及所需資格，依職等標準列入職務列等表，相關規定由考試院定之。（任用法第 6 條第 1、2 項）

❷ 各職務應依職系說明書歸入適當之職系，列表送銓敘部核備。（任用法第 8 條）

❸ 初任各職務人員，應具有擬任職務所列職等之任用資格；未具資格者，在同官等高二職等範圍內得予權理。（任用法第 9 條第 3 項）

❹ 各等考試職系及格者，取得該職系之任用資格。（任用法第 13 條第 4 項）

❺ 現職公務人員調任之職系專長認定有關辦法，由考試院定之。（任用法第 18 條第 4 項）

專才專業

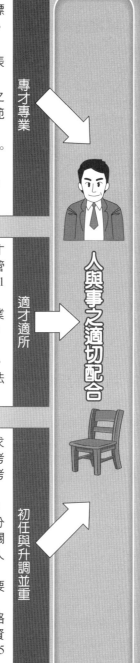

人與事之適切配合

❶ 人員任用應注意品德及國家忠誠，其學識、才能、經驗、體格應與擬任職務職責相當。主管職務並應注意領導能力。（任用法第 4 條第 1 項）

❷ 各機關組織除法定官稱職等員額外，應依其業務性質選置職稱，並妥適配置，訂定編制表，函送考試院核備。（任用法第 6 條第 3 項）

❸ 現職人員調任，必要時得以專長認定及調任。考試及格得予調任範圍，依各該考試及任用法規之限制行之。（任用法第 18 條第 2、3 項）

適才適所

❶ 公務人員之考試，應依用人機關年度任用需求決定正額錄取人員，依序分配訓練。並得視考試成績增列增額錄取人員，列入候用名冊。（考試法第 3 條）

❷ 各機關初任各職等人員，除法律別有規定外，應由權責機關就正額錄取、增額錄取依序分發。已無前項人員可資分配時，得經分發機關同意，由各機關自行遴用具任用資格之合格人員。（任用法第 10 條參照）

❸ 各機關不得任用其他機關人員。如業務需要時，得指名商調之。（任用法第 22 條）

❹ 各機關職務出缺時，除依法申請分發考試及格或得免經甄審職缺外，應就具有該職務任用資格之人員，本功績原則評定陞遷。（陞遷法第 5 條第 1 項）

初任與升調並重

UNIT **4-2**
任用資格

(一) 積極任用資格

公務人員任用法第 9 條規定，公務人員之任用，應具下列三款資格之一：

❶ **依法考試及格**：如參加高普初等考試或特考，均分別取得相對應的官職等任用資格；另外對於 85 年考試法修正公布前的甲、乙、丙、丁等特考所取得的任用資格也有明確規範。另經各種升官等考試及格者亦屬之。

❷ **依法銓敘合格**：如派用人員准予登記，專技轉任人員合格實授，或以技術人員任用等，各種依法經銓敘審查合格之情形皆屬之。

❸ **依法升等合格**：如經參加升官等訓練及格而取得較高官等資格，或同官等內依考績晉升職等情形皆屬之。

但各機關辦理機要職務之人員，例外得不受第 9 條任用資格的限制。

(二) 消極任用資格

公務人員任用法第 28 條中規範了 11 種情事，凡具有任何一種情事者，即不得為任用為公務人員。

❶ **未具、喪失國籍或兼具外國國籍**：這裡包括兩款情事，因國籍是對國家忠誠度的展現，自影響任公職權利。但國籍法第 20 條中對於延攬具特殊專長技能人才有例外規定，且以不涉國家機密職務為限。另為保障憲法所定人民服公職權利，對不許可放棄國籍的特殊情形，也在 111 年增訂辦理及認定方式的款次規定。

❷ **動戡時期的內亂、外患罪行**：這些都是危害國家民族的重大犯行，自不宜擔任公職。

❸ **曾服公務有貪污行為**：不論是犯貪污治罪條例中的貪污罪，或刑法瀆職罪一章中涉貪污行為，永遠喪失擔任公務員資格。

❹ **其他犯罪行為**：其他經確定判處有期徒刑以上，如尚未執行或執行未畢者，亦不得任用。但受緩刑宣告者，不在此限。

❺ **曾受免除職務懲戒處分**

❻ **依法停止任用**：如公務員懲戒法中受休職處分尚未期滿，或因案停止職務而原因尚未消滅等情形。

❼ **褫奪公權**：依刑法規定，擔任公務員資格也在褫奪之列。

❽ **經原民特考及格但未具或喪失原民身分**：由於原住民身分可申請變更，本項規定仍兼顧保障就業權的特考制度，同時防止取巧行為。

❾ **受監護或輔助宣告**：也就是以前的「禁治產」宣告，因無法處理自身事務，在法律上也不具行為能力，未撤銷前不得充任公務員。

❿ **為配合其他法律也定有不得任用為公務人員的特定情形**：如兩岸條例、法官法等，故 111 年增訂一款概括規定，以資適用。

違反者將依發現的時點及情事，分別有免職、退休或資遣、撤銷任用等後續處理。

(三) 其他資格限制

除上述積極及消極資格外，任用上還須遵守其他的限制，以保持任用的公正與有效，包括如：品德及對國家忠誠；擔任主管之領導能力；特別遴用規定；代理或兼任限制；他機關現職人員、屆齡退休人員之限制任用；機關首長或各級長官的人員迴避任用等，均於公務人員任用法中有明確規範。

任用資格

✔ 積極資格（任用法第 9 條第 1 項）	✘ 消極資格（任用法第 28 條第 1 項）
公務人員任用，應具下列資格之一： ❶ **依法考試及格**（及取得之官等職等任用資格）： 　高考一級／特考一等：薦任第 9 職等 　高考二級／特考二等：薦任第 7 職等 　高考三級／特考三等：薦任第 6 職等 　普考／特考四等：委任第 3 職等 　初等／特考五等：委任第 1 職等 　薦任升簡任考試：簡任第 10 職等 　委任升薦任考試：薦任第 6 職等 　雇員升委任考試：委任第 1 職等 ❷ **依法銓敘合格**： 　依法規經銓敘機關審查合格，或准予登記人員具有合法任用資格者。 ❸ **依法升等合格**： 　升官等訓練合格　或　考績升職等 ※ 例外：機要人員（任用法第 11 條）	不得任用為公務人員之法定 11 款情事： ❶ 未具或喪失中華民國國籍。 ❷ 具中華民國國籍兼具外國國籍。但其他法律另有規定者，不在此限。 ❸ 動戡終止後，曾犯內亂、外患罪，經有罪判決確定或通緝有案尚未結案。 ❹ 曾服公務有貪污行為，經有罪判決確定或通緝有案尚未結案。 ❺ 犯前二款以外之罪，判有期徒刑以上確定，尚未執行或執行未畢。但緩刑不在此限。 ❻ 曾受免除職務懲戒處分。 ❼ 依法停止任用。 ❽ 褫奪公權尚未復權。 ❾ 經原民特考及格，未具或喪失原民身分。 ❿ 依其他法律規定不得任用為公務人員。 ⓫ 受監護或輔助宣告，尚未撤銷。

⊘ 其他任用限制（僅列部分，詳參任用法）

❶ 應注意品德及對國家之忠誠。主管職務並應注意領導能力。（第 4 條第 1 項）
❷ 特殊性質職務人員，應符合其他法律之特別遴用規定。（第 9 條第 2 項）
❸ 各機關不得任用其他機關人員。如業務需要，得指名商調。（第 22 條）
❹ 各機關長官對於配偶及三親等以內血親、姻親，不得在本機關任用，或任用為直接隸屬機關之長官。（第 26 條）
❺ 已屆限齡退休人員，各機關不得進用。（第 27 條）

違反任用資格之處理（任用法第 28 條第 2 項）

任用後	有任用法 §28 第 1 項第 1-10 款情事	免職
	有任用法 §28 第 1 項第 11 款情事	退休或資遣
任用後發現其於任用時	有任用法 §28 第 1 項各款情事	撤銷任用

無「法」放棄的雙重國籍—阿根廷妹妹的故事

　　有個妹妹，在阿根廷出生，襁褓時就隨父母回國，再也沒有踏上阿根廷的國土，也不會西班牙文（阿根廷廣泛使用語言），對她而言，有記憶以來，人生歷程就不存在著阿根廷。但就在她憑己力在高考金榜題名後，「阿根廷」卻成為一座跨不去的高牆，還沒開始，就阻斷她的公職人生……。

　　國籍（Nationality）這個人類社會在 18 世紀末創造的產物，有依出生（如血統、出生地）或依通過（如婚姻、收養、自願申請）等方式。而遵循血統的阿根廷國籍法，規定在其領土一出生即取得國籍，不可能放棄，另墨西哥、哥斯大黎加也不允許放棄國籍。111 年 5 月任用法第 28 條修正增訂的規定，就是為這個 107 年請願陳請案及有同樣困境者，研擬出一個合理的解方。

　　阿根廷妹妹，不知道妳現在過得好嗎？

UNIT **4-3**
任用前查核

現行公務人員任用法第 4 條中規定，各機關任用公務人員，應注意其品德及對國家之忠誠，應於任用前辦理查核，對涉及國家安全或重大利益者，得辦理特殊查核。

雖說公務員對國家有忠誠的義務，世界各國或多或少都有相關規定，只不過「查核」一詞，在這個強調基本人權的時代，總給人有種恐怖神祕的不良感。考量到我國政治生態較為敏感特殊，便於 91 年修訂任用法時，增列特殊查核規定，並賦予行政部門訂定特殊查核的法源依據。

(一) 一般查核

任用法中對品德及國家忠誠查核，通常稱為一般查核，各機關應於任用前辦理。在實務上的方式包括：

❶ 服務誓言：初任時由本人填具，正本並應送銓敘部銓敘審定。

❷ 擬任人員具結書：由本人具結確無任用法第 28 條之不得任用情事；如兼具外國國籍者需於到職前辦理放棄，另行具結，並於到職之日起 1 年內完成喪失該國國籍及取得證明文件。

(二) 特殊查核

涉及國家安全或重大利益者，應依「涉及國家安全或重大利益公務人員特殊查核辦法」切實辦理。

❶ 權責機關

由於特殊查核涉及人民權利的重大事項，應以法律或經法律明確授權的命令規定。考量憲法賦予考試院的職權中並無安全查核，也確實受限於職責、專業技術、資訊等因素，難以主導辦理忠誠特殊查核，辦法中便規定由法務部調查局辦理。

❷ 適用對象

採正面表列方式，約有一千個職務，並有多次增刪修正，主要以在政府機關從事國防、外交、情治、大陸事務及財務方面等特殊職務作為需較深入查核的考量。若發現擬任人員對國家安全及利益有損害之虞時，可作為用人與否參考，或依相關法律規定進行後續處理。

❸ 查核項目

辦法當中共列出 10 款情事，包括國家安全及個人品德項目的事實行為查證，如與曾犯內亂罪或外患罪者有密切聯繫接觸、原大陸地區人民經來臺設籍定居、原為外國人而申請歸化、76 年開放探親後在陸港澳連續停留 1 年以上、近 5 年有酗酒滋事或藥物成癮之具體事證情形等。

❹ 查核時機

安全查核屬於事先防範的機制，所以規定各機關應於擬任人員初任、再任或調任第 2 條所定職務前，即辦理特殊查核完竣。機關疏未辦理並應負相關違失責任。

❺ 辦理方式及救濟程序

擬任人員應詳實填具由法務部調查局擬定的查核表，如當事人拒絕，則不得擔任一覽表所定職務。

各機關函請法務部調查局辦理特殊查核之通知對象、函復時限等均有規定。當事人如認為查核結果違反事實，得向機關陳述意見及申辯。當然，如涉及機關對當事人的違法權益侵害，仍可依保障法規定提起救濟。

任用前查核

一般查核		包括品德及忠誠查核（任用法施行細則第 3 條參照）： ❶ 擬任機關應於擬任前通知人員填送服務誓言及擬任人員具結書。 ❷ 人員應具結確無任用法第 28 條第 1 項第 1-10 款所定情事；雙重國籍者應於到職前辦理放棄外國國籍，於到職時另行具結，並於到職之日起一年內完成外國籍喪失並取得證明文件。
特殊查核	主要規範	依公務人員任用法第 4 條授權訂定之「涉及國家安全或重大利益公務人員特殊查核辦法」
	權責機關	● 由法務部調查局依各機關函請辦理查核。 ● 因從事情報工作，需要身分保密者，其查核作業，由主管機關協調法務部調查局辦理。
	查核對象	● 本辦法第 2 條附表列有「各機關須辦理特殊查核職務一覽表」，應查核對象為擔任表列職務之公務人員。 ● 各機關增刪或修正須辦理特殊查核之職務，由各主管機關報請權責機關會同考試院核定公告後辦理。 ● 表列職務如由同一現職人員代理超過 3 個月，準用之。
	查核項目	❶ 動戡終止後，與曾犯內亂、外患罪或通緝者有密切聯繫。 ❷ 未經許可或授權，曾與外國情治單位、陸港澳官方或代表機構聯繫者。但國際場合之必要接觸不在此限。 ❸ 曾受外國、陸港澳利誘、脅迫，從事不利國安利益情事者。 ❹ 81 年兩岸條例施行後，原大陸人民來臺設籍定居者。 ❺ 申請歸化者；原我國國民回復或撤銷喪失國籍者。 ❻ 本人或三親等內親屬，於 76 年開放赴陸探親後，在陸港澳連續停留 1 年以上之者。 ❼ 本人、三親等內親屬，曾在外國、陸港澳擔任黨軍政性質職務者。 ❽ 在外國居住並符合國民資格；曾因外國籍或居留權而享相關福利；尋求或取得外國公職身分；曾服外國兵役者。 ❾ 曾犯洩密罪或違反相關規定，受懲戒處分、行政懲處者。 ❿ 最近 5 年有酗酒滋事、藥癮或有客觀事實足認身心狀況不能執行職務，有具體事證者。
	查核時機	● 於擬任人員初任、再任或調任一覽表所定職務前辦理完竣。 ● 考試及格人員分發至第 2 條所定職務前，亦應先行辦理。
	辦理方式	各機關應要求當事人詳實填具相關查核表： ⬇ 由人事機構函請法務部調查局辦理，並知會當事人。 ⬇ 法務部調查局依限函復查核情形，機關並依限通知當事人。
	救濟方式	● 當事人：依限向機關陳述意見及申辯，並以一次為限。 ● 機關：函請法務部調查局重行查核，該局並依限函復結果。 ⬇ 機關收受結果後依限通知當事人。 ● 認為機關決定有違法或顯然不當，致損害當事人權益： ➡ 現職公務人員：依公務人員保障法規定提起救濟 ➡ 非現職公務人員：依訴願法規定提起救濟。

UNIT **4-4**
考任合一之任用程序

我國現行文官遴選主要為任用考試，而非資格考試，所以「考」與「任」是不可切割的動態連續。考試錄取人員分為正額及增額錄取，分發任用程序大致相同。

曾有一段時間，增額人員是由用人機關自行從候用名冊中挑選或面談擇定後，再函請分發機關同意任用，但這樣的做法恐有形式上的不公平，甚至人情關說情形，如名次在後的人反而可以挑選機關，機關想自行擇定而匿缺不報，破壞考用合一精神，故於 97 年修法，將增額人員改為定期依序分發。現行考任合一程序，主要是依據公務人員任用法規範。

(一) 初任人員的分發及任用

各機關所申請分發的考試及格人員，若為初任各職等人員，除另有規定外，應由分發機關就正額錄取並經訓練期滿成績及格人員中分發任用，如可資分配的正額人員已分發完畢，再就列入候用名冊的增額錄取人員按成績定期依序分發，同樣經訓練及格後予以任用。因此正額及增額錄取人員，如獲分發，其任用程序皆相同。

(二) 先派代理及送審

先派代理多簡稱為「派代」，是指人員於任用時，在新任職務未經銓敘部審定資格之前，是否完全合於擬任規定，仍然處於不確定狀態，所以先由擬任機關依職權發給派令暫時代理。至於代理期間，目前並無明文規定。

擬任機關在任用同時將人員資料送請銓敘部銓敘審定，則稱為「送審」，依規定應於實際代理之日起 3 個月內送審。但確有特殊情形未能依限送審者，應報經銓敘部核准延長，原則最多以延長 2 個月為限。

人事人員應負責查催並主動協助辦理送審，由於涉及任職年資的回溯起算，如果逾限送審可歸責於當事人，生效日則自機關送審日起算，但若因人事人員疏誤，將負違失責任並予以懲處。

(三) 試用及考核

初任各官等人員，未具與擬任職務職責程度相當或低一職等之經驗 6 個月以上者，應先予試用 6 個月，並由各機關指派專人負責指導。

試用期滿成績及格，予以實授；試用期滿成績不及格，予以解職。

(四) 合格實授及請任

人員所具資格完全符合所任職務的官等、職等及職系規定，並經政府任命且銓敘審定授予相當之官職等，稱為合格實授，或簡稱「實授」。

原本初任簡任、薦任人員由總統任命，而委任官等則由各主管機關任命，但 108 年以「提升基層公務人員之尊榮與激勵其士氣」，將委任也修法改由總統任命，只不過這樣一來，委任授權自行選派任官的官等名稱原義也漸趨模糊。另若為同官等內的不同職等調任，則以動態登記辦理（而非請任）。

考任合一之任用程序

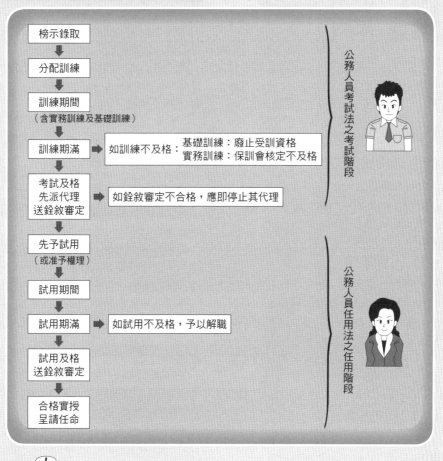

榜示錄取
↓
分配訓練
↓
訓練期間
（含實務訓練及基礎訓練）
↓
訓練期滿 ➡ 如訓練不及格：基礎訓練：廢止受訓資格
　　　　　　　　　　　　　實務訓練：保訓會核定不及格
↓
考試及格
先派代理 ➡ 如銓敘審定不合格，應即停止其代理
送銓敘審定
↓
先予試用
（或准予權理）
↓
試用期間
↓
試用期滿 ➡ 如試用不及格，予以解職
↓
試用及格
送銓敘審定
↓
合格實授
呈請任命

公務人員考試法之考試階段

公務人員任用法之任用階段

★自行遴用規定

　　各機關擬進用其他具有合格任用資格人員，如已具任用考試及格資格的非現職人員（即辭職後希望再任公職者）、擬以專技轉任人員等，稱為「自行遴用」。因非屬公開競爭考試的遴用程序，基於平等原則並避免濫用私人，在核准權限、作業程序及遴用期限上都受到諸多限制。

　　如有機關打算進用前，須先確定❶該類科已無正額、增額或申請補訓人員待遴用；❷非於考試職缺管制期間；❸報經分發機關同意（即銓敘部及人事總處）後，始得通知當事人錄取決定。如機關逕行錄取而未獲同意致不能進用，責任自負。此外，非現職人員仍應按所具資格參加各該用人機關的公開甄選作業，始符法定程序。

參考法條：
❶ 任用法第 10 條第 2 項：已無前項考試錄取人員可資分配時，得經分發機關同意，由各機關自行遴用具任用資格之合格人員。
❷ 公務人員考試及格人員分發辦法第 9 條：用人機關職缺無公務人員各項考試錄取及申請補訓人員可資分配時，得報經分發機關同意後，自行遴用具任用資格之合格人員。但當年度經用人機關提報用人需求並列入考試類科者，於考選部舉行考試之日起至正額錄取人員分配結果公告日止，不得自行遴用具任用資格之合格人員。

UNIT 4-5
試用

在正式獲任用之前，初任各官等人員原則還需要經過一段試用程序，以考驗是否完全適格，規定於任用法第 20 條及施行細則。111 年有些許修正。

(一) 試用目的

為任用程序之一，透過實際工作執行以考核人員是否能夠勝任職務，以確保未來正式任用的良好品質。

(二) 人員範圍

初任各官等人員、未具與擬任職務職責程度相當或低一職等之經驗 6 個月以上人員，在取得實授之前，均應先予試用。如有具較高官等任用資格而以較低官等任用人員，免予試用，直接核予實授。

(三) 試用期間

目前規定是應先予試用 6 個月，自訓練期滿成績及格而取得考試及格之日起算。91 年以前的試用期間為 1 年，另有報請延長或縮短試用規定，現均修正刪除。

(四) 試用考核

試用人員於試用期間由各機關指派專人負責指導，並於試用期滿時進行成績考核：及格者，予以實授；不及格者，予以解職。

❶ 辦理程序

於試用期滿時，由主管人員考核其成績，經機關首長核定後，依送審程序，送銓敘部銓敘審定。

試用人員在試用期間職務有如變動，前後同官等年資得合併計算。如不在同一機關者，應向原機關調取試用成績考核紀錄，合併核定其試用成績。

❷ 考核不及格

因已進入任用階段，對於人員身分變動有重大影響之規定，應以法律規定之。有年終考績得列丁等情形、一次記一大過以上情形、曠職達一定日數等三種情形，應隨時予以考核解職；有平時獎懲相抵累積達一大過以上者，應於試用期滿時予以考核解職。111 年並增訂第 5 款「其他不適任情形有具體事實」，且增訂第 3 項應詳實記載的考核項目具體事實。

機關首長核定試用成績不及格前的各項正當法律程序，也都於任用法第 20 條中明文規範。

❸ 救濟

因為試用期間已屬於任用法的範圍，適用公務人員保障法，救濟程序為復審、行政訴訟。均自處分確定之日起執行。

(五) 任職限制

試用人員不得充任各級主管職務。因主管職務負有領導責任，若人員本身並不具有相當經驗，而以試用學習身分擔任主管，恐難以領導下屬，無法負起指揮監督之責，而影響機關業務推行。本有「除才能特殊優異者外」的例外規定，但於 91 年刪除。

另因試用制度是對沒有實際行政經驗的初任人員，在應有的工作知能上，給予訓練及考核，又初任考試及格者只取得應考職系的任用資格，不宜擴充為同職組各職系或其他調任職系的規定，所以於 111 年增加了「試用期間不得調任其他職系職務」的規定。

試用規定

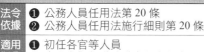

法令依據	❶ 公務人員任用法第 20 條 ❷ 公務人員任用法施行細則第 20 條
適用對象	❶ 初任各官等人員 ❷ 未具與擬任職務職責程度相當或低一職等之經驗 6 個月以上人員
試用期間	6 個月，無延長試用或縮短試用規定

考核程序	試用期滿 ➡ 主管人員填寫「試用人員成績考核表」 ➡ 核送機關首長 ➡ 人事單位填具「公務人員試用期滿成績審定書」表 ➡ 鈴敘審定用期滿成績 ➡ 依程序函送鈴敘部鈴敘審定

不及格之法定情事	❶ 公務人員任用法第 20 條第 2 項，共 5 款： 　① 有公務人員考績法相關法規所定年終考績得考列丁等情形之一。 　② 有公務人員考績法相關法規所定一次記一大過以上情形之一。 　③ 平時考核獎懲互相抵銷後，累積達一大過以上。 　④ 曠職繼續達 2 日或累積達 3 日；⑤ 其他不適任情形有具體事實。 ❷ 另同法施行細則第 20 條第 1 項規定： 　有第 1、2、4 款情事之一者，應隨時予以考核解職； 　有第 3、5 款情事者，於試用期滿時予以考核解職。

救濟程序	向考績委員會陳述意見及申辯 ➡ 機關首長核定試用不及格，發布解職令，同時 ➡ 人員收受解職令（收受次日起 30 日內）➡ 提起復審（收受復審決定書次日起 2 個月內）➡ 請求向該管司法機關救濟 ➡ 經司法機關判決確定之日起執行

未救濟者，自期滿之次日起執行

試用期間及訓練期間比較

試用期間		訓練期間
公務人員任用法	依據	公務人員考試法
著重鑑別於實務作業辦理上是否具備專業及適任能力（工作能力）	目的	觀察工作知能、品德操守、服務態度等（品格適性）
屬於任用程序，已具公務人員任用資格	屬性	仍為考試程序的一環，尚不具公務人員任用資格
無再行區分	內容	包含實務訓練及基礎訓練
6 個月，現已無延長試用規定	期間	通常為 4 個月
符合一定條件者，不需再經試用，即可逕予審定為合格實授	例外	符合一定條件者，得免除基礎訓練或縮短實務訓練期間
依公務人員保障法，提出復審、行政訴訟	救濟	訓練期間或期滿及格尚未獲任用期間，均準用保障法

UNIT **4-6**
調任

任用法及陞遷法中都有調任相關規定，任用法較屬於原則性及降調保障，陞遷法則較著重輪調、陞調等規範。

(一) 調任的意義

具有擬任職務法定任用資格人員，於不同職務間的調動。人員在「同一任用法律管轄範圍內」本機關或不同機關間的職務調動，都稱之為調任，但若是不同任用法律間調動，則為轉任。

(二) 職系規定

❶ 任用法中原則規定

考量高階管理職能較屬於通才，故規定簡任第 12 職等以上人員，在各職系之職務間得予調任；其餘人員則在同職組各職系職務間調任。

❷ 職系間之調任

為使人才運用能更趨彈性，降低因職系限制而產生調任困難，除任用法的原則規定外，「職組暨職系名稱一覽表」中的備註欄另訂有個別職系間單向及雙向調任規定。

❸ 職系專長認定

任用法另規定必要時得依其職系專長調任。有關依考試、學歷、修習學分、經歷或訓練等認定職系專長，均於「現職公務人員調任辦法」中訂有詳細規定。

❹ 限制規定

①專技轉任人員職系資格限制：由於專技考試及格所取得的是執業資格，本規定僅得調任曾依轉任條例銓審有案之職系職務，但 112 年予以放寬。

②依調任辦法再調任他職系之期間限制：調任新職系後仍須一段歷練及新知學習的時間，以達到專業程度並符合專才專業用人意旨，故規定須任原調任職系職務滿 1 年後，始取得據以再調任其他職系之規定。

(三) 官職等及職務限制

為使公務人員不遭受到整肅異己的不當對待，但同時兼顧首長用人調動實務所需，在調任上有以下限制：

❶ **降調官等限制**：經依法任用人員，除自願者外，不得調任低一官等之職務。自願調任低官等人員，以調任官等之最高職等任用。

❷ **降調職等限制**：在同官等內調任低職等職務，除自願者外，以調任低 1 職等之職務為限，均仍以原職等任用。而在實務作業上，如係自願降調低 2 職等以上職務，送審時須附上由本人具結的自願同意書作為證明；而如機關將人員調任低 1 職等職務時，也應敘明充分具體理由。

❸ **首長及主管職務限制**：避免曾任首長或主管人員調任同機關或同單位時，造成昔日下屬成為今日長官的尷尬局面，因此規定機關正副首長不得調任本機關同列等外之其他職務，正副主管於調任本單位其他職務上也受有限制。

(四) 指名商調

現職人員身上必定有職責待執行，為確保用人穩定，避免因挖角而影響機關業務，明訂如擬任用他機關現職人員時，須去函商請原服務機關同意後，始得調用，此即「指名商調」，惟其調任仍應經甄選程序，且符合職系、官職等、職務等各項法定規範。

任用法之調任原則

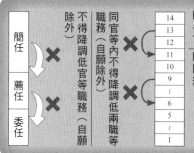

簡任 ✕→ 薦任 ✕→ 委任	不得降調低官等職務（自願除外）同官等內不得降調低兩職等職務（自願除外）	14 13 12 11 10 9 ～ 6 5 ～ 1

簡 12 以上人員：
各職系職務間均可調任

簡 11 以下人員：
同職組各職系職務間始得調任

❶機關首長、副首長：
不得調任本機關同職務列等以外之其他職務

❷主管人員：
不得調任本單位之副主管或非主管

❸副主管人員：
不得調任本單位之非主管

※ 但有特殊情形，報經總統府、主管院或國安議核准者，不在此限。

考試及格人員職系任用及調任運作

考試及格人員

明列職系之考試
（如高普初等考） → 取得考試職系任用資格 → 依「一覽表」規定調任

未明列職系之考試
（如關務特考） → 依「類科表」規定取得各該職系任用資格 → 依「調任辦法」認定之職系專長調任

經銓敘審定後之調任方式

說明：
「一覽表」：職組暨職系名稱一覽表
「類科表」：依法考試及格人員考試類科適用職系對照表
「調任辦法」：現職公務人員調任辦法

依一覽表規定之調任

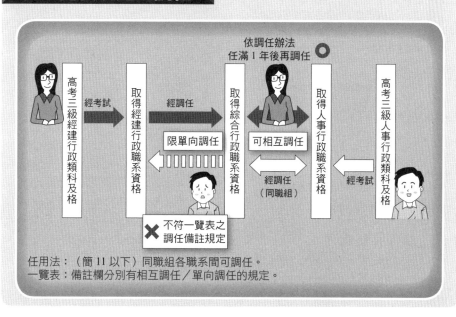

依調任辦法
任滿 1 年後再調任 ⭕

高考三級經建行政類科及格 →經考試→ 取得經建行政職系資格 →經調任→ 取得綜合行政職系資格 ←經調任（同職組）→ 取得人事行政職系資格 ←經考試← 高考三級人事行政類科及格

限單向調任

可相互調任

✕ 不符一覽表之調任備註規定

任用法：（簡 11 以下）同職組各職系間可調任。
一覽表：備註欄分別有相互調任／單向調任的規定。

UNIT **4-7**
職務代理

組織的異動進出是常態，在職務出缺、人員差假等期間，均可依規定由他人代為處理工作，以利機關業務持續推動。

(一) 主要依據

為避免機關職務長期代理，除增加現職人員工作負擔，也影響國家考試用人政策，銓敘部訂有「各機關職務代理應行注意事項」規定。另外任用法第 21 條中也對於代理資格有原則性規範。此外，「公務人員留職停薪辦法」也有規定留職停薪人員在留停期間所遺業務，除現職人員代理外，尚得以約聘或約僱人員辦理。

(二) 現職人員代理

❶ 日常代理制度建制

為預先因應差勤管理或人員調配所需，各機關應依各職務之職責及工作性質，預為排定現職人員代理順序及代理間應確實負責辦理代理職務工作的行使權責規定，另平時就應實施職務輪換、工作調配，代理時方能熟悉被代理人的工作。

❷ 加給給與

公務人員加給給與辦法第 12 條規定，各機關現職人員經依法核派代理職務連續 10 個工作日以上者，在不重領、不兼領原則下，自實際代理日起，依代理職務之職等支給加給。

❸ 人員獎勵

代理期間在半個月以上負責盡職，成績優良者，得酌予適當獎勵。

(三) 聘僱人員代理

考量現職人員自身工作已負有相當職責，如代理期限過長恐難以負荷而影響機關業務，故規定如有法定情事，得另覓非現職人員代理。

❶ 法定情事

薦任以下非主管職務或人員，如有經列管為考試職缺、差假或保留期間達 1 個月以上、留職停薪等情形，得依被代理職務之官等，以約聘或約僱人員辦理所遺業務。

❷ 其他代理限制或規範要求

①聘僱人員代理時，仍應注意其品德及對國家之忠誠；人員在聘僱期間須遵守公務員服務法、公務人員行政中立法及其他相關法令規定。

②對攸關人民權利義務之業務，應避免以聘僱人員辦理。

③聘僱人員於約聘僱原因消失或期限屆滿時，應即予解聘僱，不得以任何理由要求留用或救助。

(四) 其他限制

❶ 資格限制

任用法第 21 條規定：除法律另有規定外，各機關不得指派未具第 9 條資格（即積極任用資格）之人員代理或兼任應具同條資格之職務，以避免人員與職務官職等或特別適用資格不合，破壞人事制度，造成任用不當。現職機要人員、留用人員或派用人員，亦不得代理出缺之職務。

❷ 代理期限限制

避免機關空缺無正當理由而藉不補實，出缺職務的代理期間以 1 年為限。但如有法定特殊情形者，得延長代理一次，並以 1 年為限。至於其他如差假期間、留職停薪等，則有明確起迄期間可做為管控，故不受 1 年限制。

職務代理

法定代理情形

職務代理注意事項

- 出缺之職務，尚未派員或分發人員
- 公差、公假、請假或休假
- 依法停職或休職，而尚未復職期間
- 其他依規定奉准保留職缺（如失蹤、先行停職等期間）

留停辦法

- 如因育嬰、進修、兵役等原因經核准留職停薪期間

現職人員代理	非現職（即聘僱）人員代理
● 本機關人員之代理順序： ・ 正、副之首長及單位主管職務 ↓ 本機關（或單位）法定代理人 ↓ 同官等同層級 ↓ 同官等次一層級 ↓ 次一官等最高職等人員 ・ 其他職務 ↓ 依前款順序代理 ↓ 惟確無具該職務任用資格人員時，始得由具有次一官等最高職等任用資格人員代理	● 薦任以下非主管職務，如有下列情形，得依被代理職務之官等，以約聘或約僱人員辦理所遺業務： **考試分發職缺** 在經列管為考試分發職缺，在未獲分配人員遞補前 **差假或保留情形** 人員有差假、停職或休職、保留職缺等情形，期間達 1 個月以上 **留職停薪期間** 公務人員留職停薪辦法第 9 條中另有單獨明確規定
● 他機關（或本機關他單位）人員代理限制： ✔ 限正、副之首長及單位主管職務 ✔ 須具有被代理職務所列職等之任用資格或得權理之資格	● 代理職務之聘僱原則： 薦任官等：以約聘人員為原則 委任官等：以約僱人員為原則 委任跨列薦任官等職務：得約聘或約僱人員辦理 雇員：比照委任辦理

UNIT **4-8**
權理

權理制度是為了因應考試或任用資格等級不能與所任職務之列等完全配合下，所產生的權宜措施，讓機關內有職務出缺時，仍可暫准任用僅具較低資格人員處理業務，以靈活運用。

(一) 權理意涵

人員所具任用資格之職等，未達擬任職務職等，「權宜」准其「代理」該職務。主要是針對「職等」上的權宜用人規定，並不包括官等上的權理，以避免過度寬濫。

(二) 權理範圍及限制

❶ 權理職等範圍

初任各職務人員所具的任用資格，未達擬任職務所列最低職等，而具有該職等同一官等中低 1 或低 2 職等任用資格者，得予權理。也就是說在同官等高 2 職等範圍內得予權理。

權理的範圍原本是規定於同官等內職務，以低 1 職等為原則，低 2 職等以上需經核准為例外，但考量到我國各官等中原本僅列有 4 或 5 個職等，如經核准後即可權理較寬範圍，不但有過分寬鬆之虞，且恐怕將使我國新人事制度的職等規定形同虛設。因此在 91 年予以修正，但如修正前經銓敘審定准予權理高 3 職等以上職務人員，得隨時調任或繼續任原職至離職為止。

❷ 官等限制

任用法僅同意在同一官等內的職務可以權理，職務單列較高官等或跨列 2 個官等者，均不適用權理規定。

(三) 調任

由於權理是針對職等的權宜規範，並不影響職組職系等專才專業資格的要求，因此，權理人員仍得隨時調任與其所具職等資格相當且性質相近的職務。

(四) 俸給

權理人員之「技術或專業加給」以及「職務加給」，均依權理職務所列最低職等支給，而非依人員銓敘審定職等支給。但俸額部分，仍按人員原本的俸級支給。

(五) 考績

權理人員仍以自己原本經銓敘審定之職等參加考績辦理，但此種併資考績在運用上則受有若干限制，如不得採計為同官等內晉升職等資格、不得採計為官等晉升訓練資格，原本也不得採計為陞任評分（年資、考績、獎勵均不採計），但 113 年 4 月行政院配合陞遷法「功績用人」精神及規定大修之後，權理期間均得採計為陞任評分。

(六) 制度分析

❶ 有利人力靈活運用：權理制度雖是為了因應文官考任與人員職等落差的權宜措施，但透過權理制度，不但可使機關可選用人員擴大，而有機會拔擢因年資淺而職等較低但優秀的人才，同時也可使低職等人員有機會接受較多責任的訓練。

❷ 恐有不合理現象而影響人員陞遷：除新人事制度之職等設計有遭破壞之虞外，年資較淺者優先拔擢，如人員以第 8 職等實授資格權理第 9 職等科長職務，而單位內仍有具第 9 職等合格實授資格人員未能擔任該科長職務，如此恐影響組織氛圍或造成領導上的困擾。

各項代理制度比較

	先派代理（派代）	職務代理	權宜代理（權理）
依據規定	公務人員任用法第24條	公務人員任用法第21條、各機關職務代理應行注意事項、留停辦法	公務人員任用法第9條第3項
目的	在未經銓敘審定合格前，可由機關依職權先派代理，以利業務銜接及運作	短期暫離時業務仍可推動，長期出缺時可另覓人員，以避免增加現職人員過重負擔	因應考試或任用資格等級未能與所任職務職等之列等完全配合之權宜措施
適用對象	考試及格人員現職（調任）人員	現職公務人員聘僱人員	現職公務人員

案例說明

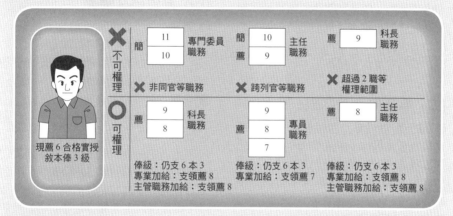

現薦6合格實授敘本俸3級

不可權理

| 簡 | 11 | 專門委員 |
| | 10 | 職務 |

❌ 非同官等職務

| 簡 | 10 | 主任 |
| 薦 | 9 | 職務 |

❌ 跨列官等職務

| 薦 | 9 | 科長 |
| | | 職務 |

❌ 超過2職等權理範圍

可權理

| 薦 | 9 | 科長 |
| | 8 | 職務 |

俸級：仍支6本3
專業加給：支領薦8
主管職務加給：支領薦8

	9	專員
薦	8	職務
	7	

俸級：仍支6本3
專業加給：支領薦7

| 薦 | 8 | 主任 |
| | | 職務 |

俸級：仍支6本3
專業加給：支領薦8
主管職務加給：支領薦8

權理規定

官等	權理範圍限同官等內 職務跨列二個官等者，不得權理
職等	未具擬任職務職等任用資格者，在同官等高2職等範圍內得予權理
職系	無特殊規定，但人員仍應具有職務說明書所列之職系資格
本俸 （年功俸）	仍依其所具資格銓敘審定俸級支給
加給	依權理之職務所列最低職等支給
考績	仍以經銓敘部依其所具任用資格銓敘審定之職等參加考績，惟： ❶ 不得作為陞遷資績評分之計算採計（113年4月修正放寬可採計） ❷ 不得作為晉升官等訓練之資格採計 ❸ 不得作為同官等內以考績晉升職等之資格採計

參考法令：
公務人員任用法第9條第3項、第17條第7項，施行細則第10條
公務人員加給給與辦法第5條
公務人員俸給法第11條
公務人員考績法第11條第2項，施行細則第8條

UNIT **4-9**
留職停薪

公務人員任用法第 28 條之 1 規定，公務人員因育嬰、侍親、進修及其他情事，經機關核准，得留職停薪，並於原因消失後回職復薪。「公務人員留職停薪辦法」在 105、110 年皆有不少修正，以因應少子化及性別平等的發展趨勢。

(一) 留職停薪意涵

指符合法定情事，並經服務機關核准，暫時於一段期間離開原職務並「保留職缺且停止支薪」，但仍需於規定期間屆滿或留職停薪原因消失後，回復原職務或相當職務並復薪。

(二) 申請條件及期限

❶ **應予留職停薪**：包括服兵役、選送或奉准全時進修、配合借調、確定判決的易服勞役、延長病假期滿等情形，均為法定義務或配合機關等不可抗力情形，故機關沒有否准權。

❷ **得申請留職停薪**：養育三足歲以下子女或收養兒童的先行共同生活期間的這兩款情形，各機關不得拒絕，其他款均保有准駁權，包括如侍親、照護重大傷病配偶或子女、公務人員之配偶因公派赴國外 1 年以上須隨同前往等情形。

❸ **期限**：除兵役、進修、借調、延長病假或公傷假、育嬰等情形分別依其期限規定外，其他情事之留停期間均以 2 年為限，必要時得延長 1 年。

(三) 回職復薪規定

為了與保障法規定的「復職」（依法停職後的復職）有所區隔，111 年任用法將文字酌修為「回職復薪」。

留職停薪人員於期間屆滿次日或原因提前消失後，應即向服務機關申請回職復薪。而機關也有屆滿前 30 日預為提醒的義務，如果留職停薪原因提前消失，人員應自行於 20 日內申請復職，未主動申請者，服務機關應即查處，並通知於 10 日內復職。除有不可歸責於申請人事由外，逾期未復職者，視同辭職。

(四) 其他權益變動

❶ 義務

人員於留職停薪期間仍具公務人員身分，如違反公務員服務法或留停辦法規定，各機關均應依法處理。

❷ 年資

就考績及退休年資而言，應予留停第 4、5、6 等三款為配合國家公務需要，仍可由本職機關辦理考績，而由借調之公務機關按月扣繳退撫基金費用。若為協助友邦、借調公民營機構或財團法人者，則須回職後全額自繳才能併計。另外，107 年的退撫新法並放寬育嬰留停期間可選擇自付全額費用併計退休年資。

休假年資原則將中斷，且於復職後依原在職年度之比例計算，但如為侍親、育嬰留職停薪者，復職後之比例計算方式較為從寬。

❸ 陞遷限制

經機關核准留職停薪期間人員，不得為其辦理陞任，方顯公平，但 112 年陞遷法放寬育嬰留停者若能於陞任之日任職，得辦理陞任，著實為了少子化及友善職場做足努力。此外，不同態樣的留職停薪，人員的公保、健保、生活津貼請領等也都有不同個別規定。

申請條件及期限

應予留職停薪	期間	得申請留職停薪（※）	期間
❶ 依法應徵服兵役	依兵役法、替代役條例、預官服役辦法	❶ 養育 3 足歲以下子女	最長至子女、收養兒童滿 3 足歲止
❷ 選送國內外進修，期滿後經奉准延長	依公務人員訓練進修法	❷ 依法與收養兒童先行共同生活之期間依前款規定申請	
❸ 經核准自行申請國內外全時進修，其進修項目經服務機關學校認定與業務有關		❸ 照顧 3 歲以下孫子女（以無法受雙親適當養育或有特殊事由為限）	2 年為限，必要得延長 1 年
❹ 配合國策奉派國外協助友邦工作	依各該有關法規規定	❹ 本人或配偶之直系血親尊親屬年滿 65 歲以上或重大傷病且須侍奉	
❺ 經核准配合公務借調至其他公務機關任職，且占該機關常任職務職缺並支薪		❺ 配偶或子女重大傷病須照護	
❻ 經核准配合國家重點科技、推展重要政策或重大建設借調至公民營事業機構或法人服務		❻ 配偶經派赴國外執行政府工作、因公指派或公費補助進修研究，其期間在 1 年以上須隨同前往	
		❼ 受刑事確定判決並獲准許易服社會勞動	
❼ 受拘役或罰金之確定判決而易服勞役	2 年為限，必要得延長 1 年	❽ 其他經考試院會同行政院認定之情事	
❽ 請病假已滿公務人員請假規則延長期限或請公假已滿規定期限，仍不能銷假	依公務人員請假規則	※ 除第 1、2 款各機關不得拒絕外，其餘各款由各機關考量業務狀況依權責辦理。已放寬養育多胞胎者，可同時申請。	

其他權益規定

考績	僅應予留停之第 4、5、6 款情事，由本職機關以本職辦理考績。
退休	借調、援外：由借調機關按月扣繳退撫基金費用。（個人提繳部分） 兵役：回職復薪後再行申請補繳退撫基金費用。（個人提繳部分） 育嬰：得選擇全額負擔並繼續繳付。
休假	侍親、育嬰留停：復職當年及次年，均按前在職年度實際任職月數比例核給。 其他留停情事：依未銜接規定，按復職當月至「年終」在職月數比例，於次年 1 月起核給休假。
公保	兵役：服役期間之自付部分保險費，由政府負擔。 其他留停情事：選擇退保或自付全部保險費繼續加保。
健保	徵得原投保單位同意，得繼續投保。
生活津貼	原則不可發給，但依歷年函釋有以下例外： 育嬰：得申請結婚、生育、子女教育補助及喪屬喪葬補助。 侍親、傷病照護、隨同配偶出國：得申請喪屬喪葬補助。

UNIT **4-10**
迴避任用及首長任用限制（起身放砲禁止條款）

雖然公務人員的任用有不少資格條件規定，也應遵循一定的法定公開程序，但真說穿了，不少決定還是取決於機關首長的最終任用選擇。為此，公務人員任用法中對於機關首長的任用權訂有迴避及離職卸任前之限制。

(一) 迴避任用

❶ 目的

雖說一個良善的文官制度，應為「內舉不避親，外舉不避仇」的用人唯才原則，但仍需避免遭受「用人唯親」的瓜田李下質疑，故於任用法第 26 條中訂有迴避任用的範圍，杜絕機關長官利用自己的權勢，任意安插私人任用親信，接著相互攀引，走回贍徇老路，蠶食了現代好不容易建立起來公正的任用制度。

❷ 迴避範圍

各機關長官對於配偶及三親等以內的血親、姻親，不得在本機關任用，或任用為直接隸屬機關之長官。對於本機關各級主管長官之配偶及三親等以內血親、姻親，在其主管單位中應迴避任用。

所以任用迴避的適用對象，不僅僅是機關首長，也包括各級單位主管，因為單位主管雖沒有法定任用人員的權利，但實際負責單位內人員的指揮監督，因此也基於同樣理由予以納入迴避規範。至於血親、姻親及親等規定，則直接參照民法親屬編第一章通則的定義。

另外需注意的是，公務人員考試錄取人員的分發任用，也要受到迴避任用限制，如有法定情形，可由用人機關調整職務（如應單位迴避）或申請改分配（如應機關迴避）。

❸ 例外

應迴避任用的人員，並不包括先前已經在機關內任職者，也就是說，人員任職在先，而各該長官接任在後，則不受本項限制。因為在新任長官就任以前的任職人員，並不是新長官基於私人恩給所安插進來，即便與長官有親屬關係，但是為了維持機關內部的穩定，不需要要求人員調職或去職，以免矯枉過正，反而使原本已任職人員的權益受損。

(二) 離職卸任前任用限制

俗稱為「起身放砲禁止」條款，91 年任用法修正，增加了第 26 條之 1，規定各機關首長如有特定情形，在一定期間內，不得任用或遷調人員：如退休案經核定、調職令發布、民選首長於次屆同一選舉期間（無論是否競選連任）、參加公職選舉者、中央或地方各級機關政務首長於總統或民選首長競選期間、辭職書提出、停職令發布或撤（休）職懲戒處分議決之日等情形。

(三) 政務人員亦適用

任用法的規定雖主要是以經公開考選進用的事務官為適用對象，原則上並不能約束因政治任命的政務官，但是因中央二級以上機關首長及地方機關諸多首長多半是政治任命或選舉產生，加上近年來更推動三級機關首長政務與常務任用雙軌制，為了維護文官制度的中立性且防止首長任免權的濫用，因此政務首長仍有任用法第 26 條及第 26 條之 1 的適用。

迴避任用

法令規定
❶ 公務人員任用法第 26 條 （第 1 項）各機關長官對於配偶及三親等以內血親、姻親，不得在本機關任用，或任用為直接隸屬機關之長官。對於本機關各級主管長官之配偶及三親等以內血親、姻親，在其主管單位中應迴避任用。 （第 2 項）應迴避人員，在各該長官接任以前任用者，不受前項之限制。 ❷ 公務人員考試及格人員分發辦法第 11 條 考試錄取人員之分配訓練以一次為限。但有下列各款情形之一者，由用人機關調整職務或報經分發機關或申請舉辦考試機關改行分配： （第 3 款）依法律規定有迴避任用之情形。

案例說明：甲為機關首長，有子女甲；乙為單位主管，有子女乙。

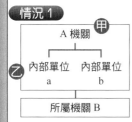

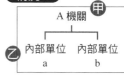

情況 1

✘ 不得任用甲於 A 機關
✘ 不得任用甲為 B 機關首長
✘ 乙於 a 單位應迴避任用

情況 2

✔ 甲無須因甲即將到任而離開原機關

情況 3

甲乙考試錄取，等待分配訓練中…

✘ 甲如獲分配至 A 機關接受訓練，機關需申請改分配
✔ 乙可分配至 A 機關訓練，但需為 a 單位以外之其他單位

起身放砲禁止條款

（依公務人員任用法第 26 條之 1 規定摘錄整理） （第 1 項）各機關首長於下列期間，不得任用或遷調人員（共 9 款規定）：

❶ 自退休案核定之日起至離職日止。
❷ 自免職、調職或新職任命令發布日起至離職日止。
❸ 民選首長，自次屆選舉名單公告至當選公告止。但未競選連任或未當選者，至離職日止。
❹ 民意機關首長，自次屆同一民意代表選舉名單公告至首長當選人宣誓就職止。
❺ 公職選舉之選舉名單公告至離職日止。但未當選者，至當選名單公告止。
❻ 未定有任期之中央各級政務首長，於總統未競選連任或未當選時，自次屆當選名單公告至宣誓就職止。地方政府政務首長，亦同。
❼ 民選首長及民意機關首長受罷免者，自罷免案宣告成立至投票結果公告止。
❽ 自辭職書提出、停職令發布或受免除職務、撤、休職懲戒處分判決確定日至離職日止。
❾ 其他定有任期者，自任期屆滿前一個月至離職日止。連任者至確定連任日止。

UNIT 4-11
機要人員

任用法第 11 條中規定有唯一不受積極任用資格限制的機要人員，在符合政黨政治的實際生態下，給予機關首長進用親信的最小空間。

(一) 設置目的

所謂「機要」，是指經銓敘部同意列為機要職務，辦理與首長有密切關係的機要性或隱私性工作，擔任人員不受積極任用資格限制，並經銓敘審定以機要人員任用。

民主國家常有政黨輪替的情形，機關首長具有政策溝通捍衛、政務推動的政務官角色，無論是否曾為事務官，對於瑣碎繁雜的行政事務或是行程安排等，的確需要較為熟悉而具彼此相互信任基礎的人員協助處理，如果仍要求機要人員需有如考試及格任用資格，較不符人員定位需求且無必要。

(二) 進用依據

43 年的任用法當中即明定：各機關秘書長及主管機要之秘書，得不受第 4 條任用資格之限制；之後增加須與機關長官同進退並得隨時免職規定；91 年並增訂第 11 條之 1，除進用時應注意公平、正當及適當性外，並授權考試院就細節事項予以規範，以健全機要人員進用法制。

目前有關機要人員的進用，主要規定於公務人員任用法及其施行細則、各機關機要人員進用辦法、地方制度法中。

(三) 資格條件

辦理機要職務非一般公務人員能任意勝任，如機要秘書及監印等職務，為使機關長官工作推動方便、用人得宜，原本完全沒有資格規範，不論官等職等高低，只要機關首長就相關職務改設，並報銓敘部同意之後即可進用。但是這種全無條件的做法也引起許多質疑批評，因此考試院在 91 年訂定的進用辦法中對於擔任簡任、薦任、委任職務機要人員的資格均加以規範，但不以考試及格資格為限。不過各山地鄉公所因業務需要，且用人確有困難者，得稍微放寬。

此外，機要人員須與機關長官同進退，並得隨時免職，不受任何的任用保障，也不可據以提出救濟，在例外任用管道的同時，仍得以維持常任文官的進用常規公平性。

(四) 員額及職務限制

各機關進用的機要人員員額，最多不得超過 5 人。總統府及行政院例外不得超過 18 人及 10 人。中央（含相當）二級直轄市政府及縣市政府以外之機關，則由各主管院於 2 人額度內訂其機要人員員額，並送銓敘部備查。

所任職務範圍以機關組織法規中所列行政類（不可為技術類）職務，襄助首長實際從事機要工作，並經銓敘部同意列為機要職務為限，另可擔任職務亦受有限制，如不得以正副首長或主管職務進用。地方制度法中對於機要人員與職務的設置也有明確規範。

機要人員

目的	辦理與機關首長有密切關係的機要性或隱私性工作,需具彼此相互信任基礎人員擔任,不受積極任用資格限制,無身分保障,隨同首長進退。為任用法之例外任用。		
進用程序	❶ 職務:擬將常任行政職務改設為機要職務 ➡ 修正職務說明書 ➡ 核送歸系機關或受委任歸系機關核定 ➡ 連同修正經核定之職務說明書,送銓敘部辦理職務歸系。(反之亦同) ❷ 人員:進用機要人員後 ➡ 送請銓敘審定 ➡ 如符合資格規定,銓敘部即審定「以機要人員任用」。		
資格條件 (各機關機要人員進用辦法)	簡任職務 (第 5 條)	薦任職務 (第 6 條)	委任職務 (第 7 條)
	❶ 曾任簡任相當官等職務或具官等資格。 ❷～❹ 款:曾任交通事業、公營事業、軍職、聘用人員、教育人員(私校亦同)、民選公職人員之相當簡任職務。 ❺ 曾任縣(市)政府機要進用一級單位主管。 ❻ 博士並曾任相關職務滿 2 年,或碩士任滿 4 年,或學士任滿 6 年。 ❼ 專科學校畢業並曾任職滿 7 年。 ❽ 曾任簡任機要人員。 ❾ 曾任第 6 條第 2-6 款各款之職務或薦任機要滿 5 年。	❶ 具有第 5 條第 1-8 款條件之一。 ❷ 曾任薦任相當官等職務或具官等資格。 ❸～❺ 款:曾任交通事業、公營事業、軍職、聘用人員、教育人員(私校亦同)、民選公職人員之相當薦任職務。 ❻ 曾任縣轄市政府機要進用副市長。 ❼ 碩士學位,或學士並曾任相關職務滿 2 年。 ❽ 專科學校畢業並曾任職滿 3 年。 ❾ 曾任薦任機要人員。 ❿ 曾任第 7 條第 2-4 款各款職務或委任機要滿 5 年。	❶ 具有第 6 條第 1-9 款條件之一。 ❷ 曾任委任相當官等職務或具官等資格。 ❸～❹ 款:曾任僱用、交通事業、公營事業、軍職人員、教育人員(私校亦同)相當委任職務。 ❺ 得有學士學位。 ❻ 專科學校畢業並曾任相關職務滿 1 年,或高中職畢業任滿 3 年。 ❼ 曾任委任機要人員。 各山地鄉公所如確有困難,得以曾任相關職務滿 3 年進用,不受前項第 6 款學歷限制。
員額及職務限制	**員額限制**		**職務限制**
	各機關進用之機要人員員額,最多不得超過 5 人。 總統府及行政院如因業務需要,其進用之機要人員員額,最多分別不得超過 18 人及 10 人。 中央(相當)二級機關、安全機關、直轄市政府及縣市政府以外之機關,得由各主管院依機關層次、組織規模及業務性質,於 2 人額度內訂其機要員額,並送銓敘部備查。		所任職務範圍,應以❶組織法中所列行政類職務;❷襄助實際從事機要工作;❸經銓敘部同意列機要職務為限。但不得以首長、副首長、主管、副主管、參事及研究委員職務進用。 各機關秘書長、主秘或直轄市政府副秘書長 1 人,報經上級機關核准,亦得以機要人員任用。但直轄市政府之秘書長及縣市政府、置有副市長之縣轄市公所之主秘,不得以機要人員進用。

完整法令條文請參考:公務人員任用法第 11 條、第 11 條之 1;公務人員任用法施行細則第 11、12 條;各機關機要人員進用辦法;另礙於版面容量,未列有地方機關規定,請參考地方制度法第 57、58 條。

UNIT **4-12** 特殊任用規定（一）：聘用、派用、聘任、約僱、雇員

常任任用通常有較多且完整的永業保障，相對資格及程序上限制也較嚴格，但有時還是會有特殊例外情形，為避免原則的開放遭有權又有心人士濫用，因此仍分別訂有相關法令規範。其中聘任、聘用、約僱等 3 類，有整合立法成「契約人員人事條例」的擬議規劃。

(一) 聘用人員

為應機關科學技術等專門性工作，但非本機關現有人員所能擔任者，可經主管機關核准，以契約定期聘用專業或技術人員。反言之，如為一般行政或管理人員，不具專門性業務、技術、研究、設計工作性質，均不可以進用聘用人員。進用人數也有上限規定。

各機關如果有聘用需求，應先擬具聘用計畫書經主管機關核准，定期聘用契約並應列冊送銓敘部登記備查，解聘時也一樣。

(二) 派用人員

為因應國家建設需要，便於進用專業人才，在 58 年訂頒條例，特別設計讓臨時機關性質的派用機關〔如前農委會、經建會（現為國發會）〕，可以學、經歷審查進用專業人力，資格也較任用法寬鬆。但派用機關多已改制為任用機關，可透過國家考試方式遴補人才，本制度已完成時代任務，立法院便於 104 年廢止相關條例，並訂有 9 年過渡期間。廢止當時約有 3 千多人，至 113 年過渡期間屆滿前大約還有 1 千人（主要於交通部及北市府所屬），考量當初主要是為了推動國家重大建設，的確有其時代背景及人員貢獻，銓敘部也研擬合理調任方案，以解決派用人員因留任的久任，而造成阻滯陞遷等管理問題。

(三) 聘任人員

行政機關中如屬於研究、科技、社會教育、文化、訓練等性質，考量其職務的特殊性、專業性或行業專屬性，人員進用則比照或準用教育人員任用條例的規定，以「聘任」方式禮聘研究及專業人員。除須具有特殊法定進用資格外，由政府機關或公立學院與聘任人員雙方以書面方式簽訂契約後予以聘任。

實務上現行依規定得置聘任職務的機關，多為任用、聘任雙軌制度，如國家圖書館（原央圖）、勞動部勞動力發展署各分署（原職訓局）等機構。

(四) 約僱人員

指擔任相當委任第 5 職等以下臨時性工作人員，所任工作應以本機關確無適當人員可資擔任者為限。可進用的範圍亦有所限制。

同聘用人員般，僱用前應先擬具僱用計畫表，經核准後始可約僱。僱用期間原則上以 1 年為限，可續僱，但超過 5 年則應檢討計畫存廢。實務上多為考試分發職缺之職務代理人。

(五) 雇員

於中央及地方機關組織法規中，擔任簡易性之行政或文書處理工作之雇員，由各機關自行僱用。但因充任年齡及學歷條件等較為寬鬆，亦非透過公開競爭考試，而有違憲質疑，故於 86 年停止適用相關規則，各機關不得再新進雇員。銓敘部另於 89 年新訂「現職雇員管理要點」，以作為各機關對於仍在職雇員之薪給計支及人事法規適用或準用的管理依據。

聘用、派用、聘任、約僱、雇員

名稱	進用或管理依據	目的（適用對象）	身分、權益、人事法規適用情形等
聘用人員	聘用人員聘用條例 聘用人員比照分類職位公務人員俸點支給報酬標準表	以契約定期聘用之專業或技術人員	❶ 常設機關中編列有期限預算之人員，以契約方式聘用，不可使用法定職稱，無陞遷轉調制度。 ❷ 聘用資格機關以計畫自訂，只須與業務需要相符合，無特殊資格限制。 ❸ 其職稱、員額、期限及報酬，須列冊送銓敘部登記備查；解聘時亦同。 ❹ 其報酬相當薦任以上公務人員。 ❺ 不適用俸給、退撫法規規定。
派用人員	派用人員派用條例，於104年廢止，現依據任用法第36條之1	臨時機關或有限期之臨時專任職務	❶ 訂有法定簡派、薦派或委派資格，可適用法定職稱，如專員。 ❷ 派代後一定期間內，填具法定書表及相關證明文件送請銓敘審定，合格者始予派用，審查結果為「准予登記」。 ❸ 原派用條例所未規定事項，均準用公務人員有關法律規定，故俸給、退撫等法規均得準用。
聘任人員	準用教育人員任用條例之規定	教學或研究性質職務因特殊性及專屬性，得改採學經歷審查方式進用	❶ 常設機關中法定編制內人員，屬於常任任用，資格條件以法律明訂，惟例外採契約進用，無須經銓敘審定。 ❷ 社會教育機構專業人員及學術研究機構研究人員，如中央研究院聘任之研究人員。
約僱人員	行政院與所屬中央及地方各機關約僱人員僱用辦法 約僱人員比照分類職位公務人員俸點支給報酬標準表	基層人力不足，本機關亦無適當人力可擔任之相當委任第5職等以下臨時性工作。	❶ 非常任人員，以契約方式僱用，不可使用法定職稱，無陞遷轉調制度。 ❷ 其報酬相當委任公務人員。 ❸ 其進用無須送銓敘部審查或備查。 ❹ 不適用俸給、考績、退撫及公保等法規之規定，但在僱用期間死亡者，得依規定酌給撫慰金。
雇員	雇員管理規則於86年廢止，現依據現職雇員管理要點	擔任簡易性之行政或文書處理工作	❶ 屬於正式人員，但地位低於委任第1職等。 ❷ 雇員由各機關自行管理，並造冊報請各該主管機關備查；離職時亦同。 ❸ 準用考績（成）、退撫及留職停薪辦法之規定，並得比照公務人員請領各項補助費用。

UNIT 4-13
特殊任用規定（二）：特種任用法律

除前述聘用、約僱等進用方式外，有些性質或地區的人員因具專屬性，故任用法第32至35條訂有授權依據，其人員進用可另訂特殊規範。

❶ 司法人員

目前主要適用法院組織法、行政法院組織法及懲戒法院組織法中有關任用資格條款，以因應司法院及法務部的特殊用人需要。

❷ 審計人員

審計權是憲法明定屬於監察院的權限，所以審計人員也是一條鞭的管理體系，負責審核中央及地方各級政府機關的財務收支、考核財務效能、審定決算、稽察財務上之違失、核定財務責任等。

❸ 主計人員

與上開的審計查核不同，是各機關裡負責歲計、會計、統計等財務相關業務，原則上均有專責單位設置。

❹ 關務人員

算是國境邊防的守護者，掌理關稅稽徵、查緝走私、保稅退稅、建管助航設備、執行管制等工作。

❺ 外交領事人員

一群四海為家的空中飛人，有派駐年限規定，所以不斷的內外循環調任。負責涉外事務、執行外交政策、與外國的談判、協商、禮賓工作等。

❻ 警察人員

任務多樣的人民保姆，負責治安維護、犯罪偵防、交通指揮及稽查、家戶訪查、巡邏守望等工作，以警察特考為人員主要進用管道。

❼ 教育人員

除了各級公立學校校長、教師、職員、運動教練外，還包括社會教育機構專業人員，教育行政機關所屬的學術研究機構研究人員，以學、經歷作為任用資格。

❽ 醫事人員

依法領有醫事相關專門職業證書，並擔任公立醫療機構、政府機關或公立學校醫事職務人員，除由機關構自行依公開程序甄審進用外，高普考也偶有如公職藥師、公職護理師等分發考試的類科職缺。

❾ 交通事業人員

指隸屬交通部事業機構從業人員，不過轄下機構如中華郵政、桃園機場等多已轉為公司型態，大多自行招考進用，末代鐵路特考也在112年舉辦完畢。

❿ 公營事業人員

公營事業的隸屬系統及業務性質原本就非常多元，現在更因為解除管制、引入市場機制以提升經營效率等浪潮紛紛移轉為民營，並沒有統一的公營事業人員任用或人事條例。

⓫ 技術人員任用（已廢止）

早在24年公布實施，以學、經歷任用，不經考試，但在高等教育普及後，因任用管道過於寬鬆，遭受浮濫及特權用人批評。

⓬ 專技轉任

指經過專技高普考或相當等級特考及格人員，可以轉任與其考試等級相同、類科與職系相近職務的公務人員。

⓭ 邊遠地區

適用於有特殊情形之邊遠地區，屬於時代歷史的規定，目前只有26年國民政府時代所訂定的蒙藏邊區相關條例，106年組改後由文化部接辦相關業務。

特種任用法律

性質	依據	制度簡介	說明
司法人員	司法人員人事條例	● 包括最高法院以下各級法院及檢察署之司法官、公設辯護人及其他司法人員,如書記官、通譯、觀護人、法警、執達員等。 ● 以司法特考為人員主要進用管道。	有關任用資格之規定,不得與公務人員任用法牴觸。
審計人員	審計人員任用條例	● 負責監督各機關預算執行、財務收支審核、決算審定、財務上違法失職行為稽察、財務效能考核、財務責任核定等工作。 ● 仍以高普初考為人員主要進用管道。	
主計人員	主計機構人員設置管理條例	● 各機關、公立學校、公營事業機構內掌理歲計、會計、統計業務的人員。 ● 仍以高普初考為人員主要進用管道。	
關務人員	關務人員人事條例	● 負責海關事務的管理與執行,關務機構包括財政部關務署、基隆、臺北、臺中、高雄等四關及分關等。 ● 以關務特考為人員主要進用管道。	
外交領事人員	駐外外交領事人員任用條例	● 包括大使、公使、常任代表、領事館領事、總領事館領事等。 ● 以外交特考為人員主要進用管道。	
警察人員	警察人員人事條例	● 負責依法維持公共秩序,保護社會安全,防止一切危害,促進人民福利。由內政部管理。 ● 以警察特考為人員主要進用管道。	
教育人員	教育人員任用條例	● 為各公立各級學校校長、教師、職員、運動教練。 ● 社教機構專業人員及各級主管教育行政機關所屬學術研究機構研究人員。 ● 為聘任制,人員進用資格綜合學歷、經歷及相關合格證書。	以任用法所定之任用資格為基礎,得依其特殊需要,作不同規定。
醫事人員	醫事人員人事條例	● 依法領有醫事專門職業證書,並擔任公立醫療機構、政府機關或公立學校組織法規所定醫事職務之人員。 ● 所稱醫事職務並訂有一覽表規定。	
交通事業人員	交通事業人員任用條例	● 指隸屬交通部之事業機構從業人員,多已民營化或公司化。 ● 末代鐵路特考已於 112 年辦畢。	
公營事業人員	無統一規定	● 如國營生產事業、交通事業、金融保險事業、省市營事業等人員,多已民營化或公司化。 ● 隨同移轉之留用人員,其公務相關年資均應結算後再重新起算。	
技術人員	技術人員任用條例	● 24 年即制定,當時高等教育不普及,條例規定高職畢業得任委任技術人員、專科以上畢業得任薦任技術人員,不須經過考試。復於 80 年廢止舊條例並公布新版條例(亦於 91 年廢止),規定初任者須經考試及格。 ● 條例廢止後之人員管理依任用法第 33 條之 1 辦理。	
專技轉任	專門職業及技術人員轉任公務人員條例	● 以專技資格轉任公務人員,但所任職務及調任均受有限制,且僅能在無考試及格人員可資任用時,報經分發機關審核同意後始得進用。 ● 考試院並訂有適用職系對照表。	
邊遠地區	蒙藏邊區人員任用條例	● 目前唯一適用的前蒙藏委員會,仍多為具考試及格資格人員,而非依據本條例例外進用。	

UNIT **4-14** 專技人員轉任

(一) 立法目的

　　每個制度的產生都有其當時的時代背景及需求，雖然專技考試所取得的是執業資格而非公務人員任用資格，由於近代工商業發達，政府早年延攬具有專門技術人員確實有困難，常有起用社會專技人才的必要，而專門技術職務若以考試方式未能進用足額人員，則可以專技轉任方式彌補人力缺口及部分特殊需要。依任用法第 34 條的授權依據，目前訂有「專門職業及技術人員轉任公務人員條例」。

(二) 實施情形

　　82 年剛開始施行，每年轉任人數均達百人以上；96 年以後因避免轉任情形過於寬濫，影響機關正常考試用人，新增分發機關（即銓敘部及原人事局）審核原則、甄審或公開甄選程序等規定，予以多重把關，轉任人數已大幅下降至每年僅 2、30 人，而考試院也在原本的行政類科外，也陸續增訂不少公職專技的考試類科，使具專技考試及格資格者，也同樣能透過通過公職考試的方式取得公務人員任用資格，回歸落實憲法考試用人的精神。

　　但隨著社會經濟情況轉變，加上退撫制度改革等諸多因素，近年來部分技術類科已有長期考試錄取不足額的情形，加上我國人事制度應順應趨勢朝彈性化及選才多元化發展，專技轉任也可以逐步轉型為與現行考試用人同屬機關常態性甄補公務人力的管道，111 年大幅修正專技轉任條例及其施行細則，除放寬調任職系及受簡任訓資格這 2 個相關條文先行外，其他均自 113 年 1 月 1 日施行。

(三) 111 年主要修正規定

　　考量我國文官制度仍是以考試用人優先，為避免對現行考試制度過度衝擊甚至衍生濫用轉任的弊端，專技轉任制度轉型初期，是採溫和漸進方式變革，可進用專技人員的職缺及名額，需依公務人員考試辦理及錄取情形連動計算。

　　另程序上雖刪除銓敘部及人事總處的審核原則，但為避免機關自行甄選恐受公平性質疑，也增加須經外部專家學者組成之遴選委員會審查的新規定。

　　本次修正將專技高考轉任類科適用職系對照表修正為一次臚列，而無須每年或間年的頻繁修正。

　　整體而言，111 年修正後的專技轉任制度，由個別審查走向系統性進用。

(四) 其他限制放寬

❶ **職系資格限制**：原本專技轉任公務人員只取得當下轉任的職系任用資格（且為永久限制），而不適用調任辦法或一覽表的規定，考量轉任人員的歷練、陞遷發展，111 年修正放寬。

❷ **年限限制**：仍維持 3 年的限制轉調期間，但 111 年將限制範圍由原「本機關」放寬為「本機關及其所屬機關」。

❸ **簡任資格**：專技考試因不屬於任用法第 17 條所定的考試，相較下專技轉任人員須更長年限始能取得簡任官等任用資格。考量兩者同屬高等考試，任職以來的公務歷練也相同，111 年轉任條例增加了官職等俸級、考績、任職年資等資格條件皆與任用法相同的條文，以暢通陞遷管道，激勵工作士氣。

專技轉任

專門職業及技術人員轉任條例
（111 年大幅修正，多自 113.1.1 施行）

原專技考試及格人員，取得專門技術之執業資格

如：土木工程技師

轉為公務人員，非以考試方式取得任用資格

職系：
✓ 原則：取得所轉任之職系資格
✓ 例外：服務滿 6 年且最近 3 年年終考績 2 甲 1 乙以上，適用調任辦法及一覽表規定職系
✗ 依上開例外調任後，不得再調任與該行政類職系同職組其他職系或視為同一職組之職系職務

初次轉任 → 土木工程職系職務

○ 依一覽表調任

土木工程職系職務 → 測量製圖職系職務 ✗ 不得調任 → 地政職系職務（視為同職組之行政類職系）

土木工程職系職務 → 經建行政職系職務 ✗ 不得調任 → 綜合行政職系職務（同職組之其他職系）

經建行政職系職務 → 交通行政職系職務（視為同職組之職系）

限制轉調年限

於所轉任機關實際任職 3 年內，不得調任本機關及其所屬機關以外機關任職。

111 年專技轉任條例其他主要修正

項目	96 年原規定或實務	111 年修正規定
轉任適用職系對照表	每年或間年依最近 3 年考試錄取情形檢討或修正	一次臚列所有專技高考適用職系
遴選方式及名額	無人員可分發，報經銓敘部 / 人事總處依審核原則審核同意後，辦理陞補程序	應組成遴選委員會，專家學者不得少於 1/2，應選自銓敘部建置之人才庫，辦理公開遴選
職缺名額	（無規定）	依考試錄取情形核算
主管職務限制	（無規定）	1 年內不得擔任主管、非主管
取得簡任官等任用資格條件	轉任條例無規定，均依任用法第 17 條辦理（大學學歷任職滿 6 年、專科 8 年、高中 10 年）	增訂與一般公務人員取得條件一致，其中任合格實授薦 9 職務年資同樣為 3 年

UNIT 4-15
委外及多元人力運用

1980 年代在新公共管理浪潮推動下，世界各國無不大力推動以企業為師的政府再造，將適合由民間參與及辦理的業務改採委外方式辦理，或將非涉及核心公權力或低度公權力業務，以多元人力方式協助執行。

(一) 業務委外

行政院自 91 年成立委員會推動四化（去任務化、地方化、法人化及委外化），並責成人事總處負責推動委外政策，以貫徹員額精簡，有效控制人事費。目前訂有「行政院及所屬各機關推動業務委託民間辦理實施要點」。

(二) 臨時（約用）人員

是指各機關以人事費以外經費自行進用的人員，只能辦理非屬行使公權力的工作為限，機關並應依勞基法規定與人員簽訂訂立勞動契約。人員進用同樣需依計畫通過及審核，人數也有規定，並有按季、按年度填報彙整表供外界監督查考的機制。

原稱之為「臨時人員」，但為避免誤解並使名實相符，113 年 1 月修正名稱為「約用人員」。現訂有「行政院及所屬各機關學校約用人員進用及運用要點」。

(三) 計劃（約用）人員

政府機關（構）並非純然都是行政性質，也有實（試）驗、檢驗、研究性質，此類機構如以專案或委託補助研究計劃進用人員（如為執行國科會計畫而進用的專任計劃研究助理），也被規範為臨時（約用）人員之列，但在人力計算上有鬆綁及配套的監督機制。

(四) 勞務承攬

指承接各機關勞務承攬案的個人、公司或團體（即承攬人），依所簽訂的勞務承攬契約內容，為各機關完成一定工作的情形。而從事勞務工作的人員，則受僱於承攬人並經其派駐於各機關工作場所。機關對於派駐勞工並沒有指揮監督權，僅得就履約成果或品質要求承攬人符合契約規範。

(五) 志願服務

也就是不以獲取報酬為目的的志工，為整合社會人力資源，使願意投入志願服務工作的國民力量做最有效運用。目前機關對於志工招募多採部分工時為主，協助從事輔助性服務，雖是無償服務，但機關應為志工辦理意外保險，必要時，並得補助交通、誤餐等費用。

(六) 替代役

是兵役的一種義務轉化，多在行政機關及社福團體服務，擔任受公務員指揮、監督、管理的輔助性工作。內政部原本每年均函請各主管機關提報人力需求，但也因募兵制度而劃下句點。

原本還有派遣人員，但因社會對於政府有帶頭低薪化的批評，行政院於 107 年核定「行政院暨所屬機關（構）檢討運用勞動派遣實施計畫」（又稱零派遣計畫），並自 110 年起不再運用勞動派遣人員。

多元人力運用

類型	進用或管理依據	工作或業務辦理	員額限制
勞動派遣	行政院運用勞動派遣應行注意事項（110.02.01 停止適用）	❶ 有關事務性、重複性及機械性等行政服務工作。如：公文傳遞、資料彙整登錄等事務。 ❷ 有關一定事實之蒐集、查察或檢查協助工作。如：停車場計時人員。 ❸ 專案性協助工作。如：非屬醫療行為之照護服務、導覽服務等工作。 ❹ 具期限性計畫之協助工作。如：各機關科技專案計畫之協助工作。 ❺ 其他非屬核心業務且適宜委託民間辦理，不涉及公務安全、機密或執行公權力之業務項目。	原則不得超過99.01.31各機關實際進用人數（已於110.01.01歸零）
勞務承攬	政府機關（構）運用勞務承攬參考原則	由承攬人為機關完成一定工作，俟工作完成，機關給付報酬給承攬人之契約。如承攬人依約指派所僱用勞工至機關工作場所完成工作，機關對承攬人所派駐人員並無指揮監督權，僅得檢驗工作成果，並依據該成果給付價金。如機關環境清潔。	無
約用（原臨時）人員	行政院及所屬各機關學校約用人員進用及運用要點	得辦理之業務，以非屬行使公權力之工作為限。	原則不超過機關96年度實際進用人數。行政院核定特定專案不在此限（如大專青年工讀專案、零派遣轉化專案）
計劃（約用）人員	行政院及所屬各機關學校約用人員進用及運用要點	機關接受專案經費補助辦理特定業務或委託研究計畫，不能以現有人力辦理者。	不列入約用人員進用上限，但人數及經費來源應於預算書中列明，以利外界監督
志工	志願服務法	出於自由意志，非基於個人義務或法律責任，秉誠心以知識、體能、勞力、經驗、技術、時間等貢獻社會，不以獲取報酬為目的，以提高公共事務效能及增進社會公益所為之各項輔助性服務。	無
替代役	一般替代役役男訓練服勤管理辦法	役齡男子於需用機關擔任輔助性工作，履行政府公共事務或其他社會服務；或於經主管機關認可之政府機關、公立研究機關（構）、大學校院、行政法人或財團法人研究機構及民間產業機構從事科技、產業研究發展或技術工作。	無

UNIT **4-16**
退伍軍人任用優待

這個議題在現在的太平時期看來，或許有種保障特權的不公平感，但若以早年國家各項建設與政治經濟發展都還剛起步之初，需要大量行政管理人才，但文官完整制度尚在建構中，人才又正處培育時期，相較之下，軍職體系原本已經就有相對完整的培訓制度及具豐富經驗的高階管理將領，因此當時為了能借重軍職人力以快速充實國家所需的文職人力，訂有相關優待制度及特殊的延攬管道以利人才流入，確有當時的時代背景及需要。

而逐漸隨著時空環境變遷轉移，有關軍職轉任文職的相關優待管道也漸漸縮減為兩類，早年不須考試的上校以上外職停役檢覈規定更早已廢止，屬於資格考試的國防特考亦已停辦多年。

(一) 法令規定

現行主要依據「國軍退除役官兵參加公務人員考試及轉任公務人員優待辦法」及「後備軍人轉任公職考試比敘條例」及其施行細則的相關規定辦理，當中所定各項得給予的優待，應於各該考試舉行前，在公告及應考須知中明定；此外，退除役特考及上校轉任考，也如同所有的任用考試一般，分別由考試院明訂定考試規則，作為遵循的法令依據。

(二) 考試優待

目前針對軍職人員所辦理的任用考試包括退除役特考及上校以上轉任考試兩種。退除役特考為間年舉辦，報考者多為中低階官兵；而上校以上轉任考試則視轉任機關提報列入考試職缺情形舉辦，主要為高階將校轉任文職的主要途徑。

除了上述特殊考試辦理的優待之外，後備軍人參加公務人員考試時，尚有得以軍階及軍職年資作為應考資格、考試成績加分、應考年齡放寬、寬定體格檢驗標準、減少應繳規費等優待。

(三) 任用優待

退除役官兵依法取得公務人員各官等任用資格後，如原任軍職專長及階級與所轉任職務類科性質相當時，年資計算可以按其軍職官等官階及年資，比敘該官等內相當職等及俸級。另外轉任後，有關退休、撫卹年資的採計，應與軍職年資合併計算，但以未領有退職給與者為限。

有關於任用比敘上的優待還包括如：與其他候用人員資格相等時，優先任用；遇有緊縮或改組時，應優先留用；作戰或因公負傷者，並可依其功勳，優敘俸級等。

(四) 限制轉調

❶ **永久限制：**上校以上外職停役檢覈及格、上校以上轉任考試及格者，僅得轉任國安會等五個特定中央機關（含其所屬機關），以及中央及直轄市政府役政、軍訓單位。

❷ **6年限制：**退除役特考及格者，以分發國防部、退輔會、海委會及其所屬機關任用為限，及格人員於服務6年內，受有原分發任用機關及其所屬機關的轉調限制。

人員定義

常備軍官及常備士官依法退伍者

志願在營服役之預備軍官、預備士官及士兵依法退伍者

作戰或因公負傷依法離營者

優待情形

應考資格	● 除考試機關認定之特殊考試類科,不得適用外,得以下列軍階及軍職年資,應性質相近之考試: ① 曾任中尉以上 3 年者,得應高考三級,或相當之特種考試。 ② 曾任中士以上 3 年者,得應普通考試,或相當之特種考試。 ● 定有應考學歷之限制者,軍校正科畢業者,比照大學畢業;官校以上訓練班結業,其訓期 1 年以上者,比照高中畢業。 ● 定有工作專長及經歷之限制者,得以所受軍事教育及服役之軍種兵科相同類科比照之。
錄取標準及成績加分	● 各該典試委員會得比照比敘條例施行細則第 4 條規定酌予加分,但考試科目定有最低錄取標準而成績未達該標準者,或經考試院決定之特殊類科,均不予加分。 ● 加分計算 ① 退伍並得有勳章乙座以上,或作戰或因公負傷離營,應公務人員考試者,得加總成績 5〜7 分。 ② 作戰或因公負傷離營並得有勳章乙座以上,應公務人員考試者,得加總成績 7〜10 分。 ● 前開考試加分,以高普考試、退除役特考為限。勳章以獲頒國光、青天白日、寶鼎、忠勇、雲麾、大同勳章為限。其加分之決定,由各該考試之典試委員會為之。
應考年齡	有應考年齡限制之公務人員考試,除該限制為工作上所必需者外,後備軍人應考,得酌予放寬 1〜5 歲。
體格檢驗	● 公務人員考試須實施體格檢查時,在不妨礙執行有關職務情形下,考試機關得寬定標準,予以檢驗。 ● 定有體能之限制者,如無礙工作之執行,得依後備軍人轉任公職考試應考人體格檢驗辦法之規定辦理。
應繳規費	應考之後備軍人應繳之報名費及證書費等,得按原定數額減半優待
任用順序	● 各機關任用新進人員時,後備軍人如有下列情形之一者,優先予以任用: ① 應考類科與擬任職務性質相近且成績相同者,優先任用。 ② 參加各機關辦理之公開甄選,成績相同者,優先遞補。
留用順序	任用公務人員之機關,遇有緊縮或改組時,應優先留用,但以年資及考績等次相等者為限。
任用比敘	● 退除役官兵具有公務人員任(派)用資格者,於轉任應銓敘之行政機關職務及交通事業人員或其他公營事業人員,其原任軍職專長及階級與所轉任職務類科性質相當時,就各該俸給法規比照比敘條例有關規定辦理。 ● 退除役官兵轉任公務人員後,有關退休、撫卹年資之採計,應與軍職年資合併計算,但以未領軍職退伍金退休俸者為限。 ● 前項官兵之年資,依國防部所發之有效證明文件為準。

第 **5** 章
陞遷制度

章節體系架構 ▼

UNIT *5-1* 陞遷法制概說

圖解現行考銓制度

我國公務人員的陞遷原本是規範在任用法第 19 條，規定各機關辦理現職人員陞任時，得設立甄審委員會，就具有任用資格人員甄審，另於同法施行細則中規定，其陞任甄審辦法，由銓敘部擬訂，報請考試院核定。考試院雖然在 76 年訂定「現職人員升任甄審辦法」（已廢止），但因該辦法內容過於簡略，因此當時如行政院、司法院、臺灣省、臺北市、高雄市政府等中央各院及地方政府還是分別訂其所屬機關適用的單行規章，造成標準不一、各有適用的情形。

為使公務人員的陞遷事宜能有全盤性的規劃，以達激勵士氣、拔擢人才、歷練培育等功能及目的，於 89 年公布「公務人員陞遷法」及其施行細則，並於 91 年將任用法第 19 條及施行細則中有關陞任及遷調規定，均予以刪除。若以現行法制體系區分，陞遷法規範較屬於「平調」與「升調」性質，而任用法則以「降調」及「限制調任」規範為主。

而陞遷法公布施行後，除 98 年全文修正外，112 年也有大幅度的修正，更強化功績導向的陞遷制度。

(一) 陞遷定義

所謂陞遷，包括「陞任」及「遷調」。依陞遷法第 4 條的規定，包含以下 3 種情形，施行細則中分別有進一步定義說明：

❶ **陞任較高職務**：指依法陞任較高職務列等之職務。其職務如跨列二個以上職等時，以所列最高職等高者，為較高之職務；所列最高職等相同時，以所列最低職等高者，為較高之職務。總之，若非單列職務，而是跨列職等的職務，就先比較上緣，如果一樣，再比較下緣，以認定是否陞任較高職務。

❷ **非主管職務陞任或遷調主管職務**：指非主管依法陞任較高職務列等的主管職務或調任同一陞遷序列的主管職務。所以不單單只是非主管人員調任為主管，就一定是陞遷，還要比較職務列等或陞遷序列的高低，以避免有如 9 等專員調任 7 等主管，而卻被定義為陞遷的不合理情形。

❸ **遷調相當職務**：指依公務人員任用法律調任相當列等之職務。

(二) 適用及準用對象

❶ **適用對象**：陞遷法第 3 條明定，各級政府機關及公立學校組織法規中，除政務人員及機要人員外，定有職稱及依法律任用、派用人員，均為適用對象。

❷ **準用對象**：教育人員、交通事業人員及公營事業人員之陞遷，得準用本法之規定。至於是否準用，則由各該主管機關決定，而如有準用規定訂定發布時，並應函送銓敘部備查。另醫事人員則依銓敘部 89 年函釋，準用陞遷法規定。

❸ **其他**：人事、主計及政風人員，因為為我國特有的一條鞭管理，得由各該人事專業法規主管機關依陞遷法及施行細則規定，另訂陞遷規定實施。此外，軍文併用機關人員之陞遷，也準用前開訂陞遷實施的規定。

陞遷定義

※ 採廣義的「陞遷」，即職務「陞任」與「遷調」均納入規範

陞任較高職務

- 以職務列等作為比較基準。
- 如有跨列職等情形：
  ❶ 先比較所列最高職等。
  ❷ 如相同，再比較所列最低職等。

案例1	案例2	案例3
7 6 5 → 8 7	8 7 → 9 8 7	9 8 7 → 9 8
委5或薦6-7科員	薦7-8專員 ✔	薦7-8專員	薦7-9專員 ✔	薦7-9專員	薦8-9編審 ✔
因職務列等較高	因所列最高職等較高	因所列最低職等較高

非主管職務陞任或遷調主管職務

- 陞任較高職務列等主管職務、遷調同一陞遷序列主管職務皆屬之。
- 所稱主管職務，不包含副主管職務。

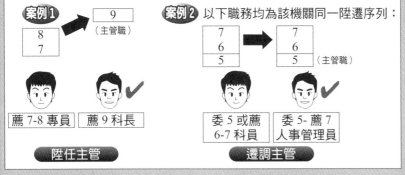

案例1
8 7 → 9（主管職）

薦7-8專員 ✔ 薦9科長

陞任主管

案例2 以下職務均為該機關同一陞遷序列：
7 6 5 → 7 6 5（主管職）

委5或薦6-7科員 ✔ 委5-薦7人事管理員

遷調主管

遷調相當職務

即調任相當列等之職務：
- 職務列等應相當（不一定相同）。
- 職務（如主管、副主管、非主管等）亦應相當。

說明

- 陞遷法第13條授權有各主管機關可配合職務性質及業務需要自訂遷調規定並據以實施，該遷調並得免經甄審（選）之法定程序。
- 如本機關副主管人員及所屬機關副首長。
- 故此三項定義並非完全互斥。

UNIT **5-2**
陞遷原則

陞遷與任用息息相關，陞遷法既然89年從任用法中獨立出來，原則考量上必有不同。陞遷法第1條先明定公務人員陞遷應依本法辦理，而與其他人事法律如有競合或牴觸的適用順序外，第2條的陞遷原則，則於112年修法時更明確看出由原本「資績」轉為「功績」的發展趨勢。

(一) 人與事適切配合

我國自76年以來實施新人事制度，即強調品位（人）及職位（事）制度的結合，任用法及陞遷法中均有明文。

此外，有關評分標準的訂定機關，考量各機關的業務性質、職務特性或任用層級皆不同，所需要人才條件亦有差別，故授權由各主管院訂定，並得視實際需要授權所屬機關，富有彈性。

(二) 考量機關特性與職務需要

除前述由各主管院訂定評分標準，並得視實際需要授權所屬機關外，針對編制員額較少或業務性質特殊的機關，經主管機關核准者，得由上級機關統籌辦理，不受各機關應自組甄審委員會的限制，作為特殊情形的彈性因應。

(三) 功績原則

此項原則於112年由原本的「資績並重」修改為「功績原則」。雖然我國自新人事制度以來實施功績制度，但或許在傳統品位制度的根本下，並非全然趨向美式的功績制度，故教育程度、考試等級高低、年資長短這些項目，在陞遷上仍占有一定比重的考量，而本次除修正原則性文字外，如內陞評分標準、年資陞任限制等相關規定，皆有大幅調整。

(四) 內陞與外補兼顧

內陞與外補為公務人力的二大主要來源，陞遷法並沒有就兩者的運用比例加以限制，而尊重各機關首長的用人權，僅規定各機關人事單位於辦理職缺補實前，應簽報機關首長決定職缺擬辦內陞或外補後，再行辦理。如由本機關人員陞任時，應辦理甄審；如由他機關以外人員遞補時，應辦理公開甄選。

(五) 公開、公平、公正

為使陞遷作業程序符合本原則，陞遷法明定各機關除特殊情形經主管機關核准由上級統籌辦理外，均應組成甄審委員會辦理甄審，而其指定委員及票選委員人數與方式均有明確規範。

另外，本法亦就各機關辦理陞遷業務人員，包括甄審委員會委員、與會人員及其他有關工作人員，訂有不得徇私舞弊或洩漏秘密，且有迴避、得依法提起救濟等規範，避免不公，進而保障公務人員權益。

(六) 擇優陞任或遷調歷練

各機關應依職務高低及業務需要，訂定陞遷序列表，逐級陞遷，以達陞遷與年資、考績、職務歷練等相互配合運用。另外就職務列等及職務相當的所屬人員，應配合職務性質及業務需要，實施各種遷調歷練，兼顧拔擢及培育人才的意旨。

公務人員陞遷法第2條

公務人員之陞遷，應本人與事適切配合之旨，考量機關特性與職務需要，依功績原則，兼顧內陞與外補，採公開、公平、公正方式，擇優陞任，遷調歷練，以拔擢及培育人才。

人與事適切配合

除第1條但書規定，其法律另有規定者從其規定外，第7條規定各主管院得視實際需要授權所屬機關依其業務特性訂其陞任評分標準。

考量機關特性與職務需要

除第7條陞任評分標準授權外，第8條第4項規定編制員額較少或業務性質特殊機關，經主管機關核准者，人員陞遷甄審（選）得由上級機關統籌辦理。

功績原則

- 第7條規定辦理內陞時之評分標準，增訂重大殊榮、工作表現得加分。施行細則第5條亦調降考試、學歷及年資配分比率。
- 第11條優先陞任情事包括獲頒勳獎章、當選模範公務人員、經一次記二大功專案考績等。
- 刪除第12條任職不滿一年不得陞任的規定。

內陞與外補兼顧

- 施行細則第3條規定人事單位於辦理陞遷前，應簽報機關首長決定職缺擬辦內陞或外補後，再行辦理。
- 第5條第2、3項規定各機關職缺如由本機關人員陞遷時，應辦理甄審：如由他機關以外人員遞補時，應辦理公開甄選。

建立合理陞遷制度

公開、公平、公正

- 第8條明定應組甄審委員會辦理甄審。施行細則第7條並就委員人數、性別比例、選舉方式、指定及票選委員計算、出席及決議最低人數等明文規範。
- 第15條訂有違法或權益受損者得依保障法提起救濟之依據。
- 第16條明訂應迴避情形及違反者之懲處。

擇優陞任，遷調歷練

- 第6條規定應依職務高低及業務需要，訂定陞遷序列表，逐級辦理陞遷。但次一序列中無適當人選時，得由再次一序列人選陞任。
- 第13條規定對職務列等及職務相當之所屬人員，應配合職務性質及業務需要，實施各種遷調，並得免經甄審（選）程序。

 ★三人法則（Rule of Three）

指任用機關自成績最高的三人中選用，而非限制僅可遴用第一名。本理論基礎是讓任用機關在人員遴用上能有裁量權，但同時又能確保遴用過程的公平及公開競爭。美國考試及格人員列成候用名單並就推薦名單中三選一，及我國陞遷法中由機關首長就前三名中圈定內陞或外補人選，皆為此理論之實務運用。

UNIT **5-3** 內陞及外補制度

陞遷法並不僅僅適用在本機關的內部陞遷與調任，自他機關進用人員的外補作業也多比照相關程序辦理，但仍稍有不同。不過要特別說明的是，陞遷法中所指的內陞或外補，均以已具有公務人員任用資格人員的調任為主，並不包括自公務體系以外進用的考試分發制度。

(一) 內陞制度

❶ **意涵**：指機關職位有空缺或出缺情形，由內部較低職位之現職人員陞任補充。

❷ **辦理程序**：由人事單位造列名冊，並依陞遷序列規定，逐級辦理陞遷。相關程序規範及限制另以專題詳細說明。

❸ **制度優缺**：內陞制度具有明顯的激勵效果，在職者因可能發展而較樂意續留機關，使組織穩定和諧。又陞任人員已熟悉組織文化，亦能快速適應工作環境及業務；然完全內陞恐將使組織選才範圍過小，又因缺乏新血而過於安定，彼得定律（Peter's Principle）也指出，獲拔擢的人未必於陞任後，就一定有較佳表現。

(二) 外補制度

❶ **意涵**

指機關職位有空缺或出缺情形，不由內部較低職位的現職人員陞任，而由外界挑選合格人員補用的情形。

❷ **辦理程序**

無論是內陞或外補，依規定均先由各機關人事單位簽報機關首長決定職缺擬辦方式後，再行辦理。

外補應以公開甄選方式為之，即將職缺相關資料公告 3 日以上。外補標準及評分內涵由機關自訂，可採面試或測

驗，亦得參酌內陞規定另訂。

公開甄選除正取名額外，得增列候補名額，其名額及期間，應同時於公告內載明。112 年修法配合實務，由 3 個月延長為 5 個月。

由人事單位就公開甄選情形，依積分高低順序或資格條件造列名冊，經甄審委員會評審後，由機關首長就前 3 名中圈定；如 2 個以上的外補職缺時，就職缺數 2 倍中圈定。但機關首長對於請圈定人選有不同意見時，得退回重行改依其他方式辦理。

❸ **制度優缺**

外補制的優缺點與內陞制正好相反，優點包括吸引優秀人才到機關服務、選才範圍較廣、促進機關活力等；而缺失則可能有現職人員因陞遷無望而士氣低落，紛紛調任另謀發展而使組織動盪，又或外補人員恐與機關文化及觀念不合而較容易發生衝突等情形。

(三) 制度比較

❶ **相同處**：均經機關甄審委員會評審後，提出候選人員名次或遴用順序，報請機關首長就法定人數範圍內圈定。機關首長對於報請圈定人選如有不同意見時，均得退回重行辦理或改依其他方式辦理。

❷ **不同處**：內陞程序須符合本機關的陞遷序列表，調查內部人員意願，辦理逐級陞遷；而外補程序則是以公告對外週知的方式，就自行報名參加者，辦理公開甄選。原因在於各機關陞遷序列表因機關性質、規模、層級等因素，個別差異甚大，所以在外補程序上無法符合逐級概念。

制度比較

	內陞制	外補制
意涵	以本機關職務較低之現職人員中陞任	以他機關或具任用資格人員補實
運用時機	❶ 機關內部有適當且適任者。 ❷ 內部士氣激勵所需。 ❸ 促進內部人員多向流動。	❶ 機關內部已無適當人員。 ❷ 因公平考量不易決定。 ❸ 引進新觀念新技術人員。
優點	❶ 激勵在職者。 ❷ 異動較少，促進組織穩定。 ❸ 熟識陞任者，拔擢真才。	❶ 吸引外界優秀人才。 ❷ 選才範圍廣泛許多。 ❸ 新血注入可增進機關活力。
缺失	❶ 不易吸引低階但特優者留任。 ❷ 「彼得定律」之誤謬情形。 ❸ 缺乏新血，難推行革新。	❶ 陞遷無望而降低工作情緒。 ❷ 另謀發展使組織流動率高。 ❸ 觀念不和，易生衝突。

陞遷法之外補程序規定

職務出缺

人事單位簽報首長決定甄補方式

如以外補之公開甄選方式辦理：

職缺相關資料公告 3 日以上。除正取外，得增列候補，名額及期間均有法定限制。

（實務上多統一刊載於人事總處「事求人機關徵才系統」網站，現職人員及民眾均可上網查詢）

人事單位辦理公開甄選（如面談、測驗等）。

人事單位依甄選結果依積分高低順序或資格條件造列名冊，交甄審委員會評審。

首長就前 3 名中圈定正取及候補人員；如 2 職缺以上時，就職缺數之 2 倍中圈定。

發函商調外補人員（即「指名商調」）應經原服務機關同意，始得調用。

> 首長有不同意見未予圈定，得重行公開甄選另行遴才，係屬首長基於機關特性與職務需要之審酌考量，與陞遷法並未相違。（銓敘部 93.04.05 部銓四字第 0932348018 號函）

 ★彼得定律（Peter's Principle）

美國管理學家 Laurence J. Peter 和 Raymond Hull 在 1969 年《彼得定律：為什麼事情總會出錯》（The Peter Principle: why things always go wrong）一書中指出：在組織的等級制度下，每個有能力的員工，最後往往都被擢升到他們能力無法勝任的職位。假以時日，所有職位最終均被無法勝任的員工所占據，成為組織障礙及負資產。似古語所云之「劣幣驅逐良幣」。而彼得也指出，通常一個人的知識能力在他升至某一職位已達極限，如果想再升到更高職位，除非經過進修及訓練，否則便無法勝任。

第 **5** 章

陞遷制度

UNIT **5-4** 內陞辦理程序

(一) 建立陞遷序列及評分標準

各機關均應依職務高低及業務需要自訂「陞遷序列表」，作為逐級陞遷的依循。某一序列職務出缺時（如序列5），由機關內次一序列人員（即序列6）當中陞遷，如均不符合資格或均經甄審委員會評定為非適當人選等情形時，得由再次一序列人員（即序列7）陞任。但如果仍非適當人員，原則上只能就此打住，不能永無止盡的由之後序列人員一路進行。不過112年修法增訂「其他法律另有規定者，從其規定」款次，以預為因應其他人事制度整合的激勵空間。另還有其他限制，如列等相同或相當（如最高序列相同）者應列為同一序列、主管（副主管）與非主管原則不得為同一序列。

前置作業還包括訂定「陞任評分標準表」，就考試、學歷、職務歷練、訓練、進修、年資、考績（成）、獎懲及發展潛能等各項目，由各主管院本功績原則訂定標準，以評定分數。

(二) 決定補實方式

各機關人事單位於辦理陞遷前，應先簽報機關首長決定職缺補實方式後再行辦理。如擬以內陞方式，即由人事單位辦理陞遷意願調查、面試測驗或陞任資績評分計算等後續程序。

(三) 進行資績評分

辦理本機關人員陞任時，應就具有任用資格人員，依法定評分標準評定並核計分數後，依積分高低順序或資格條件造列名冊。但各機關因規模及業務特性不同，實務上有內部公告自行投件、全員列冊、分階段意願調查等各種辦理方式，必要時得另行舉辦面試或測驗。此外，為尊重個人並維護陞遷權益，無意願者得免予列入當次陞任名冊。

112年的修法，為了更落實功績原則，鼓勵公務人員積極任事，增訂具重大殊榮、工作表現者，陞任評分時得酌予加分。同時為了降低論資排輩的影響，大幅調降考試、學歷及年資三項配分比率，而積分相同時的排序先後，也改成職務歷練及發展潛能積分較高者在前。

(四) 交付甄審委員會審議

前項名冊由人事單位報請機關首長交付甄審委員會評審；甄審委員會評審後，提出候選人名次或遴用順序，報請機關首長圈定。

各機關辦理陞遷業務人員，除承辦人及相關主管，亦包括甄審委員會委員及與會人員，均有保密及迴避的義務。

(五) 機關首長決定

經甄審委員會評審之名冊，檢同有關資料，依程序報請機關首長就前3名中圈定陞補；如陞遷2人以上時，則由陞遷人數之2倍中圈定。

但若首長對甄審委員會報請圈定人選有不同意見，退回並重行改依其他甄選方式辦理時，112年並增訂「應加註理由」，以適度維持首長用人權及人員陞遷權益衡平，如原內陞改由外補方式，或增列舉行面試或測驗方式等依陞遷法所規定辦理的事項辦理。

陞遷序列表參考範例（節錄）

序列	職稱	職務列等	備註
五	科長	薦任第 9 職等	
六	視察 專員	薦任第 8 職等至第 9 職等 薦任第 7 職等至第 9 職等	
七	主任	薦任第 8 職等	
八	人事管理員 科員	委任第 5 職等至薦任第 7 職等 委任第 5 職等或薦任第 6 職等至第 7 職等	
附註	序列八委任第 5 職等或薦任第 6 職等至第 7 職等科員，調陞人事管理員職務，仍需辦理甄審。		

陞補程序

機關訂定「陞遷序列表」及「陞任評分標準表」

↓

職務出缺，人事單位簽報機關首長決定補實方式

↓

如內陞，應辦理甄審
辦理陞遷意願調查、面試測驗或陞任資績評分計算

如外補，應公開甄選
公告職缺相關資訊 3 日以上、辦理面試、測驗或評分計算

↓

依積分高低順序或資格條件造列名冊

↓

機關首長交付甄審委員會評審

↓

報請機關首長就前 3 名中圈定陞補

機關首長對報請圈定人選有不同意見，退回重行改依其他甄選方式辦理時，應加註理由。

↓

如內陞，由機關視授權情形，自行核發派令或向上級機關陳報派免建議函

如外補，由機關視授權情形，自行發函商調或由上級機關函商

UNIT **5-5** 甄審委員會

各機關辦理公務人員之陞遷，除鄉（鎮、市）民代表會外，應組織甄審委員會，辦理甄審（選）相關事宜，以踐行民主參與機制。

(一) 組成

❶ **人數及任期**：應置委員 5 人至 23 人。委員任期 1 年，期滿得連任。

❷ **性別比例**：組成時委員任一性別比例不得低於 1 / 3。此規定僅限於「組成時」，考量日後如有票選委員退離而須重選或遞補時，仍應尊重票選結果，不能為了符合比例而限定遞補委員的性別。

❸ **委員及組成**：甄審委員會的組成包括指定委員及票選委員，由機關首長指定其中 1 人為主席，主席因故未能出席會議者，得由主席就委員中指定 1 人代理會議主席。

①指定委員：機關首長就本機關人員中指定，亦得就組織法規所定本機關兼任副首長及一級單位主管中指定。

人事主管人員應為當然委員，得由組織法規所定兼任人事主管人員擔任。

各主管機關已成立公務人員協會，指定委員中應有協會代表，但如協會拒絕推薦代表者，不在此限。

②票選委員：每滿 4 人應有 2 人由本機關人員票選產生，本機關人員得自行登記或經本職單位推薦為票選委員候選人。選舉採普通、平等、直接及無記名投票，並得採分組、間接、通訊等票選方式，辦理票選作業人員應嚴守秘密及公平、公正原則。

❹ **例外**：編制員額較少或業務性質特殊之機關，經主管機關核准者，人員陞遷甄審（選）得由上級機關統籌辦理。

甄審委員會必要時得與考績委員會合併，但若是上述統籌辦理的情形則不得合併。

如機關人員任一性別比例未達 1 / 3，有極端的「陽盛陰衰」或「陰盛陽衰」情形，則以機關人員性別占比計算，並有最低人數限制。

(二) 職掌

甄審委員會辦理下列事項：

❶陞遷候選人員資績評分或資格條件之審查；❷面試及測驗方式之決定；❸陞遷候選人員名次或遴用順序之排定；❹機關首長交議事項之研議；❺其他有關陞遷甄審事項；❻其他法規明定交付審議事項。

(三) 會議運作程序

委員會應有全體委員過半數出席，始得開會；出席委員半數以上同意，始得決議，但如有應行迴避的出席委員，於決議時不計入該案件出席人數。若可否均未達半數時，主席可加入任一方以達半數同意，所以主席一開始並不參與投票。

審議案件有疑義時，委員會得調閱有關資料，必要時並得通知有關人員或其主管到會備詢，詢畢退席。開會時，除工作人員外，均不得錄音、錄影。

(四) 迴避義務

各機關辦理陞遷業務人員訂有保密及迴避義務，包括甄審委員會委員、與會人員及其他有關工作人員。如人員未自行迴避時，得由與會人員申請迴避，或由主席命其迴避。

委員會組成及人數

應置委員 5 人至 23 人。每滿 4 人應有 2 人由本機關人員票選產生。
➡ 不等於票選委員占 1/2 人數比例，常見組成情形：

案例 1
○○●●
○○○

甄審委員會總人數 7 人，其中指定委員 5 人、票選委員 2 人。

案例 2
○○●●
○○●●
○

甄審委員會總人數 9 人，其中指定委員 5 人、票選委員 4 人。

案例 3 （非屬常見情形）
○○●●
○○●
○○

甄審委員會總人數習慣上多為單數，較少有此型態。

○為指定委員；●為票選委員。

委員會組成及性別

104 年始增列「組成時委員任一性別比例不得低於 1/3」規定
➡ 實務運作上多改採以下程序：

❶ 決定委員會總人數：
○○●●
○○●●
○○○

如甲機關之甄審委員會總人數 11 人，其中 4 人應為票選委員，餘 7 人為指定委員。

❷ 先辦理委員票選，選舉結果依得票數高低（票數較高者由左至右，由上至下依序排列）：

男 男
男 女 票選正取委員男性 3 人、女性 1 人。

男 女
女 票選候補委員 3 人，性別依序為男、女、女。

❸ 再簽陳首長，依性別比例指定委員：

本案例總人數 11 人，任一性別應至少 4 人。故機關首長應至少指定 3 名女性委員及 1 名男性委員。

❹ 日後如有票選委員出缺，仍尊重票選遞補序，無須遷就性別比例：

如因女性票選委員調離並依序遞補，致女性比例低於 1/3，仍符規定。

※ 本案例中，甲機關無「本機關人員任一性別比例未達 1/3，委員任一性別人數以委員總人數乘以該性別人員占本機關人員比例計算，計算結果均予以進整，該性別人員人數在 20 人以上者，至少 2 人」之特殊情形。

會議運作案例

甄審委員會總人數 11 人 ┈┈▶ （均含主席）

本次會議出席 8 人 ◀┈┈ ✓ 過半數出席，會議有效

第一案：
討論後 4 人同意，3 人不同意。
➡ 議決通過。
（主席當中不得參與投票議決）

第二案：
❶ 1 人應迴避。
❷ 討論後 4 人同意，2 人不同意。
➡ 議決通過。
（迴避委員不計人數，主席當中不得參與投票議決）

第三案：
❶ 1 人應迴避。
❷ 討論後 3 人同意，3 人不同意。
❸ 主席始加入同意（或不同意）方，以達半數以上。
➡ 決議通過（或不通過）。

UNIT **5-6**
免經甄審（選）、優先陞任、不得陞任

陞遷法雖明定各機關職務出缺或調動時，原則均應透過公開、公平、公正過程，但若只一味遵照程序甚或只有程序，恐阻礙靈活用人或因缺乏把關而反失合理。因此，陞遷法中另規範可免經程序、優先或不得陞任的情形，而此 3 大類型在 112 年均有不少修正。

(一) 免經甄審（選）

❶ **考試分發職缺**：用人機關依規定申請分發考試及格人員分發任用之職缺，無須辦理陞遷評定作業。

❷ **公開甄選程序的除外規定**：如配合組改移撥安置人員、列等相當並經甄審會同意 2 人以上對調、須定期遷調以加強歷練的駐外人員等特殊情形，不須經過甄審（選）程序。

❸ **同一序列職務調任**：本機關陞遷序列表同一序列各職務間之調任，得免經甄審程序。可視業務實際需要彈性調整，也自無須訂定資格條件審查項目。

❹ **因育嬰留職停薪自願調任較低職務者**：此為 112 年新增情形，賦予機關實務運作的彈性，也兼顧人員回職復薪時的保障。

❺ **中高階管理性質職務**：為使機關首長能選用理念相同人員擔任所屬機關首長、副首長或中、高級主管等職務，而不用受到陞遷法中有關陞遷序列、公開評分積分、甄審程序的限制，於第 10 條明定免經甄審（選）職務，無論是由本機關人員或外機關人員遞補，均得由本機關或其上級機關首長核定逕行陞遷。但仍須受第 12 條不得陞任消極條件的限制。

此外，並擴大准許機關首長亦得免經甄審（選）程序，將人員再逕予調整至其他職務。但若屬於陞任情形，仍應辦理甄審（選），除尊重機關首長用人權之餘，依然能兼顧建立公平合理制度，保障公務人員陞遷權益。

❻ **職務遷調**：為培育人才，增進行政歷練，明定各機關對所屬人員應實施職務遷調。遷調規定則授權由各主管機關訂定，因為屬於行政規則，故得免經甄審（選）程序，以符合陞遷法實施遷調的意旨。

(二) 優先陞任

明定各機關人員得免經甄審優先陞任的積極要件（須經甄審會同意），以拔擢優秀人才。其中經考試及格分發，但分發時尚無相當職等職務可資任用，只好先以較低職務任用者，當機關有相當職等的職務出缺時，應較其他條件人員優先陞任，始符合考用合一原則及公平合理。

(三) 不得陞任

如故意犯罪經判刑確定、受懲戒或懲處處分等情形，皆明定不得辦理陞任，以符擇優陞任精神。112 年並增加因酒駕、性騷或跟騷受處分情形，以應社會對公務人員品德操守期待，此外，因由原資績更強化為功績導向，112 年也刪除不滿 1 年不得陞任的規定，但是否會有歷練不足卻能短期快速陞任的直升機式拔擢親信情形，還留待考驗。

此外，還有帶職帶薪進修、留職停薪期間（育嬰留停可於陞任之日實際任職者除外，為友善生養職場措施）等，亦不得陞任，且符公平原則。不得陞任的規定於外補時也同樣適用。

免經甄審（選）

考試分發職缺	**陞遷法第 5 條第 1 項：** 各機關職缺除依法申請分發考試及格或免經甄審（選）外，應就具有該職務任用資格人員，本功績原則評定陞遷。
公開甄選程序之除外規定	**陞遷法第 5 條第 3、4 項（112 年修法）：** 各機關職缺如由外補時，除下列人員外，應公開甄選： ❶ 因配合政策或組織精編，須移撥安置人員。 ❷ 職務列等相同且職務相當，並經各甄審會同意核准 2 人以上互調人員。 ❸ 依主管機關陞調法令，實施遷調之駐外人員。 ❹ 因組織調整或業務需要，非自願性改派較低職務，後再調任原相當職務。
同一序列職務調任	**陞遷法第 8 條第 2、3 項（112 年修法）：** 本機關同一序列各職務間之調任，得免經甄審程序。 因育嬰留停自願調任較低職務，於回職復薪調任原職或同一序列職務。
中高階管理性質職務	**陞遷法第 10 條：** 下列職務得免經甄審（選），由首長逕行核定，不受第 12 條第 1 項第 7 款限制： （共 5 款）機關正副首長、正副幕僚長、內部一級主管、較一級業務主管列等為高、駐外機構簡任第 12 職等以上職務。 前項各款人員依規定再調任，得免經甄審（選）。但屬陞任情形者除外。
職務遷調	**陞遷法第 13 條：** 各機關對列等及職務相當人員，應實施各種遷調： （共 5 款）本機關、所屬機關或相互間之單位主管、副主管、非主管人員、所屬正副首長間。 前項各種遷調，得免經甄審（選）；遷調規定，由各主管機關定之。

優先陞任（陞遷法第 11 條，共 6 款）

❶～❸ 最近 3 年內曾獲頒功績獎章、楷模獎章或專業獎章（不含服務獎章）；一次記二大功專案考績有案、當選模範公務人員。
❹ 最近 5 年內曾獲頒勳章、公務人員傑出貢獻獎個人獎。
❺ 經考試及格分發，先以較低職務任用。
❻ 依其他法律規定得優先陞任條件。

不得陞任（陞遷法第 12 條，共 9 款，內陞／外補皆適用）

❶ 最近 3 年因故意犯罪，有期徒刑確定。但緩刑宣告不在此限。
❷～❸ 最近 2 年依懲戒法受撤職、休職或降級處分；依考績法受免職處分。
❹～❺ 最近 1 年依懲戒法受減俸、記過處分；考績列丙等，或平時考核一大過處分。
❻ 最近 1 年因酒駕、對他人性騷擾或跟蹤騷擾致平時考核記過一次以上處分。
❼ 經機關核准帶職帶薪全時訓練或進修 6 個月以上，於訓練或進修期間者。但配合政府重大政策且結束後指定擔任特定業務工作，不在此限。
❽ 經機關核准留職停薪期間者。但配合公務借調留停、育嬰留職停薪人員得於陞任之日實際任職者，不在此限。
❾ 依法停職期間或奉准延長病假期間。

UNIT 5-7
職務遷調（含職期輪調）

(一) 目的功能

❶ **增進歷練培育**：人員在陞任主管或較重要職位之前，應先培育其具備相關各種職務的熟稔經驗，另遷調也可培養現職人員其他專長，便於組織在面對突發狀況時能予以應變調度。

❷ **人事適度調適**：任何組織多少都會出現如興趣不合、勞逸不均或人地不宜的情形，透過遷調除可適度活絡調整外，亦能增加職務挑戰性與新鮮度，提振因久任一職而可能產生的倦怠感。

❸ **防止弊端**：有些職務涉及利益分配的否准權或界限把關，不宜久任，以防止弊端。另遷調也能對工作不力但未達相當嚴重程度者，先予警惕告誡，避免未來更嚴重的憾事發生。

(二) 陞遷法之職務遷調

由於公務人員的身分及俸給等級皆受有保障，為避免政治首長「假遷調之名，行濫權之實」對本機關及所屬機關濫用權限，故遷調及輪調實施範圍都以「相當」為大前提，即遷調前後的兩個職務，其職務列等、職責程度、職稱代表高低等，均需未有變動或均屬相當。

陞遷法第 13 條所規定職務間的遷調範圍，得免經甄審（選），並授權由主管機關配合職務性質及業務需要訂定實施。是屬於主管機關與所屬機關間的較大範圍遷調。

另陞遷法第 8 條第 2 項也有讓各機關首長可針對所屬人員的遷調規定，於本機關陞遷序列表中同一序列各職務間的調任，得由機關首長逕予核定，不須經過評分、送甄審委員會審議等法定甄審程序。

(三) 一條鞭系統之輪調

我國特有的「準封閉性」人事、主計以及政風一條鞭系統，為能真正發揮專業幕僚精神，同時避免這三類幕僚性監督者的中立受到質疑，對於其人員均有強制性的職期輪調規定，其中又以政風系統最為嚴格。

各級人事主管，除人事管理員外，應實施職期調任，職期 3 年，得連任 1 次。特殊情形得於連任屆滿後延長 1 年；主計主管職務出缺，應先配合辦理職務遷調，職期 4 年，得連任 1 次，特殊需要得再延長 1 年；政風主管人員及佐理人員，均應實施職期輪調，主管人員職期 3 年，得連任 1 次，佐理人員職期為 6 年，均無再延長規定。職期屆滿人員，法務部得視職缺狀況，定期或不定期辦理陞任或遷調。

(四) 駐外人員及其他

駐外人員因外交推動所需，本應貫徹內外輪調制度，以加強駐外歷練，現於「駐外外交領事人員任用條例」及「外交部駐外人員輪調作業要點」中，均已定有遷調規範。一次駐外期間（可在各駐外機構間調任）以不逾 6 年為原則，任滿調回外交部服務。經延長者，一次駐外期間合計不得逾 9 年。

另教育部、科技部、經濟部、交通部觀光局等，也都針對其派駐境外人員，訂有輪調作業規定。

辦理出納業務人員，依「出納管理手冊」，亦有每 6 年至少職務或工作輪換一次的規定。

陞遷法之遷調規定

主管機關及其所屬機關之遷調（陞遷法第 13 條）

- 各機關對職務列等及職務相當之所屬人員，應配合職務性質及業務需要，實施各種遷調，得免經甄審（選）；遷調規定，由各主管機關定之。
- 指列等相同或均為跨列職等職務，所列最高職等相同最低職等不同，及同為主管、同為副主管或同為非主管職務。但第 3 款所定本機關主管人員與所屬機關副首長得視為職務相當。

第 1 款　本機關內部單位主管間或副主管間之遷調

第 2 款　本機關非主管人員間之遷調

第 3 款　本機關主管人員與所屬機關首長、副首長或主管人員間之遷調

第 4 款
所屬機關首長、副首長或主管人員間之遷調

第 5 款
本機關與所屬機關間或所屬機關間非主管人員之遷調

各機關首長之權責範圍（陞遷法第 8 條第 2 項）

- 本機關同一序列各職務間之調任，得免經甄審程序。

如：某機關陞遷序列表（節錄）

序列	職稱	職務列等
三	薦任秘書 專員	薦 8-9 薦 7-9
四	科員	委 5／薦 6-7

內部單位 A	內部單位 B
薦任秘書	專員
科員	科員

一條鞭系統之職期輪調

人事系統	主計系統	政風系統
行政院所屬各級人事機構人員設置管理要點	主計機構編制訂定及人員任免遷調辦法	政風人員陞遷甄審作業要點
人事主管一任 3 年，得連任一次（人事管理員除外）。特殊情形得延長 1 年。	主計主辦人員職期 4 年，得連任一次。特殊情形得延長 1 年。	政風主管人員職期 3 年，得連任一次。佐理人員職期 6 年。但有第 9、10 點情形，得隨時調整。

UNIT **5-8**
官等、職等晉升

任用法第9條任用資格的三大原則中，包含「依法升等合格」，所指的就是指官等或職等的晉升。兩者因本質內涵不同，在晉升上也分別有不同的規定。

(一) 官等晉升

以任用法的定義，官等是指「任命層次及所需基本資格條件範圍之區分」，而任命層次帶有身分資格高低的意涵，以「人」為中心，也就是我們比較容易瞭解的高階、中階及初階公務員的概念，須考量整個人的多元面向，是否具備足夠能力及資質，能夠被拔擢到更高等級的職務，承擔更多且更重的責任。目前官等晉升採考試、訓練併行的雙軌制度。

此外，留職停薪期間因為不符合「現任」的基本條件規定，不具參加考試資格，也不具薦送訓練資格。

❶ **考試方式**：針對一般公務人員只剩「薦任升官等考試」1種，目前多為間年舉辦。原本的委任升官等考試、簡任升官等考試都已走入歷史。

另外，關務人員、警察人員亦分別訂有升官等考試規定。

❷ **訓練方式**：任用法第17條第2項及第6項分別規定具有一定資格條件（包含考試、學歷、考績、晉敘情形等），再經晉升官等訓練合格者，取得升任簡任及薦任官等任用資格。另112年修正的專技轉任條例，新增訂第9條規定，也可以訓練方式取得簡任官等任用資格。

其中對於經訓練取得薦任官等資格者，可擔任職務的最高職等另受有限制。

(二) 職等晉升

同樣按照任用法的定義，職等則是指「職責程度及所需資格條件之區分」，其中職責程度則具體展現在工作表現上，以「事」為中心，也就是績效表現的優劣，所以在晉升的方式就以考績等次作為設計主軸。

特別要說明的是，職等晉升規定必須在「同官等內」的大前提下，所以並不適用跨越官等的情形。

❶ **搭配考績等次**：公務人員考績法第11條規定，人員當年全年12個月均任同一職等所辦理的年終考績，如果有2甲或1甲2乙的情形，取得同官等高一職等之任用資格。

政務人員、教育人員或公營事業人員轉任公務人員的併資考績，若轉任前與轉任後職務職等相當或較高者，當年度所辦理的考績也可採計。

❷ **限制規定**：升職等或升官等訓練所採計的必須是全年以同一職等辦理的「年終考績」，如果是任職不滿1年但已達6個月所辦理的「另予考績」，則不能採計。

此外，以不同官等職等辦理的併資考績，原則上也不能採計，因為如有年度中陞任情形，當年度已經以較高資格辦理年終考績，若之後又可採計而陞任更高職等，會有重複採計的不公允情形。不過若是因為降調，基於高資可以低採的精神，則可採計。

官等、職等晉升

官等晉升	官等	職等	職等晉升

官等晉升

任用法第 17 條
第 1 項 ➡ 經升官等考試
第 2 項以下 ➡ 經考績加訓練
專技轉任條例第 9 條

- 薦任升簡任途徑
  - 升官等考試及格（已廢止）
  - 升官等訓練合格（任用法、專技轉任條例）
  - 甲等特考及格（已廢止）
- 委任升薦任途徑
  - 升官等考試及格
  - 升官等訓練合格（但任職列等受限）
  - 高考或相當特考以上及格
- 雇員取得委任資格途徑
  - 委任升等考試及格（已廢止）
  - 初等、普考或相當特考及格

官等 / 職等

官等	職等
簡任	14
	13
	12
	11
	10
薦任	9
	8
	7
	6
	5
委任	4
	3
	2
	1
雇員	

職等晉升

考績法第 11 條
考績法施行細則第 10 條

同官等內之年終考績
2 年甲等，或
1 年甲等 2 年乙等
➡ 取得高一職等任用資格
（於該職務列等內）

故不適用於：
✗ 薦 9 ➡ 簡 10
✗ 委 5 ➡ 薦 6

考績運用限制

升官等訓練採計限制	升職等採計限制

升官等訓練採計限制

（任用法第 17 條第 8 項）

✗ 不得作為晉升職等之考績、年資包括：
- ✗ 另予考績
- ✗ 低併高之併資年終考績
- ✗ 受懲戒處分考績

✗ 同官等內調任低職等職務仍以原職等任用之考績、年資

曾任技正（已敘薦 9）自願降調技士（列等為委 5 / 薦 6-7）

➡ 仍以薦 9 任用，並以薦 9 辦理考績

升職等採計限制

✗ 另予考績（考績法第 11 條第 2 項）

如： ┃3 月 ────────── 12 月➡
連續任職期間已達 6 個月

併資年終考績

✗ 低併高（考績法第 11 條第 2 項）

 ┃6 月 ── 12 月➡
┃1 月 ─ 5 月┃調升專員（敘薦 8）
科員（敘薦 7）

如專員列等為薦 7-9，此年終考績不得採計為晉升薦 9 之用

✔ 高併低（考績法第 11 條第 2 項但書）

 ┃1 月 ── 8 月┃
機要人員（敘薦 6）┃9 月 ── 12 月➡
回任辦事員（敘委 3）

如辦事員列等為委 3-5，此年終考績可採計為晉升委 4 之用

✗ 受懲戒處分考績（考績法施行細則第 10 條）
經懲戒處分受休職、降級、減俸或記過人員，在不得晉敘期間考列乙等以上者，不能取得升等任用資格。

UNIT **5-9** 升官等考試

圖解現行考銓制度

以考試的實際功能而論,是否具有擔任較高官等所需的能力與潛質,恐怕難以單憑一次性紙筆測驗成績高低就能真正測度出來,就決定更高官等資格,面向未免狹隘,所以升官等考試有逐漸取消的趨勢,任用法第 17 條第 1 項也在 111 年修正為「公務人員官等之晉升,應經升官等考試及格或晉升官等訓練合格」。目前升官等考試的主要依據為「公務人員升官等考試法」。

(一) 意涵

現職公務人員所任職務的官職等級與服務年資已經符合一定規定條件者,得參加晉升考試(或晉升訓練),及格者取得高一官等的任用資格,但仍須擔任較高官等職務,始以該較高官等任用。換句話說,縱使已經具有任用資格,如果沒有占到較高官等的職缺,獲任用補實,也還是只能銓敘原本的官等資格,與依據考試法辦理公開競爭的任用考試不同,為資格考試的性質。

(二) 升官等考試種類

❶ 簡任升官等考試(已取消):具有法定任用資格現任薦任或薦派第 9 職等人員 4 年以上,已敘薦任第 9 職等本俸最高級者,得報考現任或曾任職系類科之簡任升官等考試。繼續以技術人員任用、依專技轉任條例轉任人員,如有前開所規定的年資、俸級條件,也可應考,但限制僅可報考當初該技術職系或該轉任職系之升官等考試。

由於簡任屬於機關內的高級文官職務,職缺數極少,為了避免紙筆測驗無法篩選出有溝通能力、團隊管理合作、

國際觀的領導人才,或工作不力者卻能透過考試就取得升任高官資格的現象,103 年修正升官等考試法,自 109 年起陞任簡任資格全由升官等訓練代替,改採訓練單軌制。

❷ 薦任升官等考試:具有法定任用資格現任委任或委派第 5 職等人員滿 3 年,已敘委任第 5 職等本俸最高級,得應薦任升官等考試,以技術人員任用、專技轉任人員的應考,可報考職系規定,都與前開簡任升官考試相同。

另外,經升官等訓練合格的薦任人員,因為所任最高職等職務受有限制(第 7 或 8 職等),為提供其繼續升遷途徑,也納入准予再參加薦任升官等考試資格。

❸ 委任升等考試(已取消):原本規定現職雇員已支雇員本薪最高薪點滿 1 年者,得應委任升等考試。但雇員進用並沒有經過公開競爭的初任考試,又不屬於任用法規定的公務人員,不宜透過錄取率較高的升等考試即取得正式任用資格,故於 88 年廢止該項考試,並訂定修法後繼續辦理 5 次為限的落日條款,已於 94 年走入歷史。

(三) 其他晉升官等(資位)考試

關務人員、警察人員、交通事業人員等另有分等規定者,其升等考試規則由考試院另定。

公務人員考試法與升官等考試法的比較

	公務人員考試法之考試	公務人員升官等考試法之考試
主要種類	高考一、二、三級考試，普通考試、初等考試一、二、三、四、五等特種考試	簡任升官等考試（條文仍在）薦任升官等考試
性質	公開競爭的任用考試（正額錄取）	限制競爭之資格考試
錄取人數	須配合任用機關之任用需求，並兼顧考試成績，錄取人員應予分發任用。另配合彈性有增額錄取。	訂有錄取人數上限，以避免浮濫錄取，考試與任用需求無關，並不予分發任用。

升官等考試主要規定

	簡任升官等考試	薦任升官等考試
應考資格	● 基本條件（本項考試 109 年起取消） ✔ 現任薦任（派）9 職務 ✔ 任薦 9 職務 4 年以上 ✔ 已敘薦 9 本俸最高級 ● 其他資格條件（擇一） • 具有法定任用資格者 • 以技術人員任用者 • 專技轉任者	● 基本條件 ✔ 現任委任（派）職務 ✔ 任委 5 職務滿 3 年 ✔ 已敘委 5 本俸最高級 ● 其他資格條件（擇一） • 具有法定任用資格者 • 改任換敘之技術人員 • 銓敘審定繼續以技術人員任用者 • 依專技轉任條例轉任公務人員者 ● 例外放寬可報考人員 • 以技術人員任用之現任薦 6-9 等人員 • 專技轉任之現任薦 6-9 等人員
報考類科限制	！ 現職人員報考升官等考試，以現任或曾任職系之類科為限。 ！ 技術人員改任換敘、繼續以技術人員任用、專技轉任人員，僅得應經銓敘審定之各該職系升官等考試。 ！ 技術類科如依法律規定須領有專門職業證書始能執行業務者，應具各該類科證書始得報考。	
錄取人數分數	錄取人數上限，依各類科全程到考人數 33% 擇優錄取，計算錄取人數遇小數點時，採整數予以進位錄取。 總成績未達 50 分，或筆試科目有一科成績為 0 分，或特定科目未達規定最低分數者，均不予錄取。缺考科目以 0 分計算。	

UNIT **5-10** 升官等訓練

任用法第 17 條最原始的規定其實只有薦任升簡任的年資、考績、考試或學歷、俸級等資格要件,不須經過訓練,85 年修法先增加了委任升薦任的資格要件加訓練規定,91 年才增加薦任升簡任也須經訓練合格,以提升人員的能力及素質。以往的做法是每年度均將符合參訓資格者全員調訓,但在僧多粥少的情形下(簡任官等職務僅占全國簡薦委制公務人員的 5% 上下),每年花費大筆時間及金錢開班辦訓,卻僅少數人能真正獲得晉升,因此近年來均明定調訓比例,積分計算方式也多有修正,從嚴落實淘汰機制,強化訓練成效。

升官等訓練的權責機關為公務人員保障暨培訓委員會,資格條件主要規定在任用法第 17 條及 112 年修正的專技轉任條例第 9 條,至於實施方式、調訓比率、成績計算等,則另依考試院訂的訓練辦法辦理。

(一) 薦任升簡任訓練

參訓資格條件包括:合格實授現任薦任第 9 職等、以該職等職務辦理的年終考績最近 3 年中有 2 年甲等、1 年乙等以上、已敘第 9 職等本俸最高級者,並具有下列資格之一:

❶ **考試加年資**:經高考或相當等級考試及格,並任第 9 職等職務滿 3 年者。專技高考轉任人員參訓資格 112 年起也可縮短為 3 年年限。

❷ **學歷加年資**:經大學或獨立學院以上學校畢業,並任第 9 職等職務滿 6 年者。

(二) 委任升薦任訓練

參訓資格條件包括:合格實授現任委任第 5 職等,也是以該職等職務辦理年終考績最近 3 年列 2 甲 1 乙以上、已晉敘至第 5 職等本俸最高級者,並具有下列資格之一:

❶ **考試加年資**:經普考或相當等級考試及格,並任第 5 職等職務滿 3 年者。

❷ **學歷加年資**:經高中畢業,並任第 5 職等職務滿 10 年、或專科畢業並任職滿 8 年、或大學(含獨立學院)以上畢業並任職滿 6 年者。專技普考轉任人員並未放寬,仍以此款規定辦理。

需特別注意的是,委升薦訓練及格人員,任職職務列等有上限天花板規定,如具碩士學歷者可以再稍微高些,但升官等考試及格人員的晉升則不受限制。

經依大法官會議第 611 號解釋,此限制尚在母法合理解釋範圍之內,並不違反憲法第 18 條保障人民服公職的權利。

(三) 其他採計及資格限制

併資期間(包含降調)、權理期間、懲戒處分不得晉敘期間的考績、年資,均不得採計。

檢定考試、檢覈考試、專技考試(112 年放寬的專技高考除外)等均不屬於升官等訓練所認可的考試資格。

經審定「以技術人員任用」人員,因為是以學、經歷進用,與審定合格實授人員有別,無法參加升官等訓練。

升官等訓練

	薦任升簡任訓練	委任升薦任訓練
法令規範	公務人員任用法第 17 條第 2～5 項、專技轉任條例第 9 條、薦任公務人員晉升簡任官等訓練辦法	公務人員任用法第 17 條第 6～7 項、委任公務人員晉升薦任官等訓練辦法
資格條件	● 基本條件： ✓ 合格實授薦 9 審定 ✓ 現任薦 9 職務 ✓ 以薦 9 職務辦理的年終考績，最近 3 年列 2 甲 1 乙以上 ✓ 已晉敘至薦 9 本俸最高級 ● 其他資格條件（擇一）： • 考試 經高考、相當等級之特考、薦任升等考等考試；轉任人員經專技高考或相當等級考試及格 ✚ 年資 並任合格實授薦 9 職務滿 3 年者。 或 • 學歷 經大學或獨立學院以上學校畢業 ✚ 年資 並任合格實授薦 9 職務滿 6 年者。 ※ 以上均指任合格實授薦 9 職務	● 基本條件： ✓ 合格實授委 5 審定 ✓ 現任委 5 職務 ✓ 以委 5 職務辦理的年終考績，最近 3 年列 2 甲 1 乙以上 ✓ 已晉敘至委 5 本俸最高級 ● 其他資格條件（擇一）： • 考試 經普考、相當普考之特考或相當委 3 以上之銓定資格考試或於本法施行前經分類職位第 3-5 職等考試及格 ✚ 年資 任合格實授委任第 5 職等職務滿 3 年者。 或 • 學歷 ✚ 年資 ： 經高中畢業，並任職滿 10 年，或專科畢業，並任職滿 8 年，或大學、獨立學院以上畢業，並任職滿 6 年者 ※ 以上均指任合格實授委 5 職務
取得資格	經升官等訓練合格者，取得升任簡任第 10 職等任用資格	經升官等訓練合格者，取得升任薦任第 6 職等任用資格
陞任限制	無	擔任列等最高薦 7 以下職務為限。但有碩士以上學位且最近 5 年薦 7 職務年終考績 4 甲 1 乙等以上者，得擔任列等最高為薦 8 以下職務。
訓期	採密集訓練方式辦理，訓期為 4 週。	
未通過者	● 訓練成績不及格者，次年度起符合受訓資格時，得由主管機關重新遴選後函送參加訓練。 ● 重新參加本訓練者，仍得核給公假，但應全額自費受訓。	

第 **6** 章

俸給制度

 章節體系架構 ▼

UNIT **6-1**
俸給原則

圖解現行考銓制度

公務人員俸給法中並沒有制度原則的法條規定，頂多只能把第 1 條「公務人員之俸給，依本法行之」看作是「依法支給」原則。其實就薪俸待遇制度而言，國內外不少學者專家都各有各的理論、架構模型或學說，甚至行政院研考會（組改後為國發會）也曾在 73 年提出待遇制度建立原則。

以待遇制度理論發展的大方向來看，以往較以官僚組織層級節制的管理建構，強調職務上一致性的「職務薪」，而之後受到激勵理論與企業型政府績效趨勢的影響，重視員工個人的價值，逐漸轉為可移動或流動的「人本薪」，甚至是強調組織間或單位間各有不同的「策略性待遇」。

(一) 內在衡平性

也有稱為內在公平性、內在一致性，是指組織內的各種職務、工作、技術或能力間的待遇關係，就職務與員工技術能力加以比較，經由相對高低排列後，在組織內形成一個高低職位之間具有衡平性的職務結構或待遇結構，也就是所謂的「同工同酬」（Equal pay for equal work）。換言之，即擔任責任輕重及工作繁簡難易大致相當職位的人員，由組織給予待遇幅度相同或相當的工作報酬，但不一定是相同數額，仍可視年資、績效等略有差異。

(二) 外在衡平性

也有稱為外在公平性、外在競爭性，強調某一職務工作者所獲得的待遇水準，應與其外部市場中相當職務工作所獲致的待遇相當。組織所提供的待遇水準若是經不起與外界的相互比較，在人力市場上就相對不具有競爭性，不容易吸引優秀人才加入，只不過薪水畢竟是組織一項長期不算小的支出成本，不可能只為搶人才而無限上綱，因此會自然形成一種衡平性，也可以看作是「市場行情價」的自然形成。

(三) 個人衡平性

員工並不比機器或物件，原本就有素質、潛能、領悟程度、態度、資經歷等個別差異，不能單只追求表面上齊頭式的平等。這個衡平原則取決於個人對組織的貢獻度，也就是根據員工個別工作表現，給予各類獎金報酬，甚至是調薪與否或幅度大小，也都根據員工的年資或工作績效而定。可以看作內在衡平性的延伸。

(四) 組織衡平性

除了個人之外，組織管理層面也要考量，主要是在程序面與管理面，組織在待遇的政策上必須有一連串的制度化措施，從預算編列到調整機制，甚至是決定的過程中是否有受影響者能夠參與討論、協商、意見表達的程序設計，又或是防止當權者不當操控的機制。

(五) 策略待遇

近年來很夯的議題，以 Milkovich & Newman（2005）所提出的模式來看，是將前面的四項原則與機關，甚至是個別單位的「策略目標」相結合，而不似以往將整個機關組織全劃入單一待遇制度運作。

俸給考量原則

內在衡平性 組織內各種工作、技術或能力
高低職位間的待遇衡平，即同工同酬

個人衡平性
員工待遇能反映對組織貢
獻度，包括年資、工作績
效等

**俸給政策
決定**

組織衡平性
組織待遇運作機制皆有公
開、透明及法制化規範

外在衡平性 組織所提供待遇水準應能與其
外界勞動市場衡平，始具有競爭性

其他學理上的俸給原則

張潤書 （1998， 行政學）	❶ 平等性（公平性）：即「同工同酬」原則，任何機關凡工作或等級相同人員，薪給應當一樣，才不致引起不平。中央與地方也應一視同仁，不能有差別待遇。 ❷ 適應性：薪給應與「物價指數」保持平衡，指數上揚時即隨之調整，不致使公務員吃虧。政府預算即使不能像私人企業般機動，至少每一會計年度要適度調整。 ❸ 平衡性：公務員的薪給能和社會上其他行業（工商界）保持平衡，即不能與工商界的薪水相差太遠，否則會造成人才分布的不平衡。 ❹ 效率性：薪給並不只是用以維持溫飽，有育樂方面需要金錢來支持，這些活動也能促進人員身心健康，保持精神愉快，工作效率自然隨之提高。 ❺ 年資性：凡公務員年資增加，而地位並未晉升時，其薪給亦應增加，用以獎勵人員工作辛勞，何況年資即經驗累積，比起新進人員或經驗不足者，當然貢獻要大。
行政院 研考會 （1984， 合理訂定 公務人員 待遇標準 之研究）	❶ 公平一致的原則：凡擔任質量相同的工作，應給予同等的待遇，亦即要同工同酬。 ❷ 經濟均衡原則：以最適當的薪資僱用才幹較強的人員，並須與民間企業取得均衡。 ❸ 尊重年資原則：薪資應隨著公務人員年資之增加而予以提高，藉以獎勵員工辛勞。 ❹ 簡明易算原則：薪資制度應使每一公務人員都能徹底明瞭，使其能瞭解自己的工作職等（級）內容、薪資計算方式及薪資多寡。 ❺ 實質平等原則：某種職務具有特殊危險性、困難性、專業性或職責繁重者，薪資必須有所加給。

策略性待遇理論模型

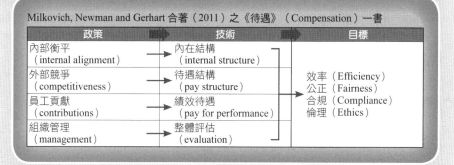

Milkovich, Newman and Gerhart 合著（2011）之《待遇》（Compensation）一書

政策	技術	目標
內部衡平 （internal alignment）	內在結構 （internal structure）	
外部競爭 （competitiveness）	待遇結構 （pay structure）	效率（Efficiency） 公正（Fairness） 合規（Compliance） 倫理（Ethics）
員工貢獻 （contributions）	績效待遇 （pay for performance）	
組織管理 （management）	整體評估 （evaluation）	

UNIT **6-2**
俸給相關名詞

公務人員俸給法第 3 條第 1 項規定，公務人員之俸給，分本俸（年功俸）及加給，均以月計之。經過銓敘審定的「俸（級）」與依法支領的「（加）給」，分別有不同的意涵以及計算方式。另外，「俸給」一詞是專屬公務人員的法定給與，受有保障，所以像聘用、約僱、雇員、工友等的薪水，都不可以用俸給一詞，而是另外用如薪給、餉給、報酬等名詞，以免產生適用上的疑義。

(一) 公務人員使用名詞

❶ **本俸**：係指各職等人員依法應領取之基本給與。

❷ **年功俸**：係指各職等高於本俸最高俸級之給與。

❸ **俸級**：指本俸及年功俸所分的級次，各職等均不盡相同。

職等越低，本俸與年功俸的級數越多；職等越高，本俸與年功俸的級數就越少。制度設計的目的在鼓勵較低官職等人員久任，以獎勵資深績優的基層人員。

另外委任第 5 職等及薦任第 9 職等的年功俸級數特別多，因考量不論中央或地方關鍵性職務的晉升官等並不容易，增加年功俸級數作為鼓勵。

只不過現行的各職等俸級的重疊性太高，所以陞遷後並沒有太大加薪效果，缺乏激勵誘因。而全國一致性的俸表，也有過於僵化的批評。

❹ **俸點**：係指計算俸給折算俸額之基數。也就是以俸點根據規定比例，折合為通用貨幣來計算俸額。俸點折算標準，則由行政院會商考試院定之。

目前是採取分段計算，在運用上可以彈性增減不同職務區塊間的俸額差距，

也可視國家財政狀況彈性調薪，而不需經漫長的立法程序修改俸表，維持法律的穩定性。

❺ **加給**：係指本俸、年功俸以外，因所任職務種類、性質與服務地區不同，而另加之給與。目前有職務加給、技術或專業加給、地域加給等三種。

❻ **俸給總額**：這才是公務人員俸額與各項加給計算總合後，所領取的每月薪水。如果單單只是依據本俸或年功俸所折算出來的數字，則稱為「俸額」。

本書後續所提到的許多制度，如考績獎金，是以俸給總額計算，但是生活津貼、公保給付等，則是以俸額計算。

(二) 其他人員使用名詞

❶ **薪級**：如派用人員、教育人員、雇員等，其本薪與年功薪的級次區分。加上加給，每月總薪水就稱為「薪給總額」。

❷ **餉級**：指技工友之本餉與年功餉之級次區分，行政院於「工友管理要點」中另訂有「各機關學校工友工餉核支標準表」。除工餉外，也可支領各項加給，每月薪水則為「餉給總額」。

❸ **報酬**：多用於聘用、約僱人員，分別按比照分類職位公務人員俸點支給報酬標準表，由行政院以令函的方式公告薪點折合率天花板上限，作為各機關視財政狀況決定的統一計算基準。另無法定加給可以支領。

公務人員俸級等級簡明表

官等		簡任					薦任				委任			
職等	14	13	12	11	10	9	8	7	6	5	4	3	2	1
俸級數　本俸	1	3	5	5	5	5	5	5	5	5	5	5	5	7
俸級數　年功俸	0	3	4	5	5	7	6	6	6	10	8	8	6	6

公務人員俸表說明（以 113.1.1 生效俸額為例）

- 俸額折算採分段累計：
  - 在 160 點以下：每俸點按 81.1 元折算；
  - 161～220 點：每俸點按 52.5 元折算；
  - 221～790 點：每俸點按 74.3 元折算。
  - 791 點以上：每點按 318.1 元折算。
  如有不足 5 元之畸零數均以 5 元計。（113 年 1 月 1 日生效）
- 各職等粗線以下為本俸，粗線以上為年功俸。
- 現行最低俸點為 160，最高俸點為 800。
- 以左圖放大區為例：
  - 委 5 年功俸 7 級、薦 6 年功俸 2 級、薦 7 本俸 5 級、薦 8 本俸 3 級，均為 475 俸點。
  - 折算後俸額均為 35,080。

  （160 點 *81.1 元）
  + （60 點 * 52.5 元） ➡ 161～220 點部分
  + （255 點 * 74.3 元） ➡ 221～475 點部分
  _____
  = 12,976 + 3,150 + 18,946.5 = 35,072.5

➡ 俸額為 **35,080**（不足 5 元，以 5 元計）

公務人員每月支領俸給總額案例

※ 均以薦任第 7 職等本俸 5 級計算

案例＼說明	俸額　本俸/年功俸	加給數額　技術或專業加給	職務加給	地域加給	俸給總額
一般行政人員，領專業加給表（二）	35,080	26,040	無	無	61,120
資訊人員，領專業加給表（二十）	35,080	30,120	無	無	65,200
一般行政主管人員，領專業加給表（二）	35,080	26,040	5,750	無	66,870
服務於澎湖馬公一般人員，領專業加給表（二），並領地域加給表離島地區第一級	35,080	26,040	無	7,700	68,820

- 調職計算：服務未滿整月者，按實際在職日數覈實計支；其每日計發金額，以當月全月俸給總額除以該月全月之日數計算。如 7 月 18 日調任新職機關，則由原服務機關發給俸給總額 *17/31，新職機關發給其餘 14/31 數額。
- 例外：但死亡當月之俸給按全月支給。

UNIT **6-3**
敘俸基本規定

圖解現行考銓制度

銓敘中的「敘」，是指權責機關（即銓敘部）對於通過銓選銓試人員，按照其資格與職責的配合，予以核敘品階，以現在的新人事制度而言，就是敘定官等、職等與俸級。晉敘、降敘、監督、保障等都有一定的規範要件。

(一) 晉敘

一般而言，公務人員本俸及年功俸的晉敘，主要是依據公務人員考績法的規定辦理。

現行規範以當年 1 至 12 月任職期間所辦理考核的年終考績，如果考列甲等或乙等，在該職等內仍有級可晉的前提下，都可以晉一級。另外，如果因為重大功績而辦理的一次記二大功專案考績，還可以再晉一級。

除了因為考績的關係晉敘，也有可能因為調任較高職務的關係而產生實質上晉升較高一級的晉敘。因此，為了衡平考量，考績法中另外有規定，如果在考績年度內已經依法晉敘俸級或因升任較高官職職務已敘較高俸級，該年度年底所辦理的年終考績如考列乙等以上時，則不再晉敘。但專案考績不在此限，惟在同一年度內又再因一次記二大功辦理專案考績者，也不再晉敘俸級。

(二) 降敘

由於公務人員保障法中，對於公務人員經銓敘審定的俸級，列為第二章中的實體權利保障事項，因此俸給法第 23 條便配合規定：經銓敘部銓敘審定之等級，非依本法、公務員懲戒法及其他法律之規定，不得降敘。

目前公務員懲戒法中規定有降級改敘的懲戒處分，且有一定期間不得晉敘規定。降級改敘的方式為：改敘所降之俸級、無級可降者應比照俸差減俸；日後如依法再予晉級時，自所降之級起遞晉、無級可降者則依所減之俸差逐年復俸。

除受降敘的懲戒處分外，自願調任低官等人員、辭職再任人員、三類轉任人員在初任或轉任行政機關辦理俸級核敘時，也有可能產生較原敘俸級為低的情形。

(三) 俸給監督機制

俸給法第 1 條即明定了「依法支給」的原則，各機關不得另行自定俸給項目及數額支給。公務人員之俸級經銓敘審定後，應由銓敘部定期將銓敘審定合格與不合格人員分別列冊彙送審計機關辦理查核。如有未經權責機關核准而自定項目及數額支給或不依規定項目及數額支給者，審計機關應不准核銷，並予追繳。

銓敘部並會同審計部訂有「銓審互核實施辦法」，當中對於人事主管與會計主管的把關都有規定。

(四) 俸級審定不服之救濟

公務人員的俸級經銓敘部銓敘審定後，如有不服，是可以依照公務人員保障法規定提起救濟；如有顯然錯誤，或有發生新事實、發現新證據等行政程序再開事由，則可以依行政程序法相關規定辦理。

晉敘規定（簡述）

- 公務人員俸給法第 16 條第 1 項
  公務人員本俸及年功俸之晉敘，依公務人員考績法之規定。
- 公務人員考績法第 7 條第 1 項
  年終考績獎懲依左列規定：
  ① 甲等：晉本俸（或年功俸）一級，並給與……。
  ② 乙等：晉本俸（或年功俸）一級，並給與……。
  ③ 丙等：留原俸級。
  ④ 丁等：免職。
- 公務人員考績法第 10 條
  年終考績應晉俸級，在考績年度內已依法晉敘俸級或在考績年度內升任高一官等、職等職務已敘較高俸級，其以前經銓敘審定有案之低官等、職等職務合併計算辦理高一官等、職等之年終考績者，考列乙等以上時，不再晉敘。但專案考績不在此限。
- 公務人員考績法第 12 條第 1 項第 2 款第 1 目
  專案考績，於有重大功過時行之；其獎懲依左列規定：
  ① 一次記二大功者，晉本俸（或年功俸）一級，並給與……。但在同一年度內再因一次記二大功辦理專案考績者，不再晉敘俸級，改給……。

※ 有關上開晉敘規定，對已敘本俸最高級者，可晉敘至年功俸一級；但已敘年功俸最高級者，均無級可晉。

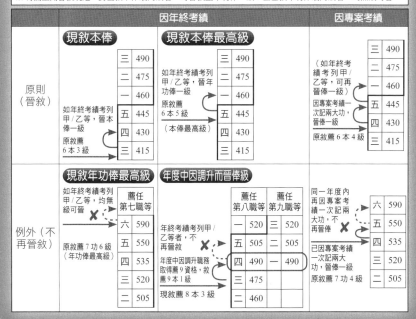

降敘規定

- 公務人員保障法第 14 條
  公務人員經銓敘審定之俸級應予保障，非依法律不得降級或減俸。
- 公務員懲戒法第 15 條
  降級，依受懲戒人現職之俸（薪）級降一級或二級改敘……。
  受降級處分而無級可降者，按每級差額，減其月俸（薪）……。
- 公務人員俸給法第 20 條
  （第 1 項）降級人員，改敘所降之俸級。
  （第 2 項）降級人員在本職等內無級可降時，以應降之級為準，比照俸差減俸。
  （第 4 項）給與年功俸人員應降級者，應先就年功俸降級。

UNIT **6-4**
敘俸 —— 起敘、換敘、提敘、比敘

除了初任考試的起敘外，因我國人事制度多樣，又有退伍軍人任用優待，不同制度間的轉換或比照，也分有規定。

(一) 初任考試及格人員起敘

俸給法第 6 條中規定初任各官等職務人員的起敘等級，又各機關因層級高低不同，提報考試職缺的職務列等也有高低，同條亦明定先以較低職等任用的起敘。另外，我國的考試曾經歷了高考不分級、分兩級、現分三級的規定，特考等級變化更大，在條文中均有起敘明文。

另試用人員改為實授者，仍敘原俸級。所以試用及格後，俸級仍然不變。

(二) 升官等人員起敘

無論是升官等考試及格，或是升官等訓練合格，擔任較高官等職務時，均以該官等最低職等的本俸最低級起敘。其實人員當初報考或參訓資格都以敘原官等最高職等本俸最高級為基本條件之一，所以如果從我國重疊的階梯式俸表看來，也就相當於晉升 1 個俸級。

人員如在原官等已敘較高年功俸，則可敘較高官等最低職等中相同俸點的本俸或年功俸。

(三) 換敘

指人員不依原本所適用的俸給法規，而改以其他種類職務的俸給法規來銓敘資格與俸級的轉換過程，例如因人事制度改革而從簡薦委制改為現行的官職併立制、公營事業人員轉任為行政機關人員、因機關改制使原本無需任用資格人員的依法改任為適用任用法人員等情形，都須經過換敘的過程。

(四) 提敘

同樣是因轉換身分別或取得初任資格，如有符合法定要件，可以作為核計加級以提高原本俸級敘定的採計過程。一般大多遵循高資可以低採，低資不得高採，且同一年資不得重複採計的原則，以示公平。

原則上大多先依其考試及格所具資格或曾經銓敘審定有案的職等敘定俸級，另外如有「性質相近」且「服務成績優良」的任職年資，則得採計提敘，除行政機關人員、公立學校教育人員、公營事業人員的三類相互轉任規定外，聘僱年資、軍職年資、公立職訓機構職訓師、公立社教機構專業人員、公立學術研究機構研究人員、政務人員、直轄市長、民選縣市、鄉鎮市長等，也都可以辦理提敘，有些只能提至本俸最高級，有些則可提至年功俸最高級。

(五) 後備軍人比敘

其實就相當於前述先起敘、後提敘的過程。依據後備軍人轉任公職考試比敘條例及其施行細則規定，後備軍人依法取得公務人員各官等任用資格者，按其軍職官等官階及年資，比敘該官等內相當職等及俸級，從下士一直到中將都有明定比敘的官職等標準，先比照取得相當職等任用資格後，從該職等的最低俸級起敘，再按每滿一年提高一級的方式提敘俸級。

初任各官等職等人員之等級起敘

初任考試	起敘等級	
	初任各官職等職務者	先以較低職等任用者
現行考試及格者		
高考一級或特考一等	敘薦 9 本 1 級	敘薦 8 本 4 級
高考二級或特考二等	敘薦 7 本 1 級	敘薦 6 本 3 級
高考三級或特考三等	敘薦 6 本 1 級	敘委 5 本 5 級
普通考試或特考四等	敘委任第 3 職等本俸 1 級	
初等考試或特考五等	敘委任第 1 職等本俸 1 級	
85 年 1 月 17 日考試法修正施行前之考試及格者		
甲等特考	敘簡 10 本 1 級	敘薦 9 本 5 級
高考一級	敘薦 7 本 1 級	敘薦 6 本 3 級
高考二級 高考或乙等特考	敘薦 6 本 1 級	敘委 5 本 5 級
普考或丙等特考	敘委任第 3 職等本俸 1 級	
丁等特考	敘委任第 1 職等本俸 1 級	

※ 我國高考曾歷經不分級、分二級、分三級的沿革。

第 6 章 俸給制度

各類人員與行政機關公務人員職等相當年資採計提敘俸級對照表（節錄）

聘用人員		軍人	警察人員		行政機關公務人員			交通事業人員		
比照職等	薪點	官階	官等	官階	官等	職等	本俸俸點	資位名稱	薪級	薪點
九等	520至424	中校		一階		第九職等	550至490		13 14 15 16	550 535 520 505
八等	472至376			二階		第八職等	505至445		17 18 19 20	490 475 460 445
七等	424至328	少校	警正	三階	薦任	第七職等	475至415	高員級	21 22 23 24 25	430 415 400 385 370
六等	376至280	上尉		四階		第六職等	445至385		26 27 28 29 30	360 350 340 330 320
		中尉	警佐	一階	委任	第五職等	370至330	員級	31 32 33	310 300 290

案例	原本資格	換敘 / 提敘後資格
● 高考三級及格，任技士職務（列等為薦 6～7）。 ● 曾具相當六等聘用年資 5 年。	❶ 高考三級及格者，敘薦 6 本 1 級 385 俸點。 ❷ 聘用年資符合①與現任職務職等相當②性質相近③服務成績優良等俸給法第 17 條第 3 項條件。	聘用年資得按年合計加級至銓敘審定職等之本俸最高級為止 ➡ 提敘後，敘薦 6 本 5 級 445 俸點（因不可提至年功俸，故僅可採計 4 年年資）
● 警察特考及格，任警察人員。	❶ 現敘警正四階本俸 3 級 245 薪元。 ❷ 因政府組織改造，該員隨同業務移撥至新成立之移民署（一般行政機關）。	換敘為薦任第 6 職等本俸 1 級 385 俸點，取得戶政職系（現為移民行政職系）

UNIT **6-5**
敘俸 —— 調任、權理、再任、機要

原本一則因降調而衍生的晉敘訴訟爭議，催生了大法官會議第 483 號解釋。按照該釋字的法理邏輯以及保障法意旨，無論是自願或非自願降調的公務人員，經銓敘審定的官等、職等、俸級均應予保障，以維護降調人員任用公平性。

(一) 調升較高官等

調升官等人員自升任官等最低職等之本俸最級級起敘。但若已敘至年功俸者，則可以敘同數額俸點之俸級。因為人員須有本俸最高級的資格方可參加升任官等的考試或訓練資格，故無須規定現敘本俸人員，另外從階梯式俸表看來，較高官等的本俸一級起敘，也就等於是往上晉了一級，但若是原本已敘至年功俸人員，則還是以較高官等中的相同俸點敘定俸級。

(二) 調升同官等內較高職等

同官等內調升職等者，則自所任職等最低俸級起敘；如未達所任職等之最低俸級者，敘最低俸級；如原敘俸級之俸點高於所任職等最低俸級之俸點時，敘同數額俸點之俸級。也是一樣的邏輯，原則上從最低俸級起敘，但如果原本俸點較高，則敘相同俸點之俸級，不會有實質上反而降低俸級的情形。

(三) 降調較低官等

以任用法的規定，調任低官等職務，原則上應以調任官等之最高職等任用，原敘俸級如果能有相同俸點時，則敘同列俸級；但如果比降調後職等的年功俸最高級還高，則敘至年功俸最高級為止，超過部分仍予照支。

降調後所敘定俸級已達年功俸最高級，或是仍予照支的人員，考績時均不再晉敘。

(四) 降調同官等內較低職等

同樣以任用法規定，同官等內調任低職等職務者，原則上仍以原職等任用，所以仍敘原俸級，考績時仍然可以在原職等俸級內晉敘至年功俸最高級為止。

(五) 權理人員

權理人員，仍依其所具資格銓敘審定俸級。因為人員還不具備較高職等資格，方採取權宜代理的形式，所以並不能依較高職等的權理職務敘定俸級。

(六) 再任人員

所謂再任，是指公務人員卸職（通常是辭職）之後，依法再行擔任政府機關各官等職務者。因為是離開之後再回來，雖然原則上也是敘與原俸點數額相當之俸級，但如果再任職務的俸級不夠高，就只能敘至年功俸頂，超過部分予以保留，不能照支，日後調任較高職等職務時，再予回復。

(七) 機要人員

機要人員不受任用資格限制，由政治首長自由任免。

初任各官等機要人員，自擬任職務所列職等最低俸級起敘。如果是現職公務人員調任機要職務時，可適用調升官等、職等的規定核敘俸級。但機要人員如果日後回任須受法定任用資格限制的職務時，原則上仍應依其所具考試等級資格起敘俸級，其原服務較高或相當等級的年資則按年核計加級。

任不同「官等」職務

			應敘俸級	專業加給	職務加給
任薦8～9職務，現敘薦9功7級710俸點，經簡任升官等訓練合格	較高官等	調升簡10～11主管職務	敘簡10功2級710俸點	簡10	簡10（主管加給）
	較低官等	降調委5主管職務	敘委5功10級520俸點，原敘710俸點仍予照支	委5	委5（主管加給）
		降調委3～5職務	敘委5功10級520俸點，原敘710俸點仍予照支	委5	
		辭職再任委3～5職務	敘委5功10級520俸點（超過部分不能照支）	委5	
		降調委1～3危險職務	敘委5功10級520俸點，原敘710俸點仍予照支	委5	委3（危險加給）

※ 相關法令簡述：
● 任用法第18條第1項第2款後段：自願調任低官等人員，以調任官等之最高職等任用。
● 俸給法第11條：調任低官等職務以調任官等之最高職等任用人員，敘同列俸級至年功俸最高級為止，其原敘較高俸級之俸點仍予照支。
● 俸給法第14條：本法施行後，經銓敘合格人員，於離職後再任時，其俸級核敘比照第11條規定辦理。但……低於原敘俸級者，敘所再任職務列等之相當俸級，以敘至所任職務之最高職等年功俸最高級為止。如有超過之俸級，仍予保留。俟將來調任相當職等之職務時，再予回復。
● 俸給法第15條：升任官等人員，……原敘年功俸者，得敘同數額俸點之本俸或年功俸。
● 加給給與辦法第5條第1項：職務加給、技術或專業加給，除有下列情形者外，均依其銓敘審定職等支給：
　① 權理人員依權理之職務所列最低職等支給。
　② 銓敘審定職等高於所任職務所列最高職等者，其職務加給依所任職務所列最高職等支給。

任不同「職等」職務

			應敘俸級	專業加給	職務加給
任薦7～8職務，現敘薦8本5級505俸點	較高職等	調升薦9主管職務	如符合考績升職等規定：敘薦9本2級505俸點	薦9	薦9
			如不符合考績升職等規定：敘薦8本5級505俸點，係以薦8資格「權理」薦9職務	薦9	薦9
		調升薦8～9職務	如符合考績升職等規定：敘薦9本2級505俸點	薦9	
			如不符合考績升職等規定：敘薦8本5級505俸點	薦8	
	較低職等	降調薦7主管職務	敘薦8本5級505俸點	薦8	薦7
		降調薦6職務	敘薦8本5級505俸點	薦8	

※ 相關法令簡述：
● 任用法第18條第1項第3款：在同官等內調任低職等職務，……均仍以原職等任用。
● 俸給法第11條第1項：在同官等內調任高職等職務時，……自所任職等最低俸級起敘；……如原敘俸級之俸點高於所任職等最低俸級之俸點時，敘同數額俸點之俸級。在同官等內調任低職等職務以原職等任用人員，仍敘原俸級。
● 俸給法第11條第2項：權理人員，仍依其所具資格銓敘審定俸級。
● 俸給法第16條第2項：在同官等內調任低職等職務仍以原職等任用，並敘原俸級人員，考績時得在原銓敘審定職等俸級內晉敘。

UNIT **6-6**
加給制度及內涵

加給就字面上的定義來說，是在維持生活開銷的「俸」之外，審酌職責上其他工作條件所「加發」的「給與」。嚴格說起來，「俸」才是本質上的薪水，這也是為什麼公保、退撫基金都是以俸額作為計算基準，而依法停職人員在停職期間得先發給半數俸額以維持其生活，皆不以俸給總額計算。

依俸給法第 18 條授權，另訂有「公務人員加給給與辦法」。

(一) 加給種類

❶ **職務加給**：衡酌主管職務、職責繁重或工作危險程度等因素訂定並加給。有主管職務加給表，及刑事鑑識、消防、海巡、空勤等危險職務加給表。

❷ **技術或專業加給**：衡酌職務之技術或專業程度、繁簡難易、所需資格條件及人力市場供需狀況等因素訂定並加給。目前僅有專業加給表，現有 20 餘種表別，適用對象均有規定。

❸ **地域加給**：衡酌較為邊遠、特殊地區與服務處所之地理環境、交通狀況、艱苦程度及經濟條件等因素訂定並加給。分有偏遠、高山、離島等三種支給標準，再依程度細分級。另外還有依年資加成的計算，主要目的是鼓勵人才下鄉並久任。

(二) 支給方式

除了地域加給是以服務處所作為基準外，職務加給、專業加給，原則上均依照人員銓敘審定的職等支給。但若資格與工作程度責任有所不同，所支領的加給就會有以下兩種例外情形。

一種是權理較高職務人員，各種加給均依權理職務所列最低職等支給；另一種則是高資低用人員，只有職務加給是依職務的最高列等支給，而專業加給仍依銓敘審定職等支給。這本是釋字第 483 號擔心地方派系鬥爭而給予公務員的保障，卻被不肖地方首長拿來大做合法的人情「洗官」。只能說，再完善的制度，也無法預防不善的貪婪心念。

(三) 代理加發規定

若因留職停薪、帶職帶薪進修、出缺職務尚未補實、差假期間等法定情形，而由權責機關核派現職人員代理職務連續 10 個工作日以上，在不重領、不兼領原則下，自實際代理之日起，依代理職務的職等支給。

實務上如果是由較低職務人員代理列等較高職務，或由非主管人員代理主管，都有機會符合代理加發的規定，以慰勞現職人員代理辛勞，並符合加給制度的意義。

(四) 簡任非主管

考量簡任非主管人員雖然沒有實際負領導責任，但如有職責繁重情形，得由機關首長衡酌職責程度，比照主管職務核給職務加給。得支給人數不得超過該機關簡任非主管人員預算員額的 1／2，避免浮濫。再因公務員責任漸重，簡任非主管中許多是由薦任主管陞任，為激勵工作士氣並增加陞任誘因，113 年 3 月底修法再加碼 1／4 員額內得發給半額職務加給的規定。

主管職務加給表

官等	職等	主管加給
簡任（派）	14	40,410
	13	32,740
	12	29,520
	11	19,130
	10	13,110
薦任（派）	9	9,710
	8	7,520
	7	5,750
	6	4,720
委任（派）	5	4,190

※ 主管職務最低列等為委任第 5 職等。

公務人員專業加給表（部分表別）

專業加給表（二）			專業加給表（二十）		
官等	職等	月支數額	官等	職等	月支數額
簡任（派）	14	46,250	簡任（派）	14	50,120
	13	43,350		13	47,940
	12	42,090		12	46,610
	11	38,040		11	42,560
	10	35,590		10	40,080
薦任（派）	9	30,020	薦任（派）	9	34,460
	8	28,980		8	33,350
	7	26,040		7	30,120
	6	25,130		6	29,140
委任（派）	5	22,060	委任（派）	5	26,070
	4	21,460		4	24,900
	3	21,110		3	24,370
	2	21,050		2	22,720
	1	20,870		1	21,730
適用對象	原適用本表及原適用「公務人員專業加給表（一）」人員（即多數一般公務人員）		適用對象	❶ 交通部中央氣象署海氣遙測組等職務歸列天文氣象地震職系並具高普考及格資格或大專相關科系畢業之技術人員。❷ 各機關資訊單位專業人員，支領須同時符合 3 項法定要件。	

地域加給表

	偏遠地區			高山地區				離島地區		
	一	二	三級	一	二	三	四級	一	二	三級
支給對象	服務於山地或平地偏遠區，由服務處所至最近火車站或公車招呼站步行距離：山地地區未滿 15 公里，平地偏遠 5～15 公里	15～35 公里	35 公里以上	服務於海拔 1,000～2,000 公尺地區	服務於海拔 2,001～2,500 公尺地區	服務於海拔 2,501～3,000 公尺地區	服務於海拔 3,000 公尺以上地區（玉山氣象站）	服務於馬公、白沙、琉球鄉等離島地區	服務於望安、蘭嶼、綠島等離島地區	服務於東沙、南沙、金門、馬祖等離島地區
基本數額	3,090	4,120	6,180	1,030	2,060	4,120	8,240	7,700	8,730	9,790
年資加成上限	（每服務滿 1 年按俸額加 2% 計給）									
	10%	20%	30%	10%	10%	20%	30%	10%	20%	30%
附則	❶ 支給對象以編制內員工，或因業務固定設置並長期派駐達 1 個月以上。❷ 本表各地區之基本數額僅能擇一支給，惟偏遠與高山地區競合時，基本數額得合併支給，但年資加成僅能擇優支給。❸ 山地地區以如新竹縣尖石鄉、高雄市茂林區等 30 個原住民山地鄉（區）為限。									

★「洗官」

地方制度法施行後，部分鄉鎮市首長利用公所唯一最高薦任第 9 職等主任秘書職位大做人情，在任期內「主秘過水輪流做」的頻繁異動人員，如把 8 等課長或 7 等專員調升主秘後再調降，因釋字第 483 號後的修法保障，降調後依然支領 9 等專業加給，且可在 9 等範圍繼續晉俸級。這種原本為了防止地方派系鬥爭或政治首長濫用任免權而給予公務員的保障，卻遭有心人士濫用。

UNIT *6-7*
獎金制度

公務人員的法定給與，除了依俸給法所發給的固定俸給，還有依據考績結果所發給的考績獎金。此外，基於領導統御、員工激勵等管理實務所需，行政院也以行政命令核定部分獎金，並訂有「全國軍公教員工待遇支給要點」。但由於獎金支給的依據多半是行政規則，支領的正當性及法制基礎較為薄弱，所以主責的人事行政總處也正積極會同相關機關，推動將獎金、津貼等其他給與項目的法制化作業。

(一) 考績獎金

依據公務人員考績法的規定，無論「年終考績」或不滿 1 年但連續任職已達 6 個月者辦理的「另予考績」，考列甲、乙等次者，發給 2 個月至半個月不等的一次性俸給總額考績獎金。另外，一次記兩大功的「專案考績」，也發給 1 或 2 個月獎金。

只不過由於我國考績考列甲乙等的比例極高，所以也形成了幾乎「人人有獎、年年有獎」的情形。

(二) 績效獎金

為了激勵員工主動積極達成組織目標，並對於表現優異者給與實質的鼓勵與回饋，英美等國於 1980 年代曾實施績效俸給制度，而我國也於民國 91 年推行績效管理及獎金制度，以目標管理的方式進行，視績效發給獎金，但由於公部門績效不似私部門般容易量化明確，又政府經費編列有爭議性遭立法院刪除等問題，而於 96 年中止。

(三) 年終工作獎金及慰問金

為了慰勞員工一整年來對於國家貢獻的辛勞並激勵士氣，也因應農曆春節需求，人事總處每年都會訂定「軍公教人員年終工作獎金發給注意事項」，於春節前 10 天，發放一個半月的慰勉性獎金，計算基準與考績獎金略有不同。現職軍公教人員、技警工友、聘用、約僱、當年度退休（伍、職）、資遣、死亡人員等都屬於發給對象。

原本對於退休人員也都每年比照發給年終慰問金，另外於春節、中秋、端午時節發給三節慰問金，但考量年終獎金是基於工作事實，且現職人員並沒有領取三節獎金，衡酌國家財政資源的合理運用，所以人事總處分別於 102 年及 106 年將退休人員年終慰問金及三節慰問金的發給對象大幅限縮於「照顧弱勢」及「對國家有重大犧牲貢獻」原則範圍內，並每年公告基準數額限制。

(四) 個別性獎金

我國的個別性獎金僅少數具有法律或法律直接授權的依據，如依據特種勤務條例對於總統及國安局特勤指揮中心侍（警）衛人員發給的特勤獎金，現行大部分的獎金發給多半是依據待遇支給要點規定，由各中央行政機關陳報行政院核定後始得支領，如工程獎金、清潔獎金、警察機關工作獎勵金等。另近年來各項績效獎金的發給條件與審查日趨嚴格，大多主管機關也訂有相關辦法，而對人民裁罰的相關獎勵金制度，大多也已陸續刪除。

現行獎金制度簡表

獎金制度	依據	主要內涵
考績獎金	公務人員考績法	● 年終考績： ① 甲等：晉俸 1 級，並給與 1 個月獎金；已敘年功俸最高俸級者，給與 2 個月獎金。 ② 乙等：晉俸 1 級，並給與 0.5 個月獎金；已敘年功俸最高俸級者，給與 1.5 個月獎金。 ● 另予考績： ① 甲等：給與 1 個月獎金。 ② 乙等：給與 0.5 個月獎金。 ● 專案考績： 一次記二大功者，晉俸 1 級，並給與 1 個月獎金；已敘至年功俸最高俸級者，給與 2 個月獎金。但在同一年度內再一次記二大功者，不再晉俸，改給 2 個月獎金。 ※ 以上獎金均為「俸給總額」，即公務人員俸給法所定之本俸、年功俸及其他法定加給。
年終工作獎金	各該年度軍公教人員年終工作獎金發給注意事項	● 當年度 12 月 1 日仍在職者，發給 1.5 個月年終工作獎金。2 月以後到職人員，按實際在職月數比例計支。（※ 以俸額、專業加給、主管職務加給合計數，故不含地域、危險職務等其他加給） ● 發給對象： ✔ 預算所列員額之現職軍公教人員（含技警工友）。 ✔ 年度中退休（伍、職）、資遣、死亡人員。 ✔ 立法委員比照特任以上人員計算方式支給。 ✔ 考試錄取訓練人員、聘用人員、約僱人員、職務代理人、臨時人員、應徵服替代役或接受常備兵役軍事訓練結訓之役男比照核發。 ✘ 年終（另予）考績（核、成）列丙等以下者，不發給。 ✘ 受記過以上懲戒處分、平時考核互抵累積達一大過者，不發給。 ✘ 受申誡之懲戒處分、平時考核互抵累積達記過一次、累積曠職達 3 日者，減發給。
個別性獎金（列舉部分）		● 依特種勤務條例第 17 條：總統侍（警）衛人員勤務獎金、國家安全局特種勤務指揮中心侍（警）衛人員勤務獎金。 ● 依全國軍公教待遇支給要點第 7 點，專案報經行政院核准：如工程機關工程獎金、行政執行績效獎勵金、衛生醫療機關醫師不開業獎金、清潔人員清潔獎金、警察機關工作獎勵金、調查局偵破重大案件有功人員獎金等數十種。

UNIT **6-8**
其他福利與生活津貼

除了基於服務且維持生活而獲取的薪俸報酬、激勵工作表現或年節慰勞而獲得的獎金之外，政府基於良善雇主對於軍公教人員的照護，還包括其他福利措施，以協助員工生活上食衣住行、或者是生命中生老病死的不時之需。

(一) 生活津貼

依全國軍公教員工待遇支給要點的規定，各機關學校公教員工預算員額內人員、編制內技工友，可請領婚、喪、生育及子女教育補助。軍職人員得參照辦理。

❶ 結婚補助：公務人員本人結婚，補助 2 個月薪俸額。但離婚後再與原配偶結婚者，不得申請。

❷ 生育補助：立法院基於公、勞保一致性的考量，將此項非法制化的生活津貼，改由公保的保險準備金支應。配合 113 年 1 月修正施行的公保法已刪除需繳費或懷孕分娩滿一定天數始得請領生育給付的限制，本人分娩或早產的生育給付也回歸各社會保險。

另外，如果爸爸的補助基準較高，可以在媽媽先申請各該社會保險（如公保、勞保、農保、國保等）的生育給付後，再由爸爸檢據申請補助差額。

❸ 喪葬補助：對象有父母、配偶、未婚且無職業的未成年子女，或是必須仰賴申請人扶養的年滿 20 歲未婚子女死亡情形，曾有「定額補助」及「公勞一致」的修正規劃，但因各方意見紛雜而未果。

❹ 子女教育補助：公教人員就讀國小至大學的子女，可依照補助表中的標準申請補助費。但若有因轉系、重修等，已在同一學制重複就讀的年級，則不再

重複給與補助。

此外，由於各中央及地方政府也多自行訂有教育補助，如原住民學生就讀專科以上學校學雜費減免、農漁民子女就學獎助學金、各縣市學費補助計畫等，基於政府整體資源的合理運用，身為公教人員的家長應自行擇一擇優申請，人事總處並建置有系統平台進行勾稽查核，避免重複核發的情形。

(二) 優惠貸款

目前公教人員享有的優惠貸款主要包括「築巢優利貸」的房屋貸款、「貼心相貸」的消費性貸款以及急難貸款等三種，以較優惠的利率提供公教人員生活所需。其中房屋貸款及消費性貸款都是經公開徵選後由獲選銀行承作，再由公教人員自行與銀行接洽，但急難貸款則是針對傷病住院、疾病醫護、喪葬、災害等事故發生所給與一定額度的緊急救助，於事故發生後一定期間內，經服務機關審核後向人事總處申請。

(三) 文康活動

主要分為藝文活動及康樂活動兩大類。辦理時間，以利用休閒及例假日為原則；在不影響機關業務正常運作下，得利用辦公時間舉辦。以往較大規模的文康活動如中央機關運動會、全國公教美展等，均於 106 年起停辦。

公教人員婚喪生育補助簡表

項目	補助基準		限制
結婚補助	2 個月薪俸額		離婚後再與原配偶結婚者，不得申請。
生育補助	2 個月薪俸額（本項以 6 個月均俸額計算）		❶ 支給對象及條件 　① 配偶分娩或早產；未婚男性於 3 個月內辦理認領，並與生母完成結婚登記者。 　② 夫妻同為公教人員者，以報領一份為限。 ❷ 配偶應優先申領各項社會保險之生育給付後，再檢附證明文件請領本項補助之差額。
喪葬補助	父母、配偶死亡	5 個月薪俸額	❶ 父母、配偶以未擔任公職者為限。 ❷ 對同一死亡事實，同為公教人員之親屬以報領一份為限。 ❸ 子女以未滿 20 歲、未婚且無職業者為限。但未婚子女年滿 20 歲有下列情形之一，必須仰賴申請人扶養經查明屬實（需繳驗所得稅申報證明），不在此限： 　① 在校肄業而確無職業。 　② 無力謀生（受監護或輔助宣告尚未撤銷、領有身心障礙手冊或符合健保法重大傷病且不能自謀生活者）。
	子女死亡	3 個月薪俸額	

子女教育補助簡表

區分	支給數額
大學及獨立學院	公立 13,600、私立 35,800、夜間學制 14,300
五專後二年及二專	公立 10,000、私立 28,000、夜間部 14,300
五專前三年	公立 7,700、私立 20,800
高中	公立 3,800、私立 13,500
高職	公立 3,200、私立 18,900、實用技能班 1,500
國中	公私立 500
國小	公私立 500

❶ 子女應為就讀政府立案之公私立大專以下小學以上學校肄業正式生。
❷ 於申請期限內繳驗證明（如戶口名簿）及繳費單據，本誠信原則提出申請。
❸ 子女以未婚且無職業需仰賴申請人扶養為限。開學日前 6 個月工作平均每月所得超過勞工基本工資者，以有職業論。
❹ 子女如有全免或減免學雜費、就讀未具學籍或無修業年限學校、補習班學生、選讀生、已獲有軍公教遺族相關優待、已領取其他政府提供之獎（補）助等情形，不得申請。
❺ 實際繳納之學雜費低於本表所訂數額者，僅得申請補助其實際繳納數額。
❻ 如有轉學、轉系、重考、留級、重修情形，於同一學制重複就讀之年級，不再補助。又畢業後再考入相同學制學校就讀者，不得請領。
❼ 夫妻同為公教人員者，應自行協調由一方申領。

第 **7** 章

考績制度

● 章節體系架構

UNIT **7-1**
考績法改革研議

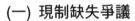

考績法的改革聲音彷彿如同志玲姐姐的經典語錄：「不要再給我打分數！」只是考評考核本來就是現代社會公私部已常態性使用的管理手段，也多半藉由打成績的方式作為獎優汰劣的準據，但因人都有好惡，打考績本來就是很主觀的行為，從制度上只能要求並期許有權者盡量拋下我見，給予客觀評價。修正草案歷經 99、101、107 年等，數次進出立法院，都因屆期不續審而未完成。

(一) 現制缺失爭議

❶ 輪流、浮濫且流於形式

考績比率實務上自 90 年起依考試院及行政院聯名箋函要求，每年甲等近 75%，乙等近 25%（換言之，99.7% 都是乙等以上），丙、丁等寥寥無幾。而甲乙等人員都因屬於「還不錯」而得以晉俸級並獲得考績獎金，理論上不符統計分布常態，實務上恐怕也難反映實際情形。

❷ 缺乏效果

我國考績在運用上還是侷限行政性功能，多為消極管理措施，甲乙等的獎勵結果差異太小難有激勵效果，績效不佳者（如丙等）也沒有嚴重懲罰，大家更早已習慣將考績獎金視為薪水的一部分，不僅少有汰劣，連獎優效果也不彰。

❸ 考評項目不具彈性

現行考績表的細目依法由銓敘部訂定，所以不分大、中、小官職位高低，也無涉主管非主管、行政或專業性質的差異，均用相同的考評項目，難以真正考核並呈現個人的績效。

❹ 淪為整肅異己工具

由於考評權在主管及長官手上，也沒有向上或平行考核、溝通面談參與機會等機制，容易遭到私心過重的人員濫用。加上同官等比較並未落實，官階越高者，列甲等的比例就越高，又菜鳥新人、進修唸書、升官、生孩子等，多半被考列乙等的潛規則，都讓考績制度蒙上陰影。

❺ 行為與績效考評混雜

考績就字面看來應該是績效的考評，但「工作」項目占考績總分 65%（其他法定項目為操行、學識與才能），又工作項目的細目並未和具體績效指標扣合，無法確實突顯工作績效。再如甲等、丁等條件、平時獎懲、專案考績的條件，著重在工作績效的少之又少，反倒多是態度惡劣、遲早曠職等行為紀律層面居多，讓考績法與懲戒法在應用上角色重疊混淆。

(二) 近次修正草案重點

歷次考績法修正草案曾經有如新增「優等」等次、強制丙等比率、團體績效面談、年度中二次面談等各項規劃，雖均未完成立法三讀，但每次並非全數保留重送，有些設計因爭議過大而遭否決。依銓敘部 110 年 6 月研商會議重行擬具的修正草案，重點包括：整併考核項目、修正丙等結果（應辦理資遣、退休或調任非主管）、增訂面談雙向溝通機制（非強制）、乙等以下需註記理由等。

或許因為考績法涉及晉俸級、考績獎金等實質利益，推動不易且難取得多數共識，致近年修法進度消停，但從 112 年大幅修正的陞遷法看來，我國人事制度已明顯地順應潮流趨勢，從「資績」轉向「實績」發展。

歷次考績法修正草案重點（因立院屆期不續審，均未通過）

99、101年草案（差異不大）

- 考核項目改為工作績效、工作態度2項，細目由主管機關核定
- 增列應面談（含自我考評）及考績預警機制
- 於原有甲乙丙丁4等次之上增列「優等」；各等次積極／消極條件
- 考績等次比率限制：優 ≦ 5%。優＋甲 ≦ 68%。1～3% ≦ 丙等、各官等甲以上 ≦ 75%。主管人員甲以上 ≦ 85%
- 調整考績結果：優等予晉1級＋1.5個月獎金。乙等增加年功俸須隔年始可晉敘條件、丙等結果（輔導改善措施，多次者應降級改敘、資遣或退休、調非主管）
- 增加所屬機關間、內部單位之團體間績效評比辦理規定

107年草案

- 考核項目維持工作、操行、學識、才能4項，但細目授權訂定
- 考績等次增列優等；各等次積極／消極條件；調整考績結果
  （刪除99、101年草案考績等次比率限制，未以法律位階明訂）
- 增訂「應」實施面談相關規定
- 「得」辦理團體績效評比

110年6月研商資料

- 考核項目改為工作表現、品德操守、才能發展3項；細目授權訂定
  （刪除前各年度草案之增列優等等次規劃）
- 除各等次積極／消極條件外，亦將一次記二大功基準、專案考績程序等提升至法律位階，以符合法律保留原則
- 面談、團體績效評比：均改為「得」實施辦理
- 辦理考績時應給予及得給予陳述意見機會情形（因應釋字第785號）
- 增訂身心障礙人員考績應適度衡酌得承擔業務之輕重差異
- 增訂機關事後始知悉過去考績年度違法失職行為之辦理準據

UNIT **7-2**
考績原則與功能

公私部門大多都有考績制度，除了可以落實績效管理，也能夠藉由年度或是不定期的考核，來評定工作表現，維持行政紀律，更可以區辨公務人力的素質，進而發揮獎優汰劣的效果。

(一) 考績原則

在公務人員考績法第 2 條中，宣示性的明定，我國公務人員之考績，應本綜覈名實、信賞必罰之旨，作準確客觀之考核。

❶ **綜覈名實**：是指就人員的表現，應該綜合全面性的檢驗並查考，是否名如其實，而非與實際不相符合。如考績法中規定，考核者應衡量平時成績〈包括工作、操行、學識、才能等項目〉及獎懲紀錄，或就其具體事蹟，評定適當考績等次。

❷ **信賞必罰**：字面上很清楚的指出，有功者定有獎賞，有過者必受懲罰，賞罰必須嚴明。考績法中，除年度性考績的各個等次分別有不同的晉級、獎金及免職規定外，平時考核及專案考績也分別以一般或重大功過予以記錄。

❸ **準確客觀**：這項原則就更明白的點出，具有考核權責的人，不可以就自己的主觀偏見影響事實，應該要以公正、客觀、真實、準確的態度給予考評。在考績法中，除了就影響較為重要的甲等、丁等、大功、大過等考評有具體明確的情事規定外，也透過考績委員會審議的強制性法定程序、人員救濟的保障制度等規範，以維護此項原則。

(二) 考績制度功能

❶ **獎酬方面**：考績法中對於年度或一定期間當中表現優良者核予甲等或乙等的考績等次，或是有重大功績者核予一次記兩大功的專案考績，依規定均發給一次性俸給總額的獎金。藉由人員上進心以及實質金錢的激勵，希望能讓人員發揮最高的服務效能。

❷ **退免方面**：相對於前面所提到的獎酬，同樣在考績法中的如有情節重大的具體違失表現，藉由考績丁等等次或是一次記兩大過的專案考績等評核結果，將表現不良或無法勝任的人員從公務體系中予以退免，發揮汰劣的效果。

❸ **薪酬晉級**：各個組織的薪俸幅度，大多有細部級距上的區分。而同一幅度中的薪俸級距晉升與否，多半以人員工作成績優劣作為判定標準。由於我國將公務人員經銓敘審定的俸級列入保障範圍，現行考績法中只有晉級與否的規定，而在懲戒法中才有降級的規定。

❹ **陞遷調動**：除了俸級的晉升外，我國在官等與職等的陞遷條件上，也都與考績等次有所搭配。另外，各機關對於人員的遷調異動，往往也將考績結果作為重要的參考憑據。

❺ **紀律維持**：在以上的獎優汰劣、晉升異動之外，考績其實能夠發揮重要的「發展性功能」，也就是依據考評的結果，作為陞遷、調遷、訓練、進修等依據，更是維持人員工作紀律的重要手段。

考績原則

公務人員考績法第 2 條：公務人員之考績，應本綜覈名實、信賞必罰之旨，作準確客觀之考核。

綜覈名實

❶ 綜—綜合；覈—同「核」，考核；名—稱說之名；實—實績。

❷ 將事物的稱說名目與實際情形加以綜合考核評定，是否名實相符，而非名不符實。
　① 如考績法第 5 條：年終考績應以平時考核為依據。平時考核就其工作、操行、學識、才能行之。
　② 如考績法及其施行細則中，對於如年終（另予）考績之甲等、丁等條件、專案考績情形、平時獎懲記大功、記大過標準，多以具體證據或事實為要件。

信賞必罰

❶ 《太公六韜・賞罰篇》：凡用賞者貴信，用罰者貴必。

❷ 使用獎賞者貴在誠信，查證屬實的公正使人信服；使用處罰者貴在必定執行，絕不姑息。
　① 如考績法第 12 條第 1 項，分別對於一般獎勵與懲處訂有平時考核規定，重大功過情形並有隨時給予效果較重之專案考績規定。
　② 如考績法第 12 條第 1、2 項中分別明定，平時考核獎懲得互相抵銷，但專案考績不得與平時考核功過相抵銷。

作準確客觀之考核

① 如考績法施行細則第 3 條，針對工作、操行、學識、才能四個項目之考核均明定比率規定。
② 如考績法施行細則第 15、16 條，對於平時考核獎懲之互相抵銷方式、平時考核獎懲併入年終考績增減之分數均有明定。
③ 如考績法第 14 條及施行細則第 13 條，對於公務人員之考績及平時考核獎懲，均應遞送考績委員會初核，有疑義時，並得調閱有關考核紀錄及案卷或查詢。
④ 如考績法及其施行細則中，銓敘部、主管機關或上級機關，如發現有違反考績法規情事，均得退還再行審酌。

考績制度之功能

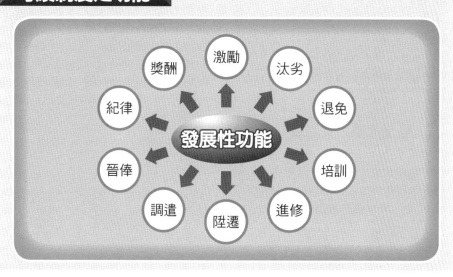

發展性功能

激勵　汰劣　獎酬　退免　紀律　培訓　晉俸　進修　調遣　陞遷

UNIT **7-3**
適用對象及辦理條件

(一) 身分對象區分

❶ **適用對象**：「公務人員之考績，依本法行之。」這是公務人員考績法第1條所明示；又第4條中規定應予考績人員須已經審定為合格實授的身分；若再加上第2條的種類係指「各官等人員」、第9條也有原則上以「同官等」為比較範圍的規定，可綜合推導出公務人員考績法原則上是以各機關經銓敘審定合格實授的簡任、薦任及委任人員為適用範圍。

❷ **準用對象**：派用人員之考成，準用考績法的規定。簡派、薦派及委派人員，因為準用任用法，也具有簡薦委之官等制性質，人員的成績考核，雖準用考績法，但名稱則稱為「考成」，以示與一般任用人員的區分。

❸ **參照辦理對象**：不受任用資格限制人員及其他不適用本法考績人員之考成，得由各機關參照本法之規定辦理。如機要人員、雇員及交通事業等人員服務成績之考核，也以「考成」稱之。

❹ **另訂專法人員**：考量教育人員及多實施單一薪俸制度的公營事業人員，不論在學期年度甚或是人員的薪俸與考核機制都與一般公務人員有很大的差異，因此教育人員及公營事業人員之考績，均另以法律定之。

(二) 應予考績人員之條件

考績法第4條規定，公務人員任現職，經銓敘審定合格實授至年終滿1年者，予以年終考績。不過施行細則第2條中規定，考績年度內任職期間之計算，以月計之，換言之，如果在當年度1月31日取得任職資格，或是在12月2日以後才退離，也都符合辦理年終考績的資格條件。

但考量各機關及單位之間總有因職務輪調、轉調機關、陞遷、降調等人力流動情形，甚至有從不同任用體系中轉任至適用考績法的公務人員，明明服務了一整年卻無法辦理考績，似乎也不太公平。因此同條後段對於調任後的各種情形皆有規定。大原則就是都可以併計，並以年終所任的「現職」來辦理，但均以「調任並繼續任職者」為限：

❶ **調升官等**：可以將原本經銓敘有案之較低官等職務合併計算，來辦理升任後較高官等的年終考績。

❷ **同官等或降官等之調任**：同樣可以將原本經銓敘審定有案之同官等或高官等職務合併計算，以辦理調任後所敘官等職等的年終考績。

❸ **不同任用體系間之調任**：具有公務人員任用資格的政務人員、教育人員或公營事業人員轉任公務人員之後，若經銓敘審定合格實授者，轉任當年度沒有辦理考核及未採計提敘官職等級的年資，得比照並合併計算參加年終考績。換句話說，若前機關已經在人員轉任時為其辦理考績或考成，或是已經作為提敘採計的年資，基於同一年資不能雙重採計的公平性，不能夠再行採計計算。

身分對象

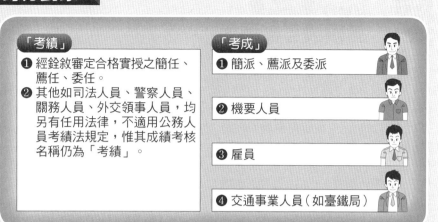

「考績」
1. 經銓敘審定合格實授之簡任、薦任、委任。
2. 其他如司法人員、警察人員、關務人員、外交領事人員，均另有任用法律，不適用公務人員考績法規定，惟其成績考核名稱仍為「考績」。

「考成」
1. 簡派、薦派及委派
2. 機要人員
3. 雇員
4. 交通事業人員（如臺鐵局）

應辦理考核之條件（以下均以年終考績為例，且調任均為連續任職，無有中斷）

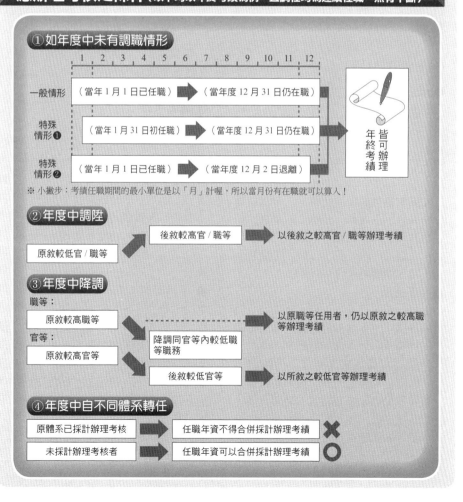

① 如年度中未有調職情形

	1 2 3 4 5 6 7 8 9 10 11 12
一般情形	（當年 1 月 1 日已任職）➡（當年度 12 月 31 日仍在職）
特殊情形❶	（當年 1 月 31 日初任職）➡（當年度 12 月 31 日仍在職）
特殊情形❷	（當年 1 月 1 日已任職）➡（當年度 12 月 2 日退離）

年終考績 皆可辦理

※ 小撇步：考績任職期間的最小單位是以「月」計喔，所以當月份有在職就可以算入！

② 年度中調陞

原敘較低官／職等 ➡ 後敘較高官／職等 ➡ 以後敘之較高官／職等辦理考績

③ 年度中降調

職等：
原敘較高職等 ┈➡ 以原職等任用者，仍以原敘之較高職等辦理考績

官等：
原敘較高官等 ➡ 降調同官等內較低職等職務

後敘較低官等 ➡ 以所敘之較低官等辦理考績

④ 年度中自不同體系轉任

原體系已採計辦理考核 ➡ 任職年資不得合併採計辦理考績 ✖

未採計辦理考核者 ➡ 任職年資可以合併採計辦理考績 ⭕

UNIT **7-4**
考績與考核種類

圖解現行考銓制度

如果依考績法第 3 條的法條規定來看，我國的考績分為年終考績、另予考績、專案考績等三種；但是第 12 條中又有平時考核的 6 種獎勵及懲處，而第 13 條明白規定，平時成績紀錄及獎懲，應為考績評定分數之重要依據。所以考績與考核兩者，在相互之間其實有緊密的應用關係。

以下就不以法條的形式上，而以實質的意涵上分為兩大類型：包括「期間性」的年終考績、另予考績及平時考核，以及「情事性」的專案考績及平時獎懲等。

(一) 期間性質

❶ 年終考績

是指主管人員就受考人當年 1 至 12 月任職期間的成績加以考評的結果，是一種年度性的考評。各官等人員任現職，經銓敘審定合格實授至年終滿 1 年者，均予以年終考績。

此處所稱既然是「任職」，中途留職停薪人員因為沒有「任職」的事實，而是將該職位保留給原本人員，另以職務代理人辦理所遺業務，自然因中斷且不滿 1 年，而不能辦理年終考績。

❷ 另予考績

指同一考績年度內，雖不滿 1 年，但連續任職已達 6 個月的考績。修正草案擬採特殊情形納入細則規範。

考量到人員無論是初任、中斷或退離，實際的服務任職期間雖然沒有達到一整年，但也已經有相當的時間長度，基於久任辛勞，也可另行辦理期間性質的考績，並視等次高低給予獎酬鼓勵。

❸ 平時考核

所指的是平時成績紀錄，也就是對於屬員的言行以及工作情況，定期由主管人員加以考核並予以記錄，到了年底再作為綜合性考評的參考。除可減少主管人員須隨時註記的行政作業，也可以防止先前的具體事蹟因時間較久受到遺忘，而沒有在年底時一併納入考量。另外，平時考核的定期紀錄方式，更可以協助新任主管或新任首長接任後，在考評上能夠有更加具體客觀的參據。

(二) 情事性質

有別於上述的期間性質，以下的兩種考評則是就具體的功過事實，可以隨時辦理的一種考核。

❶ 專案考績

對於特殊重大功績或劣行時，不用等到年底屆滿 1 年時才加以處理，可隨時以專案考績的方式，隨時辦理，對於表現優異的具體事蹟給予即時獎勵，也針對有重大過失的情形即時處分，能夠爭取時效並發揮及時效果。

由於專案考績的結果運用極為強烈，因此在運用上的處理程序規定，相較於前面的期間性質考評，則更加審慎嚴謹。

❷ 平時獎懲

此種則是針對一般功過事蹟的考評，在功過上分別有 3 種不同程度上的獎懲運用，並不會發生晉升俸級、金錢獎勵或是免職等效果，而是作為年度性考績辦理時，分數評定增減的重要依據。而在運用上，平時獎懲的功過是可以相互抵銷的，但專案考績則不可抵銷。

考績與考核種類

	期間性質	情事性質
考績	**年終考績** ✔ 受考人在同一考績年度內，如果至年終服務滿 1 年，就其 1 至 12 月任職期間的成績，於年終一併給予的考評。 ✔ 對於全年度表現予以考評。 **效果**：分 4 等次，分別給予晉俸級、一次性獎金、留原俸級、免職。 **另予考績** ✔ 受考人在同一考績年度內任職不滿 1 年，但連續任職已達 6 個月所辦理的考績。 ✔ 雖任職未達整個年度，但已有相當時間，仍予慰勞其久任辛勞。 **效果**：等次及效果與年終考績相類似，但不涉及晉俸級。	**專案考績** ✔ 年度中對於重大功績或劣行時，隨時辦理的考績。 ✔ 就極為重要的特殊情形，不需等待年底再行辦理，可發揮立即獎勵或給予即時處分。 **效果**： 重大功績者，給予晉俸級、一次性獎金。 重大劣行者，立即免職。 
考核	**平時考核**（平時成績紀錄） ✔ 定期由主管人員對屬員的言行以及工作情況予以考核記錄。 ✔ 年度中事蹟及情形留存紀錄。 ✔ 首長／主管／機關交接時之參考。 **效果**：考績辦理之綜合參據	**平時獎懲** ✔ 針對年度中一般性的功過表現，隨時辦理的考核。 ✔ 在人員管理上隨時予以鼓勵或處罰告誡，以作為領導統御的工具。 **效果**：功過各分為 3 種，為考績辦理之分數增減

UNIT **7-5**
年終（另予）考績的應用

(一) 辦理條件

年終考績是以受考人在同一考績年度內，就其 1 至 12 月任職期間的成績所給予的考評。如任職不滿 1 年但連續達 6 個月，則辦理另予考績。

要注意的是，上開考績年度內任職期間的計算，最小單位是以「月」計之。

如果因為調任不同機關，只要是仍然在同一任用體系繼續任職者，無論是升遷或者是降調，服務年資都可以併計；但若是不同任用體系之間的調任，就要看原體系是否已經就原先的任職辦理考評，以不重複考評為原則。

另外，法條規定的是「調任並繼續任職者為限」，所以如果是辭職再任，就算辭職日與再任日銜接，仍然因不符合要件而不能併計年資辦理考績。

(二) 權責機關

年終考績的部分，原則上是由年底所任職的機關辦理，但如果是在 12 月當月調動的人員，則有另外規定。

至於另予考績，若是屬於初任人員，也是由年底任職機關一併辦理。若是在年度中退離人員，就不需要等到年底，而由退離時的最後在職機關隨時辦理。

(三) 考核項目與計算

以公務人員考績表中受考人之工作、操行、學識、才能等四個項目，分別參考其細目考核內容及比例規定，並加計受考人平時獎懲次數所增減的分數之後，綜合評予 100 以內的整數分數，作為最終的年終或另予考績分數。

但考績原本就應以績效為考核重點，故考試院在歷次修正草案中多有將考核項目調整的規劃，至於考核細目則授權各主管機關核定。

(四) 考評等次

分甲、乙、丙、丁四等，其中丁等因涉及免職處分，所以考列丁等的要件明定於考績法第 6 條中，而且都必須有確實證據，始符合法律明確性原則。

考績法及其施行細則中，目前對於考列各等次的人員並沒有比率上的限制，但也就因為如此，在我國濃濃的人情主義之下，從 76 年新人事制度實施以來，考列最高等次甲等人員比率年年攀升，甚至在 89 年高達近 87%，但是各界對於公務人員的績效表現卻不見得有如此高的評價。因此，目前實務上都以銓敘部長及人事行政總處人事長每年以聯名箋函的方式，請各主管機關以「甲等比率上限 75%」的共識原則辦理。

另外，為回應外界對於公務人員考績是「吃大鍋飯」且「獨厚高官」的批評，修正草案中也納入了等次、各官等及主管人員比率限制的設計。

(五) 結果運用

年終考績考列甲、乙等次者，原則上均可晉俸 1 級，並給與一次性獎金；如已無級可晉者，則給與較高額的一次性獎金。丙等者，留原俸級。丁等，免職。另予考績除不涉及晉俸級外，獎勵及處分效果與年終考績類似。

考核項目修正草案（110 年 6 月研商資料）

現行考績法（96 年）				
項目（比率）	工作（65%）	操行（15%）	學識（10%）	才能（10%）
細目	質量、時效、方法、主動、負責、勤勉、協調、研究、創造、便民。各細目均有內容說明。	忠誠、廉正、性情、好尚。各細目均有內容說明。	學驗、見解、進修。各細目均有內容說明。	表達、實踐、體能。各細目均有內容說明。

考績法修正草案（110 年草案）			
項目	工作表現	品德操守	才能發展
說明	原「工作」考績本來就是以受考人考核期間的工作表現為考核重點。	原「操行」公務人員代表政府機關執行公務，應具良好品德。	整併原「學識」＋「才能」部分內涵屬基本能力，強調公務人員應持續經由訓練、培育，得以發展。
細目	由各主管機關視整體施政目標及業務特性，按官等分別訂定（得授權所屬訂定後備查）。		
比率	修正後各考核項目比重，將配合於施行細則中明定。		

考績等次及結果

等次（分數）	年終考績	另予考績
甲等（80 分以上）	有級可晉：晉俸 1 級＋1 個月獎金 無級可晉：2 個月獎金	給與 1 個月獎金
乙等（70～79 分）	有級可晉：晉俸 1 級＋0.5 個月獎金 無級可晉：1.5 個月獎金	給與 0.5 個月獎金
丙等（60～69 分）	留原俸級	不予獎勵
丁等（不滿 60 分）	免職	免職

※ 上表所稱獎金均為俸給總額之一次獎金。

考列甲等、丁等法定情形

甲等	（公務人員考績法施行細則第 4 條） ✔ 受考人在考績年度內具有下列具體事蹟，始得評列甲等： 　特殊條件（共 9 目）需有 1 目；或一般條件（共 12 目）需有 2 目以上。 ✘ 另有不得考列甲等情事（共 6 款）。
丁等	（公務人員考績法第 6 條） 除本法另有規定者外，受考人在考績年度內，非有左列情形之一者，不得考列丁等： ❶ 挑撥離間或誣控濫告，情節重大，經疏導無效，有確實證據者。 ❷ 不聽指揮，破壞紀律，情節重大，經疏導無效，有確實證據者。 ❸ 怠忽職守，稽延公務，造成重大不良後果，有確實證據者。 ❹ 品行不端，或違反有關法令禁止事項，嚴重損害公務人員聲譽，有確實證據者。

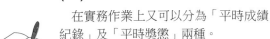

UNIT 7-6
平時考核與專案考績的應用

(一) 平時考核

在實務作業上又可以分為「平時成績紀錄」及「平時獎懲」兩種。

❶ 平時成績紀錄

指各機關單位主管平日具體記載人員工作、操行、學識、才能的評核表件，依據「行政院及所屬各機關公務人員平時考核要點」，目前訂有原則一致的平時成績考核紀錄表供各機關視業務需要修訂運用。

在辦理程序上，一般多由各機關人事單位在每年 4 月、8 月將考核表件〈大多簡稱為平時考核表〉送請主管人員進行考核，並將受考人的優劣事蹟、面談情形記錄於表件中。除了作為辦理年終（另予）考績時的重要參據，一般至少每半年密陳機關首長核閱一次。此外，人員於調任時，此表也應一併移轉，以供最後任職機關於年終辦理考績時的參考資料。

❷ 平時獎懲

依據考績法的規定，獎勵分為嘉獎、記功、記大功等三種；懲處則分為申誡、記過、記大過等三種。而嘉獎、記功或申誡、記過之標準，則由各機關視業務情形自行訂定，報請上級機關備查。

不同於前述的成績紀錄是以表件方式呈現，平時獎懲則多以機關獎懲令的公文形式發布。

在辦理程序上，則與年終考績辦理方式相類似，都應經過考績委員會初核的民主參與程序之後，才由機關長官覆核後，始由機關核定。

平時獎懲除了對於一般性的功過發揮及時獎勵與處罰的效果外，也是年終（另予）考績分數評定的重要依據。另外，功過相抵的結果也會影響得以考列的考績等次。

(二) 專案考績

相較於平時考核是針對一般性的功過，專案考績則是對於特殊重大功績或劣行時，隨時辦理的考績。像 100 年因為執行查假藥專案，而連帶主動發現並揭發食品添加劑中居然含有塑化劑這個業界早已行之有年「不能說的秘密」的食藥署某位技正，就曾經獲頒衛生署給予的專案考績一次記二大功獎勵。

專案考績只分為一次記二大功及一次記二大過等二種。功過的標準，分別在考績法及其施行細則當中都有規定。在結果運用上，有功者給予晉俸級與一次性獎金的獎勵，有過者，則予免職。

公務員要獲得一次記二大功專案考績實在是很不容易，以往曾有「官大獎大、官小獎小」，辛苦承辦人員未能敘獎，督辦的次長、秘書長卻提報一次記兩大功的不合理情形，也曾經有占全國公務人員人數 1/4 的警察，一次記兩大功人數卻占總敘獎人數 8 成比例的浮濫疑慮，因此於 103 年修正考績法施行細則第 14 條，將程序上增加了經銓敘審定後的優良事實及獎勵令應刊登政府公報〈涉及機密事項除外〉，以及銓敘部得退還主管機關再行審酌的規定，使專案考績的考評更趨嚴格及合理。

平時成績考核紀錄表（節錄）

（考核期間：　　　年　　　月　　　日至　　　月　　　日）

單位		職稱		姓名		官職等級				
工作項目										
考核項目	考　核　內　容				考　核　紀　錄　等　級					
					A	B	C	D	E
工作知能及公文績效	（各考核項目均有內容說明，其中「領導協調能力」項需任主管職務始填列，「語文能力」項多以英語為主；各項均須就右列等級勾選）									
創新研究及簡化流程										
服務態度										
品德操守										
領導協調能力										
年度工作計畫										
語文能力										
個人重大具體優劣事蹟										
面談紀錄										
單位主管綜合考評及具體建議事項（請簽章）					直屬主管綜合考評及具體建議事項（請簽章）					

平時考核與專案考績之種類及運用

平時獎懲		
（功）獎勵	種類	（過）懲處
3 種：嘉獎、記功、記大功（「書面嘉勉」不是法規明定的種類喔！）		3 種：申誡、記過、記大過（「書面糾正」、「口頭告誡」等都不是法規明定的種類喔！）
嘉獎 3 次作為記功一次；記功 3 次作為記一大功	功過相抵	申誡 3 次作為記過一次；記過 3 次作為記一大過
專案考績		
（功）一次記二大功	種類	（過）一次記二大過
晉俸 1 級，並給與 1 個月獎金；無級可晉者，給與 2 個月獎金。 但在同一年度內再有此專案考績者，不再晉俸級，改給與 2 個月獎金。	結果運用	！！！免職。
訂於公務人員考績法施行細則第 14 條（共 7 款）	要件規範	訂於公務人員考績法第 12 條第 3 項（共 8 款）

兩者與年終考績之關係

平時獎懲	專案考績
✔ 與考績分數相關： 併入年終考績增減分數：嘉獎或申誡一次，考績時增減 1 分；記功或記過一次，增減其分數 3 分；記一大功或一大過者，增減其分數 9 分。	✘ 無涉及考績分數： 專案考績不得與平時考核功過相抵銷（即與年終考績分數增減無關）。
✔ 與考績等次相關： 無獎懲抵銷而累積達二大過者，年終考績應列丁等。曾記二大功人員，考績不得列乙等以下；曾記一大功人員，考績不得列丙等以下；曾記一大過人員，考績不得列乙等以上。	✘ 不影響考績結果的晉敘： 在考績年度內曾取得較高俸級者，年終考績不再晉敘。但專案考績不在此限。

UNIT **7-7**
考績委員會

甄審委員會的組織職掌規定在公務人員陞遷法第 8 條及其施行細則第 7 條，考績委員會運作方式差異不大，但另以「考績委員會組織規程」作為法令依據。

(一) 設置情形

各機關原則上都應該設考績委員會，除法定例外情形，則可以不設置。如長官僅有一級，或是機關受考人數過少的特殊情形，則須報經上級機關核准後才能不設置，而將由上級機關統籌辦理。

甄審委員會必要時得與考績委員會合併之。但負責統籌辦理下級機關人員陞遷甄審（選）的機關，則不得合併。

(二) 委員任期

依照組織規程的規定，考績委員會委員之任期 1 年，期滿得連任。

不過在實務的運作上，考績委員會的任期通常不像甄審委員會般，從年頭到年尾，而會從 7 月 1 日到隔年的 6 月 30 日，避免在跨年度前後這個人事業務超級旺季的時候，還要趕辦考績委員的改選，如果因機關首長有不同意見而退回重審，依法需要開考績會，卻又剛好碰上跨年度時的新舊委員青黃不接，那就真的是呼天搶地了。

(三) 委員人數及組成

也是由 5 至 23 人組成，組成時委員任一性別比例不得低於 1/3，包含指定委員、票選委員及人事主管所擔任的當然委員。所以有關人數、性別比例、票選委員產生方式及比例等，甚至是會議的運作程序、保密及迴避的義務，也都

和甄審委員會的規定一樣。

考績委員會及甄審委員會的主要目的，都是在機關首長行使人員管理權的同時，也能夠讓被管理者有一定程度的公平表意機會，除了可以強化民主參與機制外，也可以在權力行使上發揮一定的衡平作用。

基於上述考量，加上兩種委員會所審議的都是本機關公務人員人事案，所以機關首長本人、約聘僱人員、技工友人員是不能夠參與票選及會議，也不能夠被指定為委員；不過人事、會計、政風等一條鞭體系的本機關內人員，雖然不能參與選舉（被選舉權及投票權），但仍可經機關首長指定為指定委員。

(四) 職掌

考績委員會的職掌包括：

❶ 本機關職員及直屬機關首長年終考績、另予考績、專案考績及平時考核獎懲之初核或核議事項。

❷ 考績法或其他法規明定應交考績委員會核議事項。例如「平時考核獎懲」在施行細則第 13 條中就規定應遞送考績委員會初核。

❸ 本機關首長交議事項。

(五) 會議紀錄

組織規程中明定會議紀錄應記載事項，但也保留「毋庸記載者不在此限」的彈性。除了會議次別、日期、地點、人員、決議等基本項目外，受考人的各項公務身分資訊、備詢人姓名及詢答要點、考績清冊等重要附件名稱及數量，也都應有詳實紀錄。

甄審委員會與考績委員會比較

	考績委員會	甄審委員會
設置依據	公務人員考績法第 15 條 考績委員會組織規程	公務人員陞遷法第 8 條第 1 項 公務人員陞遷法施行細則第 7、9 條
任期規定	任期 1 年，期滿得連任 （實務上任期多為 7/1～次年 6/30）	（除合併外，任期多為 1/1～12/31）
委員組成情形	❶ 應置委員 5 人至 23 人。 ❷ 組成時委員任一性別比例不得低於 1/3。（但本機關人員之任一性別比例未達 1/3 者，另有規定）。 ❸ 人事主管人員為當然委員。 ❹ 每滿 4 人應有 2 人由本機關人員票選。選舉原則上採普通、平等、直接及無記名投票方式行之。 ❺ 除當然委員及票選委員外，餘由機關首長就本機關人員中指定之，並指定 1 人為主席。 ❻ 各主管機關已成立公務人員協會者，指定委員中應有 1 人為協會代表。	
職掌	❶ 本機關職員及直屬機關首長年終考績、另予考績、專案考績及平時考核獎懲之初核或核議事項。 ❷ 本（考績）法或其他法規明定應交考績委員會核議事項。（如平時考核獎懲）。 ❸ 本機關首長交議事項。	❶ 陞遷候選人員資績評分或資格條件之審查。 ❷ 面試及測驗方式之決定。 ❸ 陞遷候選人員名次或透用順序之排定。 ❹ 機關首長交議事項之研議。 ❺ 其他有關陞遷甄審事項。 ❻ 其他法規明定交付審議事項。
會議運作程序	❶ 應有全體委員過半數之出席，始得開會。 ❷ 出席委員半數以上同意，始得決議。 ❸ 可否均未達半數時，主席可加入任一方以達半數同意。 ❹ 均有應迴避義務，及調閱有關資料、要求有關人員或其單位主管到會備詢等權利。	
其他	甄審委員會必要時得與考績委員會合併之。但依規定統籌辦理下級機關人員陞遷甄審（選）之機關，不得合併。	

委員資格細究

票選委員	指定委員	當然委員	主席
✔ 具選舉權人：本機關受考人 ✘ 所以不包含如： 本機關首長 一條鞭體系（人事、會計、統計、政風） 聘用、約僱人員 雇員 技工、工友、駕駛	✔ 由機關首長就本機關人員中指定之。 ✔ 組織法規所定本機關兼任副首長及一級單位主管得為指定委員。 ✔ 人事、會計、統計、政風人員亦得為指定委員。 ✘ 不包含所屬機關首長或所屬機關推薦人員（因為均非「本機關」人員）。	● 為本機關人事主管人員。 ✔ 依法「兼任」他機關人事人員者，得認定為兼任機關之當然委員。 ✘ 「兼辦」他機關人事業務之人事人員，因無組織法規之授權，不算當然委員。 ✘ 「代理」人事主管期間也不能算當然委員。	由機關首長就考績委員其中 1 人指定之。也就是說，無論是指定委員、票選委員，甚至是當然委員，都可以被指定為主席。 不過實務上因為基於尊重，多半由同時也是指定委員的副首長或幕僚長擔任主席。

UNIT **7-8**
考績（核）辦理程序

除了年度法定特殊情形外，公務人員的各種考績及獎懲，原則上均應經過考績委員會的民主參與審議程序。

(一) 一般年度考績案

❶ 查明受考人數

年終考績及另予考績原則上均於年終一併辦理，先由人事主管人員查明受考人數，填具考績表中有關銓審、請假或曠職、平時獎懲情形，檢同受考人全年平時考核表資料，依規定加註意見後送主管人員。

❷ 單位主管評分

主管就考績表項目綜合考量，並併入當年度平時獎懲情形增減分數後，給予評語及綜合評擬分數。對於擬予甲等或丁等人員，並應載明法定適用條款。

❸ 考績委員會初核

經主管評分的考績表，先彙送考績委員會初核，如對於考績案件，認為有疑義時，得調閱有關考核紀錄及案卷，並得向有關人員查詢。

❹ 機關首長覆核

機關長官覆核所屬公務人員考績案，除了未變更考績等次的分數可逕予調整外，如果對初核結果有意見時，應先交考績委員會「復議」，如對復議結果仍不同意時，才可以加註理由後變更。

❺ 上級或主管機關核定

將機關首長覆核的考績結果，按照銓敘部法定格式，分別將年終考績及另予考績依官等編列清冊及統計表，送請主管機關或經授權的所屬機關核定。

❻ 銓敘部審定

經上級或主管機關核定的考績案應於次年 3 月前送銓敘審定，若確有特殊情形，如正值組改或縣市升格等，得函經

銓敘部同意展期，但以不逾次年 6 月底為限。其中考列丁等者，並應檢附其考績表。

❼ 結果通知與執行

各機關將銓敘審定的考績結果，以法定的考績通知書格式，載明教示救濟的相關規定，以書面通知受考人，並自次年 1 月起執行〈如晉俸級、發給考績獎金等〉。但考績應予免職人員，自確定之日起執行；未確定前，應先行停職。

(二) 非於年終辦理的另予考績

如果人員連續任職達 6 個月，因撤職、休職、免職、辭職、退休、資遣、死亡或留職停薪期間考績年資無法併計，或又參加其他考試錄取但任用資格無法銜接，其另予考績應隨時辦理。

除考績免職人員需經考績會審議外，其他情形得逕由長官考核後，送請核定及銓敘審定。

(三) 專案考績

專案考績應依法定格式引據法條，詳述具體事實，經相同法定程序後，由主管機關送請銓敘審定。一次記二大功者並應檢附具體事實表。

另為避免獎勵過分寬濫，自 103 年起，增加了刊登政府公報及銓敘部得退還主管機關再行審酌的相關規定。

(四) 平時獎懲

平時考核獎懲的辦理程序原則上與考績案相同，但因未涉及身分變更、晉級與獎金的規定，所以是由服務機關直接核定，無須再轉陳上級機關。

一般年度考績

考績辦理機關

人事主管人員

❶ 於年底查明年終考績及另予考績受考人數
❷ 填具考績表中銓審、勤惰、獎懲紀錄
❸ 併同平時考核表，送交單位主管

單位主管評分

❶ 填具工作項目
❷ 請同仁確認考績表中個人資訊是否正確
❸ 增減獎懲分數後，給予評語及綜合評擬分
　數。甲、丁等並應載明法規條款

經考績委員會初核

❶ 人事單位依主管初評分數，造列考績清
　冊，併同考績表彙送初審
❷ 委員如對考績案有疑義時，得調閱相關案
　卷，或向有關人員查詢
❸ 擬予丁等人員，應給予陳述及申辯機會

首長對初核結果有
意見時，應交考績
委員會「復議」

機關首長覆核

❶ 未變更考績等次的分數可逕予調整
❷ 對復議結果仍不同意時，始可加註理由後變更

送 主管機關 或 授權之所屬機關 核定

❶ 人事單位將考績結果編列清冊及統計表函陳
❷ 考列丁等者，應檢附其考績表

銓敘部、主管機關或授權之所屬
機關，如發現有違反考績法規情
事者，應照原送原案程序，退還原
考績機關，另為適法之處分

送 銓敘部 銓敘審定

結果通知與執行

❶ 製發考績通知書，載明教示救濟規定
❷ 年終辦理之考績結果，應自次年1月起執行
❸ 但考績免職人員，自確定之日起執行

UNIT **7-9**
考績結果執行

我國考績結果需待銓敘部的終局審定，與人員的身分、俸級及獎金都有可能產生直接變動，但由於考績辦理過程往往都是跨年度的作業，有關辦理權責及結果執行上，主要規定在考績法施行細則第 9 條及各機關辦理考績（成）作業要點。

(一) 辦理機關

原則上是由「年終任職」的機關一併辦理年終及另予考績。但若是因在年度中退離或是留職停薪期間考績年資無法併計等各項原因中斷者之另予考績，則應由最後在職機關隨時辦理。

但由於考績任職期間的最小單位是以「月」來計算，因此，在 12 月 2 日以後才調其他機關任職者，因為 12 月當月份有在原機關服務的事實，所以仍然是由原本的任職機關辦理年終考績。12 月 1 日以前的調職，新職機關即為「年終任職」機關。

(二) 考績結果執行

無論是年終考績或另予考績，均應等到銓敘審定後，追溯自次年 1 月起執行；如果是一次記二大功專案考績或是非於年終辦的另予考績，則自主管機關核定之日起執行。

但要是屬於考績應予免職人員，自確定之日起執行，也就是指一次記二大過專案考績免職、考列丁等免職等二種情形。所稱確定之日，視當事人是否提出救濟情形而有不同。

另外，在未確定前，有關身分的變動還在救濟程序中而無法定論，機關應依法先行將受考人停職。

(三) 考績獎金計算標準

年終考績或另予考績獎金，原則上均以受考人次年 1 月 1 日依照考績結果晉級後的俸給總額計算；就算是 12 月 2 日以後調任新職機關人員的計算方式也相同。另外 12 月 2 日以後如因為免職、辭職、退休、死亡等情形所辦理的考績，雖然次年初已不在職，但法令仍放寬以晉級後在職同等級項目者次年 1 月 1 日的俸給總額為準。而考績實務上多在元旦至農曆春節期間辦畢並送審，為了大家好過年，作業要點規定得於機關長官覆核後，先行借支。

非於年終辦理的另予考績獎金，以最後在職日的俸給總額為準。專案考績獎金，以獎懲令發布日的俸給總額為準。

考績年度內如因職務異動致俸給總額減少者，或依法代理或兼任職務而支領加給者，考績獎金的各種加給，均另外按月數比例計算發給。

俸給章節曾經提及年度中因為調陞較高職務而有晉俸情形者，考績年度內考列乙等以上就不再晉敘（俗稱跳空），但其考績獎金仍予照發。

(四) 發給機關

考績獎金由受考人次年 1 月 1 日的在職機關發給，所以 12 月 2 日至 31 日這段期間調職人員，雖然考績辦理權是原職機關，但是獎金要由新職機關發給。

但非於年終辦理的另予考績、12 月 2 日以後退離死亡但仍放寬比照次年初晉級後情形所發給的考績獎金，因為次一年初皆不會有新任職機關，所以考績獎金仍由原辦理機關發給。

考績結果執行

情事		考績辦理時點	考績辦理機關	考績獎金給予標準	考績獎金發給機關
年終考績	一般年終考績（即同一考績年度內，1～12月連續任職者）	年終	年終最後任職機關	次年1/1之俸給總額	受考人次年1/1之在職機關
	12/2以後調職者	年終	原職機關（以原職務辦理）	次年1/1之俸給總額	受考人次年1/1之在職機關（即新職機關）
	12/2以後撤職、休職、免職、辭職、退休、資遣、死亡、留職停薪期間考績年資無法併計或轉任（調）不適用本法規定之機關，經依本法辦理考績者	年終	最後在職機關	在職同等級且支領相同俸給項目者次年1/1之俸給總額	辦理考績機關
	奉派出國協助友邦機關、借調機關、公民營事業機構或政府捐助經費達設立登記之財產總額50%以上之財團法人者（即公務人員留職停薪辦法第4條第1項4～6款情形）	年終	由本職機關以本職辦理	次年1/1在前述機關、機構或財團法人所支俸（薪）額	前述機關、機構或財團法人
另予考績	一般另予考績（即7～12連續任職者）	年終	最後任職機關	次年1/1之俸給總額	受考人次年1/1之在職機關
	因撤職、休職、免職、辭職、退休、資遣、死亡或留職停薪期間考績年資無法併計，同一年度內任職不滿1年，但連續任職已達6個月者（即12月不在職者）	隨時	最後在職機關	最後在職日之俸給總額	辦理考績機關
	經銓敘部銓敘審定合格實授，復應其他考試錄取，於分配實務訓練期間未具占缺職務任用資格者	隨時	原任職機關	原職務最後在職日之俸給總額	辦理考績機關
	轉任教育人員、公營事業人員或其他公職者，如其轉任前之年資，未經所轉任機關併計辦理考績、考成或考核者	轉任前之機關予以查明後，於年終辦理	轉任前之機關	在職同等級且支領相同俸給項目者次年1/1之俸給總額	辦理考績機關
專案考績	有重大功績時（即一次記兩大功）	隨時	任職機關	獎懲令發布日之俸給總額	辦理考績機關

※ 表中所稱「本法」均指公務人員考績法。

考績免職 (一次記二大過專案考績、考列丁等) 之結果執行時點

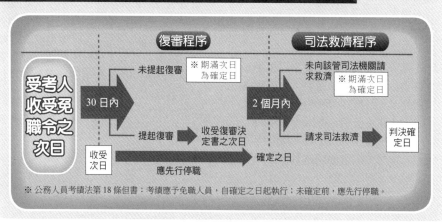

※ 公務人員考績法第18條但書：考績應予免職人員，自確定之日起執行；未確定前，應先行停職。

UNIT 7-10
考績正當程序及救濟

由於我國的考績結果對於公務人員的身分及公法上財產請求權都會有所影響變動，而考績又高度仰賴主觀的單位主管及機關首長們能夠以客觀的心胸來進行評核，所以有不少正當程序的要求及相關救濟規定。

(一) 相關辦理人員的責任

各機關辦理考績人員如有不公或徇私舞弊情事時，其主管機關應查明責任予以懲處，並通知原考績機關對受考人重加考績。

考績委員會對於考績案件，認為有疑義時，有調閱紀錄案卷、向有關人員查詢的權利。

所有人員在考績、獎懲考核核定前，對所有過程均負有保密及迴避義務，違反者按情節輕重予以懲處。

(二) 受考人的正當權利

❶ 考績免職人員

按照我國現行考績法的規定，年終考績或另予考績擬列丁等、專案考績擬予一次記二大過人員，考績結果都是極為嚴重的免職處分，因此也在程序上有更多的要求。

考績辦理的法定程序本來就規定應遞送考績委員會初核，即便是非於年終辦理的另予考績或因特殊規定可以不設置考績委員會時，考績免職人員仍應送經本機關或上級機關考績委員會考核。

另外，在處分前也應給予當事人陳述及申辯之機會。也就是說，機關應以書面通知當事人以書面或言詞為之，並列入考績委員會議紀錄。

如果經評核後，仍擬予考績免職者，應於考績通知書或免職令中附記處分理由及教示救濟。

❷ 其他考績或獎懲結果

除考績免職外，受考人於收受考績通知書或獎懲令後，如有不服，亦均得依公務人員保障法提起救濟，原本視權益影響的程度大小，有復審及申訴兩種途徑，但因應釋字第 785 號解釋，保訓會於 109 年 10 月將各考績等次及依考績法的平時考核獎懲均改認核屬行政處分（非管理措施），皆應循本復審程序提起救濟。

(三) 上級或權責機關的把關

公務人員的考績案，如發現有違反考績法規情事者，應照原送案程序，退還原考績機關另為適法處分。上級核轉機關、主管機關及銓敘部都有退回重審權。

如經退還要求另為適法處理，或依規定要求查明辦理人員有不公或徇私舞弊後重行考績時，原考績機關應於文到 15 日內處理。逾限不處理或未依相關規定處理者，核定機關是可以調卷或派員查核後，對於考績或獎懲逕予變更。

另外，有關於重大功過的專案考績，為了避免獎勵浮濫，103 年也增加銓敘部可就案件性質、規模、困難度及複雜度等，為妥適性及衡平性考量，並得依原送審程序，退還主管機關再行審酌的新規定。

考績正當程序及救濟

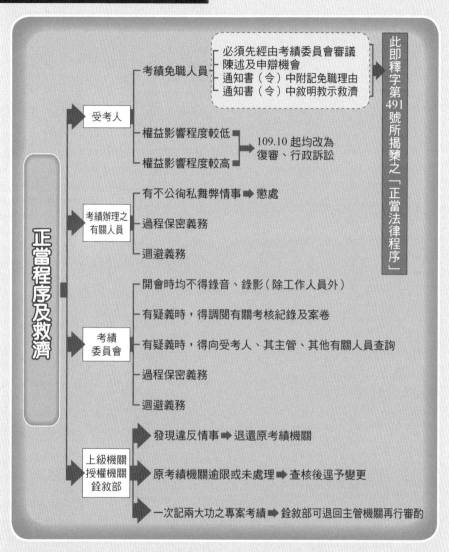

正當程序及救濟

受考人
- 考績免職人員
  - 必須先經由考績委員會審議
  - 陳述及申辯機會
  - 通知書（令）中附記免職理由
  - 通知書（令）中敘明教示救濟
  → 此即釋字第491號所揭櫫之「正當法律程序」
- 權益影響程度較低
- 權益影響程度較高
  → 109.10 起均改為復審、行政訴訟

考績辦理之有關人員
- 有不公徇私舞弊情事 ➡ 懲處
- 過程保密義務
- 迴避義務

考績委員會
- 開會時均不得錄音、錄影（除工作人員外）
- 有疑義時，得調閱有關考核紀錄及案卷
- 有疑義時，得向受考人、其主管、其他有關人員查詢
- 過程保密義務
- 迴避義務

上級機關授權機關銓敘部
- 發現違反情事 ➡ 退還原考績機關
- 原考績機關逾限或未處理 ➡ 查核後逕予變更
- 一次記兩大功之專案考績 ➡ 銓敘部可退回主管機關再行審酌

★「正當法律程序」

正當法律程序（Due Process 或 Due Process of Law）是一個重要的法律原則，首見於英國 1215 年的大憲章（The Great Charter），指的是程序上的繁簡，應該要與所涉及的實體利益輕重成正比，也就是說，如果影響的實體利益越重要，在決定過程的程序上也應該越嚴謹，以免人民的利益遭受國家恣意行為的侵害。我國也在民國 88 年以釋字第 491 號，首度宣示我國公務員考績免職所應依循的正當法律程序，包括❶作成處分應經公正委員會決議；❷處分前並予陳述申辯機會；❸處分書應附記理由；❹教示救濟（明示救濟方法、期間及受理機關等）。

第 8 章
獎懲制度

●●●●●●●●●●●●●●●●●●●●●●●● 章節體系架構 ▼

UNIT **8-1**
獎勵制度

雖說憲法明定考試院掌理公務人員褒獎之法制事項,但是我國目前並沒有統一立法,而是分散在不同法規之中。

(一) 公務人員考績法

如一次記兩大功的專案考績,以及嘉獎、記功、記大功等平時考核,都屬於獎勵機制的一環。

(二) 褒揚條例

較屬於精神上的感念褒揚,國民、公務人員、外國人等,甚至是法人、團體等,都適用本條例。法定褒揚方式有「明令褒揚」及「題頒匾額」二種,前者以受褒揚人逝世者為限。

(三) 勳章條例

也是國民及外國人均得授予,有采玉大勳章、中山勳章、中正勳章、卿雲勳章、景星勳章等五種,其中采玉大勳章是國家元首所專屬,卿雲及景星勳章均依勳績分等,若屬於一等,則由總統親授。

在呈請的程序上,則由呈請機關詳細填具勳績事實表、加具考評字語,蓋用印章後,連同證明文件,遞轉初審機關(銓敘部、內政部或僑委會)審核,陳報主管院轉呈總統。政務官、外國人或不隸屬於五院的呈請機關,也另外訂呈請及審核的程序規定。

(四) 獎章條例

獎章條例中訂有功績獎章、楷模獎章、服務獎章、專業獎章等四種。其中功績獎章、楷模獎章各分為 3 等,是基於具體的特殊功績或優良事蹟,由各主管機關報請各該主管院核定,並由院長頒給。

相較於上開獎勵或褒揚似乎都需要有極為了不起的豐功偉業,服務獎章則是基於服務滿 10 年以上的優良服務成績頒給,共分為 4 等,任職滿 40 年者,將可獲頒最高的特等服務獎章。其實大多數的公務人員都在自己的工作崗位上兢兢業業地為民服務與把關,雖然不一定人人功高,但將有限的青春年華都貢獻給了國家,對於其勞苦也予以一定的感念。

前開的各種勳章及獎章獲頒者,還可以依「公務人員領有勳章獎章榮譽紀念章發給獎勵金標準表」的規定,按照等第發給獎勵金作為鼓勵。

專業獎章則是由各主管院或主管機關,依其主管業務的性質及需要,就專業具體事蹟另外自訂頒給辦法,如人事專業獎章、考試院考銓獎章、衛生福利專業獎章、內政專業獎章、役政專業獎章等。

(五) 其他行政獎勵

考試院為了提升公務人員品德修養、激勵工作熱忱、提高服務品質及工作績效,還訂有「公務人員品德修養及工作績效激勵辦法」,除了透過鼓勵參與志願服務、成立讀書會等活動外,每年還定期針對個人或團體辦理公務人員傑出貢獻獎的表揚,並選拔模範公務人員,給予獎狀、獎勵金及公假等鼓勵。

此外針對曾獲頒勳章、獎章(不含服務獎章)、傑出貢獻獎或當選模範公務人員者,在陞遷法第 11 條中也訂有優先陞任的獎勵規定。

獎勵制度

褒揚	明令褒揚	以受褒揚人逝世者為限。
	題頒匾額	❶ 褒揚國民立德、立功、立言，貢獻國家，激勵當世，垂之史冊，昭示來茲。 ❷ 條例中訂有 11 款情事。
勳章	采玉大勳章	總統佩帶。得特贈外國元首。
	中山勳章	如統籌大計，安定國家者；對於建國事業有特殊勳勞者等 3 款勳勞。
	中正勳章	如對復興中華文化有特殊表現者、對實施民主憲政有特殊勳勞者等 4 款勳勞。
	卿雲勳章	❶ 如公務人員於國民經濟、教育、文化之建設，著有勳勞者等 9 款情形；非公務人員有 7 款情形；外國人有 6 款情形。其他凡有勳勞於國家社會，但於條例中所未列舉者，亦得比照授予。
	景星勳章	❷ 應先授景星勳章，其勳勞特著、超越於一般勳勞者，得授予卿雲勳章。 ❸ 均分為九等。
獎章	功績獎章	❶ 如對主管業務，提出重大革新方案，經採行確具成效並有具體事蹟；檢舉或破獲重大危害國家安全案件，消弭禍患；對突發重大事故，處置得宜，免遭嚴重損害等 7 款情形。 ❷ 分為三等。
	楷模獎章	❶ 如操守清廉，有具體事蹟，足資公教人員楷模；搶救重大災害，奮不顧身，有具體事實等 6 款情形。 ❷ 分為三等。
	服務獎章	❶ 公教人員服務成績優良者，於退休（職）、資遣、辭職或死亡時，頒給（任職滿 10 年者頒給三等、滿 20 年者二等、滿 30 年者一等、滿 40 年者特等）。 ❷ 所稱「服務成績優良」，是指請獎年資中，考績均列乙等或相當等次以上，且未受懲戒、刑事或平時考核記大過之處分。
	專業獎章	❶ 由各主管院或主管機關，依其主管業務之性質及需要，訂定頒給辦法。分為三等。 ❷ 獲頒者，由核頒機關送銓敘部登記。
考績	專案考績	❶ 因重大功績而「一次記兩大功」。 ❷ 晉俸 1 級，並給與 1 個月俸給總額之獎金。
	平時考核	分為嘉獎、記功、記大功等 3 種。
其他行政獎勵	公務人員傑出貢獻獎	❶ 由考試院主辦，銓敘部承辦，每年總獎額有名額限制。 ❷ 獲頒公務人員傑出貢獻獎，個人獎及團體獎均頒給獎金、獎座及公假 7 日。
	模範公務人員	❶ 由中央（或相當）二級以上機關、地方直轄市（縣、市）政府、直轄市（縣、市）議會辦理選拔，每年定期舉辦一次。依現有職員總人數訂有名額比例限制。 ❷ 各主辦機關應公開表揚獲選人員，亦有獎狀、獎金及公假上限規定。

勳章部分：獎勵金金額均明訂於「公務人員領有勳章獎章榮譽紀念章發給獎勵金標準表」

UNIT **8-2** 懲戒法近次修正重點

公務員懲戒法於民國 20 年訂定，從 74 年修正後維持了好一段時間，期間歷經政治生態、經濟型態及社會結構的大幅變化及諸多大法官釋字要求，於 104 年除對象、懲戒種類外，增加諸多程序上保障而使條文數量倍增，另 109 年再度將審理制度進一步修正。

(一) 原修法緣由

❶ 期間規範不明確

司法院大法官已就公務員撤職停止任用期間、休職期間、懲戒權行使期間及再審議期間等疑義分別作出多次解釋。

❷ 審議程序不完備

大法官對於原公懲會屬於司法權的審理，應採法院體制；又認為案件審議的程序保障不足而應予以強化。

❸ 發揮整飭官箴目的

以往發生少數公務員一旦被發現涉及違法失職後，便馬上辦理退休或離職，之後才做出來的懲戒處分成了一紙空談，沒有實質效果，不但重創政府形象，也讓社會大眾對於不法人員仍能持續領取國家的退離給與，有著合法但不合理的質疑。

(二) 104 年修正重點

❶ 對象

明定對退休、退職、退伍或其他原因離職人員於任職期間的違法或失職行為，均適用本法予以懲戒，避免公務員以退離為手段，規避懲戒責任。

❷ 處分種類及時效

除維持原本的 6 種懲戒處分種類外，增列「免除職務」、「剝奪、減少退休（職、伍）金」及「罰款」3 種懲戒處分，並明定法律效果及行使期間。

❸ 審理程序

為符合大法官釋字第 396 號意旨，懲戒案件改以合議庭方式審判，不再以會議方式審議，相關組織法也配合修正；懲戒程序並從原本準用刑事訴訟法，改為行政訴訟法的準用；增訂得選任辯護人或委任代理人，應本於言詞辯論而為判決；賦予擬付懲戒人最後陳述意見機會；對於審理委員的迴避義務也有規定。

除審理程序外，懲戒處分的執行程序也加以明定。

❹ 維持刑懲併行

為提升懲戒案件審理之效能，明定同一行為，在刑事偵查或審判中，不停止審理程序，如牽涉犯罪是否成立者，必要時得停止審理程序。

(三) 109 年修正重點

❶ 更名為懲戒法院

公務員懲戒委員會（簡稱公懲會）於 104 年已採法院組織分庭審判，為使名實相符，109 年修法正式更名為懲戒法院，並設懲戒法庭專司審理公務員懲戒案件，另應以裁定方式為停止職務處分。禁止公務員資遣或申請退休、退伍的時點也有所調整。刑懲併行於同一行為發生競合情形的效力也在本次修正中明示。

❷ 變更審級制度

為使公務員懲戒案件當事人於不服懲戒判決時，亦得循上訴程序救濟，以發揮糾錯或權利保護功能，將審理制度改採一級二審制。另基於訴訟經濟及再審補充性原則，再審的規定及程序也有調整。

104 年修法前後比一比

	74.05.03 公布施行	104.05.20 公布（105.05.02 施行）
條文數量	41 條	80 條
適用對象	現職公務員（採服務法第 24 條定義）	❶ 現職公務員。 ❷ 退休（職、伍）或其他原因離職之公務員於任職期間之行為，亦適用之。
應受懲戒情事	應受懲戒之情事： ❶ 違法。 ❷ 廢弛職務或其他失職行為。	❶ 下列情事，有懲戒之必要者： ① 違法執行職務、怠於執行職務或其他失職行為。 ② 非執行職務之違法行為，致嚴重損害政府之信譽。 ❷ 增加「公務員之行為非出於故意或過失者，不受懲戒」規定。
懲戒種類	❶ 撤職、休職、降級、減俸、記過、申誡等 6 種。 ❷ 政務官僅適用撤職、申誡 2 種。	❶ 免除職務、撤職、「剝奪、減少退休（職、伍）金」、休職、降級、減俸、罰款、記過、申誡等 9 種。 ❷ 剝奪、減少退休（職、伍）金之處分，以退離公務員為限。 ❸ 政務官僅適用免除職務、撤職、「剝奪、減少退休（職、伍）金」、減俸、罰款、申誡等 6 種。
審議程序	以會議審議方式	以訴訟審判方式，但仍為一級一審程序
程序準用	準用刑事訴訟法	準用行政訴訟法
刑懲關係	刑懲併行	仍維持刑懲併行

109 年修正前後

	104 年原規定	109 年新規定
權責機關	公務員懲戒委員會（委員）	懲戒法院、懲戒法庭（法官）
禁止退離時點	審理中（經監察院提出彈劾者亦同）	明定自送請監察院審查或移送懲戒時起至懲戒處分生效時止
審級	一級一審	一級二審
審理公開	原則不公開，例外公開	原則應公開，例外不公開
判決方式	宣示	公告（言詞辯論仍有宣示）
救濟	無	新增抗告（不服第一審裁定） 新增上訴（不服第一審判決）
第二審	無	法律審

UNIT 8-3
懲戒法適用對象

公務員懲戒法是基於國家對人員的違法失職行為，追究行政責任，維持公務紀律，而採取司法方式，以維持長官監督權的必要。但處分仍有輕重之別，重大的懲戒結果可能足以改變公職身分，或對於其財產權有嚴重影響。因此，雖然懲戒法的適用對象比起任用法的範圍要大了許多，甚至比服務法還大，但仍視對象的不同，而在運用上有些許差異。

(一) 公務員

懲戒法第 1 條開宗明義規定，公務員非依本法不受懲戒。但法律另有規定者，從其規定。

一般而言，此處公務員的定義是參照公務員服務法規定，以受有俸給之文武職公務員及其他公營事業機構純勞工以外人員為適用範疇。若再加上司法院第308 號解釋，公立中小學校教職員、兼任行政職務的公立學校教師（就其兼任之行政職務範圍內），因為仍有公務員服務法的適用，所以也在懲戒法的範圍之中。

(二) 退離人員

過去有些人員在東窗事發至被移送前的這段空窗期間，趕緊申請退休並領走退休金，之後就算受到懲戒，也無法真正追究責任，引發外界觀感不佳的批評聲浪。為了維持官箴，104 年修法當中也參照德國相關懲戒法律，對退休或其他原因離職公務員於任職期間的行為，增訂「剝奪、減少退休（職、伍）金」的規定，補強害群之馬採取不公不義但卻合法行為所造成的破口。

此外，為避免公務員藉由資遣或申請退離以規避懲戒責任，109 年將禁止資遣或申請退休、退伍的時點再次予以修正。正在研擬修正中的公務員服務法就辭職也有類似規定。

(三) 軍職人員

除了前述的參照服務法所訂「文武職」之外，依照釋字第 262 號解釋，監察院對軍人提出彈劾時，亦應移送公懲會審議。此外，我國對於武職人員的懲罰，另訂有「陸海空軍懲罰法」專法。

為了將大法官歷次的解釋規範更加具體明確的呈現於懲戒法中，104 年新制修正時於懲戒法第 8 條禁止資遣退離的規定中也加入「退伍」二字，使其能與一般文職公務員相同，以示公平。

(四) 政務官

雖然懲戒法主要適用對象原則上為常任事務官，但是第 9 條中特別明定懲戒處分對於政務官的運用，原先僅適用最重的「撤職」及最輕的「申誡」2 種處分，但常有失重或失輕而不符合比例原則的批評，因此在 104 年修法後增訂免除職務、剝奪（減少）退職金、減俸及罰款等懲戒處分種類，以臻周全。

(五) 地方首長

地方制度法第 84 條明文規定直轄市長、縣市長、鄉鎮市長適用公務員服務法；其行為有違法、廢弛職務或其他失職情事者，準用政務人員之懲戒規定。不但明確定位民選地方行政首長的屬性，也就其法律適用上有所依據。

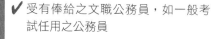

懲戒法適用對象

一般公職	✔ 受有俸給之文職公務員，如一般考試任用之公務員 ✔ 公營事業機構純勞工以外人員	公務員懲戒法第1條（定義參照公務員服務法第2條）
	✔ 公營事業經國家或其他公法人指派在公司代表其執行職務或依其他法律逕由主管機關任用人員，如華航公司董事長、總經理、監察人 ✘ 其他依公司法規定設立之公營事業人員，如華航公司一般員工	釋字第305號解釋
軍職	✔ 軍人（即武職人員）	公務員懲戒法第1條（定義參照公務員服務法第2條）、釋字第262號解釋 另亦有陸海空軍懲罰法
教職	✔ 委任之公立中小學校校長及教職員，如人事、會計、總務 ✔ 公立學校兼任行政職務之教師 ✘ 未兼任行政職務之聘任教師	釋字第308號、院解字第2986號解釋
民選公職人員	✔ 政務人員，如經濟部長、政務次長	公務員懲戒法第9條
	✔ 地方行政首長，如直轄市長、縣市長、鄉鎮市長	地方制度法第84條
	✘ 立法委員 ✘ 地方議會議員，如直轄市議員、縣市議員、鄉鎮市民代表	
	✘ 里長	地方制度法第6條，村（里）長為無給職

※ 以上規定對退休（職、伍）或其他原因離職之公務員於任職期間之行為，亦適用之（104年新法重點）。

第 **8** 章 獎懲制度

UNIT **8-4**
懲戒處分的情事與種類

(一) 受懲戒情事

包括「違法執行職務、怠於執行職務或其他失職行為」及「非執行職務之違法行為，致嚴重損害政府之信譽」等兩大類，且「有懲戒之必要者」的客觀要件，與「行為非出於故意或過失者，不受懲戒」的主觀要件。

原本規定只要違反法律要件，不分情節輕重，不問故意過失，一律移送懲戒。但懲戒處分的目的是在追究責任並維持紀律，如果違失情節較輕，機關首長透過考績法所授與的職務監督權就足以確保公務效率，自然沒有一律移送的必要，也較不浪費司法資源。

(二) 懲戒種類

❶ 免除職務

免其現職，並不得再任用為公務員。

懲戒法中新修正所增加的這項處分相當嚴重，再也不能擔任公務員，與任用法第 28 條的效果相同，政務人員亦適用。藉由永久淘汰不適任人員，以維持官紀。這與考績法的丁等或一次記兩大過的「免職」在程度上有相當大的不同。

❷ 撤職

撤其現職。這跟考績法的免職就比較類似，只不過多了停止任用的一定期間。原本沒有停止任用的上限規定，經釋字第 433 號解釋指正後，予以檢討並於 104 年修正。

❸ 剝奪、減少退休（職、伍）金

這項處分是 104 年修正後所增加的項目，完全剝奪或在一定比率內減少其退離給與。已支領者，並應追回之。如果受懲戒人死亡，國家仍可就其遺產強制執行。

❹ 休職

休其現職，停發俸（薪）給，並不得申請退休、退伍或在其他機關任職；也都有一定期間的規定。與撤職所不同的是，休職期滿，准許申請復職。

❺ 降級

一定期間內按照現職的薪俸等級降 1 或 2 級改敘；若是無級可降者，仍按照差額減少薪俸。

❻ 減俸

一定期間內在 10～20% 的額度範圍內減少每月薪俸。

❼ 罰款

為 104 年增加的項目，同時還可以跟免除職務、撤職、休職、降級、記過、申誡等各款併為處分。這項有關金錢方面的處分項目，也希望能消弭以往大家對於懲戒處分不痛不癢的批評指教。畢竟一講到罰錢，對大多數的人來說，總還是比較痛的。

❽ 記過

懲戒法的記過處分，搭配有不得晉升的規定，一年內被記過三次還會被降級。相較起來，考績法中的記過的影響程度似乎稍小一些。

❾ 申誡

即以書面的方式告誡。

(三) 懲戒時效

為了維護公務員權益及法秩序的安定，國家對於違失公務員的懲戒權訂有行使期間的限制，除了促使機關須儘速處理外，也避免應否予以懲戒長期處於不確定狀態。此外，依據釋字第 583 號解釋的建議，104 年的修正也就各種懲戒處分的行使期間分別規定。

處分種類、時效、適用對象

處分種類	意涵	懲戒時限 ※	適用對象 現職人員	適用對象 退離人員	適用對象 政務人員
免除職務	免其現職,並不得再任用為公務員。	無期限	✔		✔
撤職	● 撤其現職,並於一定期間停止任用;其期間為 1 年以上、5 年以下。 ● 於停止任用期間屆滿,再任公務員者,自再任之日起,2 年內不得晉敘、陞任或遷調主管職務。	無期限	✔		✔
剝奪、減少退休(職、伍)金	● 剝奪:指剝奪受懲戒人離職前所有任職年資所計給之退休(職、伍)或其他離職給與;其已支領者,並應追回之。 ● 減少:指減少受懲戒人離職前所有任職年資所計給之退休(職、伍)或其他離職給與 10～20%;其已支領者,並應追回之。 ● 應按最近一次退休(職、伍)或離職前任職年資計算。但公保養老給付、軍保退伍給付、公務員自繳之退撫基金(或自提儲金)本息,不在此限。	剝奪: 無期限 減少:5 年		✔	✔
休職	● 休其現職,停發俸(薪)給,並不得申請退休、退伍或在其他機關任職;其期間為 6 個月以上、3 年以下。 ● 休職期滿,許其回復原職務或相當之其他職務。自復職之日起,2 年內不得晉敘、陞任或遷調主管職務。 ● 前項復職,得於休職期滿前 30 日內提出申請,並準用保障法之復職規定辦理。	10 年	✔		
降級	● 依受懲戒人現職之俸(薪)級降 1 級或 2 級改敘;自改敘之日起,2 年內不得晉敘、陞任或遷調主管職務。 ● 無級可降者,按每級差額,減其月俸(薪);其期間為 2 年。	5 年	✔		
減俸	依受懲戒人現職之月俸(薪)減 10～20% 支給;其期間為 6 個月以上、3 年以下。自減俸之日起,1 年內不得晉敘、陞任或遷調主管職務。	5 年	✔		✔
罰款	金額為新臺幣 1 萬元以上、100 萬元以下。(本款得與免除職務、撤職、休職、降級、記過、申誡併為處分)	5 年	✔		✔
記過	得為記過 1 次或 2 次。自記過之日起 1 年內,不得晉敘、陞任或遷調主管職務。1 年內記過 3 次者,依其現職之俸(薪)級降 1 級改敘;無級可降者,按每級差額,減其月俸。	5 年	✔		
申誡	以書面為之。	5 年	✔		✔

※ 指應受懲戒行為,自行為終了之日起,至案件繫屬公懲會之日止,所得予以之懲戒處分。
　所稱「行為終了之日」,指公務員應受懲戒行為終結之日(如收賄行為已經拿到款項),但此種行為如果是屬於不作為者(如包庇特定廠商而不開罰),則指公務員所屬服務機關或移送機關知悉之日。

UNIT **8-5**
停職與復職

停職,是職務上的暫時停止,對於違法犯紀情形仍在調查審理、釐清真相的階段,為避免損害繼續擴大的一種必要、附屬性保全措施,雖然還不是終局決定,但對於公務員的權益仍有重大影響。

(一) 停職種類

❶ 當然停職

此種停職態樣屬於事實狀態,如通緝中、羈押中、坐牢中等事實上根本不可能執行職務的情形,因此也不需要發布任何人事命令或停職處分。

❷ 先行停職

先行停職,也稱為職權停職、裁量停職,從字面上看起來,就不像當然停職這麼樣的理所當然,而是因為特殊的重要考量而由有權機關先讓人員停止執行職務,作為保全措施。

先行停職並非懲戒法所獨有,考績法的免職、任用法的試用不及格等其他法規中,也有停職規定。

(二) 停職期間的權益變動

❶ 職務行為

依法停止職務的公務員,在停職中所為之職務上行為,不生效力。

❷ 俸給津貼

停職期間因為沒有任職事實,理論上是不能夠發給薪俸,但考慮到人員停職期間還是有必要的生活開銷,在應負責任尚未明確之前,得發給半數俸額。至於另外一半,必須要等人員最終判決或處分確定後,符合相關規定者,才可以補發。

至於加給,因為是根據服勤事實始應加發的給與,停職期間完全不能發給,也不能補發。

婚、喪、生育、子女教育補助等生活津貼,也要等復職後於一定期間內依規定向本機關或學校申請補發。

❸ 各項保險

除了「當然停職」會因為不符加保資格,而被機關逕予退保外,如果是責任尚未明確的其他停職期間,公保與健保可以比照留職停薪人員,自行抉擇要自付全部保險費繼續加保,或者是退保。

❹ 退休或辭職申請

公務員於懲戒案審理中、經監察院提出彈劾、停職期間,都不能夠申請退休或資遣,因此退撫基金也應暫停繳付。

另外,106 年新修正的保障法雖然新增公務人員的辭職權利,明定機關不得拒絕,但仍然保留「除有危害國家安全之虞或法律另有規定者外」的例外情形可由機關審酌。

(三) 可否提出行政爭訟

❶ 若由司法機關做成,如原公懲會(現懲戒法院),因屬於審理中的程序行為,不得單獨對停職提出救濟,只能在終局判決出爐後,一併提出救濟。
❷ 若由行政機關做成,如監察院、主管機關、服務機關等,行政法院實務上採「程序行為之特別理論」,允許受處分人員單獨對於停職處分提起爭訟,以符合憲法所保障服公職的權利。

(四) 復職申請

停職人員如果是依法得復職情形,在停職事由消滅或停職處分經撤銷後,得依法申請復職。除法律另有規定外,機關應准許其復職。不過復職應由本人提出申請,在復職報到之前,仍視為停職。

停職、復職與救濟

當然停職	先行停職
● 懲戒法第 4 條 （第 1 款）被通緝或羈押。 （第 2 款）受褫奪公權宣告。 （第 3 款）受徒刑宣告，在監所執行中。	● 懲戒法第 5 條 （第 1 項）懲戒法庭認為情節重大，得裁定並通知該管主管機關先行停止其職務。 （第 3 項）主管機關對移送監察院或懲戒法院審理而認為有情節重大之虞者，亦得依職權先行停止其職務。 ● 考績法 18 條 （第 2 項但書）考績應予免職人員，未確定前，應先行停職。 ● 任用法第 20 條 （第 6 項）試用成績不及格人員，未確定前，應先行停職。

得否就停職部分提起行政爭訟	
✗ 懲戒法第 4 條各款 為事實狀態，並無處分行為。 ✗ 懲戒法第 5 條第 1 項 司法審判機關在程序中的暫時性處分性質，非終審議結果。	✔ 懲戒法第 5 條第 3 項 ✔ 考績法第 18 條 ✔ 任用法第 20 條 由行政機關做成，依據「程序行為之特別理論」，允許單獨對停職提起救濟。

申請復職

➡ 懲戒法第 4 條第 1 款、第 5 條各項，停職事由消滅後：

未經懲戒法院判決或經判決未受免除職務、撤職或休職處分　**懲戒責任**　※ 報到前仍視為停職

＋

且未在監所執行徒刑中者　**刑事責任**　**得依法申請復職**

※ 除核准延長或不可歸責外，逾 30 天未報到，視為辭職。

➡ 其他法律：
其停職處分經撤銷者，除得依法另為處理者外，機關應予復職。

停職期間權益變動

職務上行為	▶ 不生效力	公保	▶ 退保，或選擇自付全部保險費繼續加保
薪俸	▶ 得先發給半數	健保	▶ 除監所執行外，無強制退保規定。實務上比照公保
各項加給	▶ 不發給，亦不補發	退休或資遣	▶ 不得申請且不予受理
生活津貼	▶ 復職後 3 個月內申請補發	退撫基金繳納	▶ 暫予停止繳付

 知識補充站 **★程序行為之特別理論**

行政機關在作成最終行政處分之前，往往經過許多其他的行政程序，學說上稱為「行政處分之先行行為」（Verwaltungsvorakt）。這些程序行為可能也對人員權益造成影響，如開罰單（最終行政處分）之前，拒絕資訊提供的申請（先行程序行為），但由於司法資源有限，所以基於程序經濟的考量，行政程序法第 174 條規定這類程序行為須一直等到終局實體決定，才能一併提起救濟，原則上不能單獨提出。

但如果這個程序行為將對人員的權益有極重大影響或損害時，則依據特別理論，應准許人員單獨對程序行為提出救濟。行政法院 85 年度判字第 1036 號判決即採此見解。

UNIT **8-6**
懲戒法院

圖解現行考銓制度

公懲會於 109 年更名為懲戒法院,除公務員懲戒案件外,也負責司法官(即法官、檢察官)懲戒案件。

(一) 身分性質

大法官釋字第 162 號解釋中已明確解釋,公懲會委員就公務員懲戒案件有依法獨立行使審判或審議的職權,不受任何干涉,是憲法上所稱的法官,身分受有終身職保障,保持法官職位安定,以發揮司法功能。109 年改採法院體制後,更明確其法官的身分,原本的委員長、其餘合議庭的委員,也分別更名為院長、法官。

(二) 組織職掌

依照組織法的規定,原公懲會掌理全國公務員之懲戒。但審判司法官懲戒案件的職務法庭,以往名義上雖屬於司法院,但行政事務均由公懲會兼辦,故 109 年修法便正式把職務法庭移至懲戒法院下,確認地位,而法官法當中的文字也配合修正調整,以臻明確。

懲戒法院置院長 1 人,特任,綜理全院行政事務,並任法官;法官 9 至 15 人。組織法第 3 條中對於院長的資格另有更嚴格的規定。

(三) 懲戒法庭與職務法庭

懲戒法庭負責審判公務員懲戒案件,而職務法庭行使對法官、檢察官的懲戒權。兩者雖均屬懲戒法院的一部分,但成員組成來源、任命程序、掌理的審判事務類型等均不相同,兩者就各自年度事務分配、代理次序、法官配置,及有關考核、監督處分、對權利義務有重大影響等建議事項,應分別由懲戒法庭法官組成的法官會議、職務法庭法官組成的職務法庭法官會議各自議決,所以組織法中就這兩個會議組成、召開時間、議決事項及議決程序等事項,分別明文加以規範。

109 年的修法(法官法、公懲法、相關組織法)除了將職務法庭改設於懲戒法院之外,職務法庭也由原本的一級一審制,改為一級二審制。

(四) 迴避制度

104 年修法除將原本公懲會的會議審議方式改採法庭化的合議(而非獨任)制度外,也同時考量到合議庭裁判影響甚鉅,而當時一級一審的終局決定又沒有其他上訴審級管道可提供救濟,為使被付懲戒人員能獲得獨立、公正的審判,不因產生懷疑而損害司法威信,於懲戒法第 27 至 32 條中新增明定各種迴避情形。除公懲會委員外,書記官及通譯也都準用。109 年的修法仍予保留,配合酌作文字更名修正。

有關迴避的方式也與考績法、陞遷法等審議程序相關的法律差不多,包括與該移送懲戒行為案或被付懲戒人有一定關聯關係的「應自行迴避」、足認其執行職務有偏頗之虞的「聲請迴避」,以及不待人員聲請而直接經懲戒法院院長同意後的「許可迴避」(也有稱之為「職權迴避」,就是依職權命其迴避的意思)等三種類型。

懲戒法庭布置圖

迴避制度

自行迴避	聲請迴避
一、被害人。 二、配偶、8 親等內血親、5 親等內姻親或家長、家屬。 三、訂有婚約。 四、法定代理人。 五、代理人或辯護人,或監察院代理人。 六、證人或鑑定人。 七、曾參與涉及該案彈劾、移送或保障法、考績法相關程序。 八、曾參與涉及該案民、刑事或行政訴訟裁判。 九、曾參與再審前裁判。但限迴避一次。 十、曾參與前審裁判。 法官曾參與懲戒法庭第二審確定判決者,於就該確定判決提起之再審訴訟,毋庸迴避。(囿於第二審員額有限)	一、有法定情形而不自行迴避。 二、非法定情形,足認其執行職務有偏頗之虞。 以書狀向懲戒法院聲請(審理日/受訊問時,得以言詞為之)。 被聲請迴避之法官,得提出意見書。 法官迴避之聲請,由懲戒法庭裁定之。

UNIT **8-7** 懲戒程序

懲戒程序應由有權機關發動並移送懲戒法院進行調查審理，終以司法判決形式進行處分。109 年改採一級二審程序辦理。

(一) 發生違法失職情形

人員一旦發生違法失職的情形，且情節重大而有懲戒的必要，即由有權機關移送，並依規定將人員停職。

(二) 移送懲戒法院

❶ 由監察院移送

在我國五權分立的憲政結構下，監察院是國家的最高監察機關，行使彈劾、糾舉及審計權。原則上主管機關發現所屬有應付懲戒情事，應備文敘明事由證據，通通都移給監察院，不過搭配法條的但書規定，只有簡任第 10 職等以上的公務員才必須由監察院移送。

❷ 由主管機關移送

懲戒法第 24 條的但書規定，各院、中央或地方主管機關首長對於所屬薦任第 9 職等以下之公務員，得逕送懲戒法院審理，讓監察院的心力集中在高階人員，做法上也較符合程序經濟原則。

❸ 多人涉案情形之移送

若同一違法失職案件涉及多人，則以主管機關區分；不同主管機關者，由共同上級機關全部移送；沒有共同上級，就由各主管機關分別移送。

(三) 調查與審理

104 年修法採取訴訟審判，而非會議審議方式審理，109 年更進一步增加「上訴審程序」及「抗告程序」，第一審為事實審，第二審則為法律審，兩個審級均以言詞辯論為原則，強化公務員權利審級救濟制度的保障。

懲戒法中還包括無審判權之裁定移送、程序瑕疵可裁定補正、停止審理、移送案件得由機關撤回等各種特殊情形的要件及處理方式。

(四) 懲戒判決

如果經懲戒法院審理後，認為有懲戒必要者，則以法定 9 種懲戒處分判決，其中罰款一項還可以併為處分。若無法定情事或無懲戒必要者，則為不受懲戒判決，懲戒法第 56、57 條也分別明定免議判決、不受理判決的法定情事。

為提升懲戒法院資訊透明度，109 年更將原本的宣示判決，改為原則對外公開的公告方式，使當事人及公眾都能知悉審理結果。

(五) 再審

公務員懲戒案件的審理制度既然已經改為一級二審制，當事人對於判決結果不服時，已經有上訴的救濟途徑。基於訴訟經濟及再審補充性的原則，且為避免輕易動搖確定司法判決的效力，因此就再審事由及提起再審之訴的期間均予配套修正。

(六) 判決執行

懲戒法院判決於宣示時即已確定，但為配合公務運作，規定自送達受懲戒人主管機關之翌日起發生懲戒處分效力。如果懲戒處分判決涉及應為金錢給付，也明定執行期間，準用行政執行法上的強制執行，遺產亦同，以免拖拉規避而久懸不決。

懲戒程序

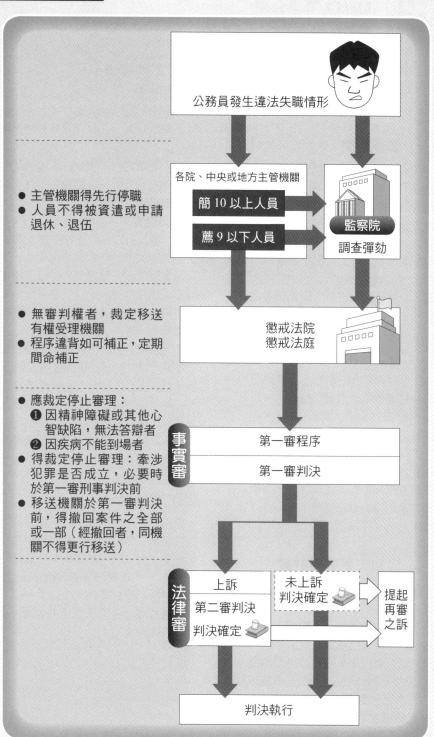

公務員發生違法失職情形

各院、中央或地方主管機關
- 簡 10 以上人員
- 薦 9 以下人員

監察院
調查彈劾

- 主管機關得先行停職
- 人員不得被資遣或申請退休、退伍

- 無審判權者，裁定移送有權受理機關
- 程序違背如可補正，定期間命補正

懲戒法院
懲戒法庭

- 應裁定停止審理：
  ❶ 因精神障礙或其他心智缺陷，無法答辯者
  ❷ 因疾病不能到場者
- 得裁定停止審理：牽涉犯罪是否成立，必要時於第一審刑事判決前
- 移送機關於第一審判決前，得撤回案件之全部或一部（經撤回者，同機關不得更行移送）

事實審
第一審程序
第一審判決

法律審
上訴
第二審判決
判決確定

未上訴
判決確定

提起再審之訴

判決執行

UNIT **8-8**
懲戒案件審理程序

新法修正後改採訴訟審判方式，109年更增加了第二審的上訴救濟，審理程序也就相對複雜但同時周延許多。

(一) 調查證據

懲戒法庭一旦受理移送案件，在言詞辯論日前，會先依職權由審判長指定受命委員先行準備，包括訊問相關人員、調查證據等，必要時得向有關機關調閱卷宗並要求說明，訊問內容中如有重要應記載事項，須當場製作筆錄。

上述的調查作業也可以囑託法院協助，以書面答覆方式，附具調查筆錄及相關資料的，以求便捷。

(二) 移送書繕本送達被付懲戒人

受理移送案件的同時，懲戒法庭也會將移送書繕本送達被付懲戒人，以便人員進行答辯準備，且於 10 日內提交答辯狀。

由於新法採訴訟方式進行案件審理，因此也增訂了移送機關得委任律師或所屬辦理相關業務者為代理人，當事人亦得以書面提出選任辯護人或委任代理人的規定。

(三) 通知人員到場就審

審判長指定言詞辯論的期日後，書記官應作通知書，送達懲戒案件相關機關及人員（包括代理人、辯護人等）或其他人員按時到場應訊。

為給予被付懲戒人充分時間準備，然同時也避免審理程序拖延，言詞辯論期日的指定，距移送書送達，至少應有 10 日的就審期間。但有急迫情形時，不在此限。

(四) 案件審理

❶ 原則公開

109 年修法將公務員懲戒案件改以公開審理為原則，只有在案件有妨害國家安全或當事人聲請不公開並經許可時，始得不公開審理。透過公開審理開放旁聽審理過程，可讓審判程序更為透明，強化審判的公信力。

❷ 言詞辯論

第一審及第二審均應本於雙方言詞辯論而為判決，例外如事證明確、不受懲戒、免議或不受理等情形，可不經言詞辯論，逕為判決。但為了尊重當事人的程序權益，如果被付懲戒人請求進行言詞辯論者，懲戒法庭不得拒絕。

雙方激辯之外，當天如果有一方無正當理由不到場、經再次通知而仍不到場，甚或是有到場但卻拒絕辯論的情形，均得由懲戒法庭依一造辯論而為判決。

在言詞辯論終結後，宣示判決前的這段期間，如有必要，得再開言詞辯論。

(五) 宣示判決

懲戒法庭應於指定言詞辯論終結期日或指定期日宣示判決，如為指定期日則不得逾 3 個星期，但案情繁雜或有特殊情形者，不在此限。移送機關於判決前，得撤回移送案件之全部或一部。一共有懲戒處分、不受懲戒、免議、不受理等四種判決。

懲戒案件審理程序

懲戒法院收受懲戒案件

↓

- 移送書繕本送達被付懲戒人
- 命 10 日內提交答辯書

↓

審判長必要時得指定受命法官行準備程序

- 審判長指定言詞辯論期日
  （距移送書送達應至少有 10 日就審期間）
- 通知相關人員到場應訊

↓

案件審理（公開審理原則）

言詞辯論	一造辯論	不經辯論
❶ 朗讀案由 ❷ 訊問被付懲戒人 ❸ 移送機關陳述要旨 ❹ 被付懲戒人答辯 ❺ 審判長調查證據 ❻ 依序就事實及法律辯論 　① 移送機關 　② 被付懲戒人 　③ 辯護人 ❼ 被付懲戒人最後陳述	● 言詞辯論期日，當事人之一造無正當理由不到場者 ● 不到場者，經再次通知而仍不到場 ● 當事人於辯論期日到場拒絕辯論者	● 就移送機關提供資料及被付懲戒人書面或言詞答辯，已足認事證明確，或應為不受懲戒、免議或不受理之判決者 ※ 例外：經被付懲戒人、代理人或辯護人請求進行言詞辯論者，不得拒絕

言詞辯論終結後 3 星期內宣判　　必要時得命再開言詞辯論

↓

第一審判決

懲戒處分判決	不受懲戒判決	免議判決	不受理判決
❶ 免除職務 ❷ 撤職 ❸ 剝奪、減少退休（職、伍）金 ❹ 休職　❼ 罰款 ❺ 降級　❽ 記過 ❻ 減俸　❾ 申誡	❶ 無違法失職情事（包括非出於故意或過失） ❷ 無懲戒必要者	❶ 同一行為已受懲戒判決確定 ❷ 受褫奪公權之宣告確定，已無受懲戒必要 ❸ 已逾法定懲戒處分行使期間	❶ 移送程序或程式違背規定且未補正 ❷ 被付懲戒人死亡 ❸ 經撤回之同一案件再行移送

↓

判決書於 10 日內送達相關機關及人員
同時通知銓敘部及該管主管機關

得於判決送達後 20 內提起上訴　　但非以第一審判決違背法令為理由者，不得為之

↓

第二審判決決定

↓

執行

UNIT **8-9**
懲戒、懲處與刑懲關係

懲戒法院雖然隸屬於司法權體系，但真要說起來，其實對於公務員嚴重違法犯紀行為的處分，還是可以看作是行政責任的一環，是國家對於公務員監督權的行使。由於公務員的身分職責畢竟不同於一般人民，我國無論修法前後，在刑懲關係上所採的都是「刑懲併行」，也就是說，公務員的違法行為如果涉及到刑事責任時，懲戒權的行使並不因此而暫停或中斷，可以同時進行。相較於我國，歐美有些國家則是採「刑先懲後」原則，公務員違反規定而涉及刑事責任，如已在法院審理中或司法偵查中時，懲戒程序將停止進行，人員之後的懲戒也將視法院針對刑事責任部分確定後，再行處理。

(一) 刑懲關係

❶ 處分上

我國公務員的懲戒是採刑懲併罰原則，懲戒法第 22 條第 2 項明定同一行為不問是否已受刑罰或行政罰的處罰，仍得予以懲戒。也就是說，縱使公務員應受懲戒的行為被普通法院或行政法院判處免刑、無罪、免訴、不受理判決，甚或是不起訴、緩起訴處分者，恐怕仍然會受到懲戒法院的懲戒處分。

❷ 程序上

既然在處分上是以刑懲併行為原則，程序上當然也是橋歸橋，路歸路，同一行為即便是在刑事偵審中，懲戒案件也不需要停止審理程序。但是如果懲戒處分涉及犯罪是否成立者，基於訴訟經濟及證據共通的原則，經懲戒法庭認有必要時，是可以依職權裁定停止審理程序。

只不過一個刑事案件可能纏訟多年都還得不到最後終審確定判決，懲戒案件如果因為刑事案件久懸未結而延宕，對於公務員的違失行為也就喪失了即時懲儆的效果。因此，考量我國刑事訴訟程序已透過強化交互詰問制度，有充實堅強的第一審，同一行為在第一審刑事判決後，已可算是有充分的證據資料可供懲戒司法機關審酌，所以，104 年修法在折衷考量之下，將條文中原先的「於刑事裁判確定前」，修正為「於第一審刑事判決前」停止審理程序。

(二) 司法懲戒與行政懲處

懲戒法院所作成的懲戒處分判決為司法懲戒，而行政懲處則是指服務機關或上級權責機關依據考績法對於人員所作成具有懲罰性的處分。由於兩者都是基於公務員違法失職所作成的處分，但如果同一行為經行政機關先作成行政懲處後，移送懲戒法院又被判處司法懲戒，恐有違反「一事不二罰」的現代法治國家的基本法理原則，因此無論是原「稽核公務員懲戒處分執行辦法」或是 105 年新訂的「公務員懲戒辦決執行辦法」，都明定司法懲戒效力優於行政懲處，兩者競合時，原行政處分失其效力。109 年的修法再將其納入懲戒法第 22 條第 3 項，使原本的規定從法規命令提升至法律位階，更為妥適。

刑懲關係

刑 懲 併 行	刑事責任	❶ 程序上：尚於刑事偵審或判決中。 ❷ 處分上：被法院判處徒刑、免刑、無罪、免訴、不受理，不起訴、緩起訴處分等
	懲戒責任	❶ 程序上：不停止審理程序。但如涉犯罪是否成立，懲戒法庭必要時得裁定於第一審刑事判決前，停止審理程序。 ❷ 處分上：仍得予以懲戒，不受刑罰或行政罰與否之拘束。

司法懲戒與行政懲處

	司法懲戒	行政懲處
依據	公務員懲戒法	公務人員考績法
處分權責機關	懲戒法院 （司法機關）	任職或權責機關 （行政機關）
處分種類	免除職務、撤職、【剝奪、減少退休（職、伍）金】、休職、降級、減俸、罰款、記過、申誡等 9 種。	❶ 平時獎懲：記大過、記過、申誡等 3 種。 ❷ 專案考績：一次記兩大過。 ❸ 年終（另予）考績：如丁等。
適用對象	實務上以公務員服務法第 2 條定義為界定範圍，部分處分並適用於政務人員，採較廣義之適用。	實務上以公務人員任用法施行細則第 2 條定義為界定範圍，採較狹義之適用。
救濟途徑	109 年改為懲戒法院一級二審制度，決定為終局判決。 符合一定情形，得提起再審之訴。	109 年保訓會全部改認行政處分，依保障法經服務機關向保訓會提出復審，不服者向法院提起行政訴訟。

第 **9** 章

培育保障

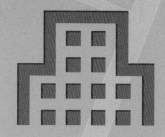

●●●●●●●●●●●●●●●●●●●●●● 章節體系架構 ▼

UNIT **9-1**
公務人員保障暨培訓委員會

保訓會隸屬於考試院,是一個帶有司法救濟色彩的行政機關,主責業務範圍就如其名,為「保障」及「培訓」兩大區塊。

(一) 保障業務

❶ 範圍及對象

公務人員身分、官等、職等、俸級、加給、工作條件、管理措施等有關權益的保障,均在公務人員保障法的保障範圍,除於第 3 條明定依公務人員任用法律任用之有給專任人員為適用對象外,第 102 條並有準用對象規定,以擴大保障對象範圍。

❷ 救濟程序

包括下列 2 種:

①復審:對於足以改變其身分關係、或基於身分所產生的公法上財產請求權、或對公務人員權益或利益有重大影響之行政處分,得向保訓會提起復審。

②再申訴:對機關的管理措施或有關工作條件上的處置認為不當,致影響其權益者,得先向服務機關提起申訴,如有不服,則向保訓會提起再申訴。

❸ 審議程序

保訓會於收受保障案件後,以先程序後實體的順序進行審查,並擬具相關處理意見遞送專任委員初審、保障事件審查會審查、委員會議審議。審議決定後作成決定書,發送當事人及有關機關,該決定並有拘束各關係機關的效力,原處分機關亦有執行的義務。

(二) 培訓業務

❶ 培訓法制

依公務人員訓練進修法規定,保訓會在培訓業務的職掌上較屬於事關全國一致性質的相關法制研擬及統一解釋。

❷ 訓練種類

①公務人員考試錄取人員訓練:公務人員考試錄取後,還有一段法定的訓練期間,訓練期滿且成績及格者,才能正式分發任用為公務人員。實務訓練交由機關協助辦理,而基礎訓練則統一由保訓會主導。

②升任官等訓練:也就是除升官等考試之外,另外一條取得晉升官等資格的途徑,依照參訓對象可分為公務人員的晉升簡任官等訓練、晉升薦任官等訓練;警察人員的晉升警監官等訓練、晉升警正官等訓練;交通事業人員的員級晉升高員級資位訓練。

③高階公務人員中長期發展性訓練:這是在 102 年修法後增列的訓練項目,主要目的是為了遴選具高潛質人才,培育優質高階公務人員,有能力擔任部會一級主管及所屬機關首長的未來接班人,以提升國家整體競爭力。

④行政中立訓練:為貫徹依法行政及執法公正,不介入黨派紛爭,以訓練及宣導方式,加強並確保公務人員嚴守行政中立。

(三) 國家文官學院

保訓會與考選部、銓敘部的層級相同,是直接隸屬於考試院的中央二級機關,其轄下還有「國家文官學院」,為三級機關。民國 88 年成立之初為國家文官培訓所,在 98 年改制更名之後,以加強高階公務人員的培訓、公務人員終身學習及國際交流為其主要業務及功能重點。

組織與層級

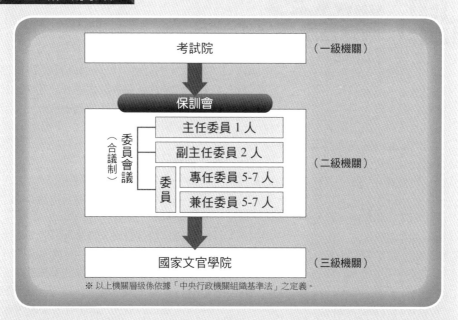

考試院 （一級機關）

保訓會 （二級機關）

（合議制）委員會議
- 主任委員 1 人
- 副主任委員 2 人
- 委員
  - 專任委員 5-7 人
  - 兼任委員 5-7 人

國家文官學院 （三級機關）

※ 以上機關層級係依據「中央行政機關組織基準法」之定義。

業務範圍

類型	保障業務	培訓業務
業務單位 及其 主要職掌	● 保障處 公務人員保障政策、法制、權益保障擬議等 中央公務人員保障事件之審議、查證、司法裁判之研析、宣導、輔導及協調聯繫等 ● 地方公務人員保障處 地方公務人員保障事件之審議、查證、司法裁判之研析、宣導、輔導及協調聯繫等	● 培訓發展處 公務人員培訓政策、法制研擬規劃 公務人員考試錄取、升任官等訓練 行政中立訓練 人事人員訓練、進修 公務人員終身學習 ● 培訓評鑑處 高階公務人員中長期培訓政策與法制、人才資料庫 核心知能、訓練評鑑方法及技術訓練成績評量、核定及請證
主管法規	公務人員保障法 保訓會保障事件審議規則 公務人員保障事件調處實施要點 復審扣除在途期間辦法 公務人員安全及衛生防護辦法 公務人員執行職務意外傷亡慰問金發給辦法 公務人員因公涉訟輔助辦法 公務人員一般健康檢查實施要點	公務人員訓練進修法及其施行細則 考試錄取人員訓練辦法、訓練計畫、基礎訓練輔導要點、課程架構及配當 各項升官等訓練辦法 公務人員行政中立訓練辦法 公務人員訓練進修協調會報設置及實施要點

UNIT **9-2** 訓練體系與分工

　　「十年樹木，百年樹人」。人才培育在組織的人力資源管理中也是一個很重要的環節，政府部門當然更不在話下。但我國在原本憲法或是之後增修條文當中所列舉的考試院掌理事項，都沒有包含培訓或培育這類的字眼，因此，人才培育的權責分工上，其實有很大的解釋空間。或許我們也可以理解成，政府部門雖然是一個整體，但是各機關業務性質的本質差異極大，所以在人才培育的觀點上，雖仍需有一致性的規劃，但也必須能夠務實地允許個別不同的設計。有關人才培育的核心法規為公務人員訓練進修法及其施行細則。

(一) 訓練類型及權責

❶ 保訓會權責

　　① 負責辦理公務人員考試法第 21 條所規定之考試錄取人員訓練。

　　② 負責辦理依公務人員任用有關法律之升任官等訓練，以增進人員具備晉升官等所需工作知能。

　　③ 為增進簡任第 10 職等或相當職務以上公務人員未來職務發展所需知能，規劃高階人員發展性訓練。評鑑合格者，並納入人才資料庫，提供機關用人之查詢。

　　④ 依考試院所訂的行政中立訓練辦法，除由保訓會主動辦理行政中立訓練外，各機關每年並應將前一年度訓練執行情形報送保訓會。

❷ 各主管機關權責

　　即各中央二級以上機關、直轄市政府或縣市政府。為執行相關事項所需，主管機關也可以命令方式自定辦法。

　　① 專業訓練：指為提升擔任現職或晉升職務時所需專業知能，以利業務發展之訓練，或是因應業務變動或組織調整，使現職人員具備適應新職工作知能及取得新任工作專長，所實施的「專長轉換訓練」。

　　② 一般管理訓練：以強化一般領導管理、綜合規劃、管理協調及處理事務之能力為目的之訓練。

　　③ 進用初任公務人員訓練：指對依公務人員任用有關法律規定進用或轉任，初次至公務機關學校任職人員所施予之訓練，也是由各主管機關於初任人員到職後 4 個月內實施。訓練重點則與考試錄取人員相同。

　　④ 其他：即訓練進修法第 2 條第 2 項明定給保訓會以外的其他各項公務人員在職訓練與進修事項，如公務人員終身學習的推動。

(二) 訓練進修協調會報

　　雖然訓練進修的權責劃分不甚明確，但訓練進修法仍然努力加以區分整合，為加強公務人員訓練進修計畫的規劃、協調與執行成效，訓練進修法中規定由人事總處與保訓會會同有關機關成立協調會報，建立訓練資訊通報、資源共享系統。

　　會報的辦理方式、時間、研討主題、分工及程序等事項，則規範在「公務人員訓練進修協調會報設置及實施要點」，每年舉辦 1 至 2 次，透過此平台機制就政策計畫、資源整合與運用或相關問題，進行協調並提案討論。

公務人員訓練進修體系

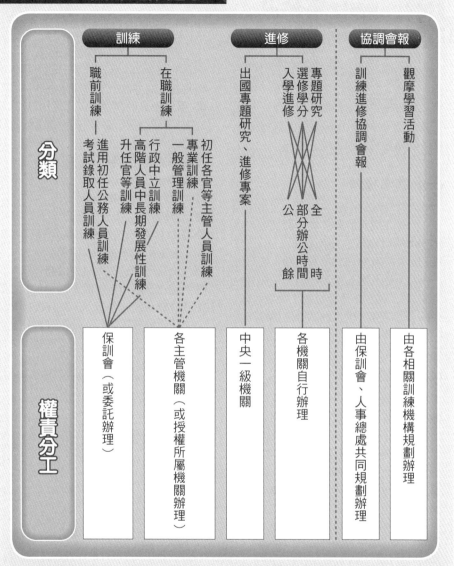

分類								

訓練
- 職前訓練
  - 考試錄取人員訓練
  - 進用初任公務人員訓練
- 在職訓練
  - 一般管理訓練
    - 升任官等訓練
    - 高階人員中長期發展性訓練
    - 行政中立訓練
  - 專業訓練
  - 初任各官等主管人員訓練

進修
- 出國專題研究、進修專案
- 入學進修
- 選修學分
- 專題研究
  - 全時
  - 部分辦公時間
  - 公餘

協調會報
- 訓練進修協調會報
- 觀摩學習活動

權責分工						

- 保訓會（或委託辦理）
- 各主管機關（或授權所屬機關辦理）
- 中央一級機關
- 各機關自行辦理
- 由保訓會、人事總處共同規劃辦理
- 由各相關訓練機構規劃辦理

公務人員終身學習時數規定（112.1.1 修正）

聚焦於業務相關之學習活動，仍維持 20 小時：		
10 小時	1 小時：當前政府重大政策	
	4 小時：環境教育	
	5 小時：民主治理價值課程	性別主流化、廉政與服務倫理、人權教育、行政中立、多元族群文化、公民參與、轉型正義等
10 小時	自行選讀與業務相關之課程	

UNIT **9-3**
進修制度

公務人員訓練進修法其實對於訓練方面並沒有太多強制性的統一規定，純就幾大類的權責分工稍微劃分一下，但是在進修方面就有不少類型、條件、補助、義務等要求。

(一) 進修種類

依照攻讀學位、修習學科、從事研究或實習等不同目的與性質，訓練進修法將進修種類分為「入學進修」、「選修學分」及「專題研究」等三種，施行細則中有明確的定義規範，均需「與業務有關」及「國內外政府立案之機關（構）學校」等要件，也是機關同意進修與否的重要審核參據。

(二) 參加方式

有「選送」及「自行申請」等兩種，前者是指各機關學校基於業務需要而主動推薦或指派人員參加，有應具備的基本條件規定，並應經服務機關甄審委員會審議通過，機關首長核定；後者則是公務人員主動向服務機關學校申請參加。仍然應「與職務有關」，尤其是在涉及公假核給或費用補助的時候。

(三) 進修時間

以利用上班時間的多寡，可分為以下3種情形：

❶ **公餘進修**：指純粹運用非上班時間，因此並不包括以自己的事假、休假從事進修。此種進修活動不能影響到機關業務的運行，基於人力調度，機關在差勤管理上仍有同意請假與否的權利。如果涉及費用補助，更要嚴格查證進修活動的進行是否確為例假日或下班以後的時段，而非於上班時間請假。

❷ **部分辦公時間進修**：指利用一部分的上班時間進修，經機關同意者，每人每週最高可核給 8 小時的公假時數。行政院基於政府資源合理運用的考量，另以函釋規定對於此種已核給公假的進修，不得再給予費用補助。

❸ **全時進修**：指利用全部的上班時間進修。「選送」人員在核定及延長期間，分別以帶職帶薪或留職停薪方式進修；「自行申請」人員經機關同意者，得由服務機關核定留職停薪 1 年，再經主管機關核准延長 1 年。只有極少數經中央一級機關（如行政院）專案核定國外進修才能到 4 年，致不少機關流失於博士進修中的人才，但因修法不易，行政院 111 年以函釋方式放寬經行政院專案核定進修的補助及期限以留才。

(四) 服務義務

即回原服務機關學校繼續服務的義務，帶職帶薪的義務期間為原進修期間的 2 倍，留職停薪則相同。未完成履行義務者，除應受處分外，還需按比例賠償進修期間所領俸給及補助。

(五) 人員比例限制及例外

為避免影響機關業務的推動運行，也考量到社會觀感，法律雖鼓勵公務人員進修充實自我，但也規定有一定的人數限制，全時進修及部分辦公時間進修的總人數，以當年度不超過預算員額的 1/10 為限。公務人員考試錄取人員於訓練期間，例外不適用進修相關規定。

進修類型

入學進修	選修學分	專題研究
至國內外政府立案之專科以上學校攻讀與業務有關之學位	至國內外政府立案之專科以上學校修習與業務有關之學科	至國內外機關或政府立案之機構、學校從事與業務有關之研究或實習

❶ 進修內容，應與機關業務屬性或國家當前重要政策發展相連結。
❷ 進修是否與業務有關，由服務機關就修習學科、機關業務性質及擔任工作內容本於權責認定。

實施方式

選送進修

❶ 機關：應擬訂進修計畫，循預算程序辦理。
❷ 人員條件：
　① 服務成績優良，具有發展潛力者。
　② 具有外語能力者 (國外進修)。
❸ 選送程序：
應本公平、公正、公開原則遴選 ➡ 經服務機關甄審委員會審議通過 ➡ 經機關首長核定

自行申請

進修項目經服務機關認定**與業務有關**，並同意其前往進修者，始有如留職停薪、公假、部分費用補助等規定之適用。

進修期間、核定與補助

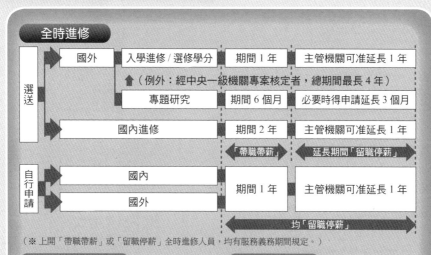

全時進修

選送	國外	入學進修 / 選修學分	期間 1 年	主管機關可准延長 1 年
		⬆ (例外：經中央一級機關專案核定者，總期間最長 4 年)		
		專題研究	期間 6 個月	必要時得申請延長 3 個月
	國內進修		期間 2 年	主管機關可准延長 1 年
			「帶職帶薪」	延長期間「留職停薪」
自行申請	國內		期間 1 年	主管機關可准延長 1 年
	國外			
			均「留職停薪」	

(※ 上開「帶職帶薪」或「留職停薪」全時進修人員，均有服務義務期間規定。)

部分辦公時間進修

❶ 經機關同意者，每人每週 8 小時公假上限。
❷ 機關認定與業務有關 + 同意進修 + 成績優良 ➡ 得給予部分費用補助。

(行政院另以函釋規定自 92 年起不得補助)

公餘進修

(※ 不包括於正常上班時間請事、休假從事進修。)

❶ 機關認定與業務有關 + 同意進修 + 成績優良 ➡ 得給予部分費用補助。

(※ 行政院另以函釋規定自 92 年起，每學期最高補助上限為 2 萬元)

UNIT **9-4**
保障法及適用對象

公務人員保障法是針對保障制度的主要法律依據，原則上以「依法任用」為適用或準用對象的主要要件。此法算是在民國85年成立保訓會之後才有的新法，分別於92、106、111年修正，對於公務人員的保障更趨嚴謹。

(一) 特別權力關係的演進

公務人員的身分地位與一般受僱者不同，除了我們常常聽到的必須要「依法行政」之外，也被賦予服從的義務。國家（君主）與公務員（官吏）之間自古以來就存在著「君要臣死，臣不敢不死」的微妙關係，而此種權利義務的關係在19世紀由德國法學者發展出「特別權力關係」理論學說，是一種相對於一般權力關係的概念，除公務員外，軍人、受刑人，甚至是在學的學生，也都具此特性。

隨著時代變遷，這樣的關係開始轉化修正，德國在2002年對於公務員的不利處分救濟程序有了重大修正及改變，而現在通說也多以「公法上職務關係」取代傳統特別權力關係理論，然公務員基於身分的特殊性，仍負有忠實義務，違反義務者仍可加以懲戒罰，但如涉及憲法或法律上重要權利受到侵害時，已經可以提起爭訟。

這種過去無法提起司法救濟的限制，大法官解釋近期陸續在第736號對於公立學校教師、第755號對受刑人、第784號對學生，以及第785號再針對公務人員加以逐步推進突破。

(二) 保障範圍

舉凡公務人員身分、官職等級、俸給、工作條件、管理措施等有關權益之保障，均適用保障法規定，無論在實體保障或救濟程序上的保障，皆有所規範，106年的修法還增加了「辭職權利」的新條文。

(三) 適用及準用對象

保障法第3條明定，所稱公務人員，係指法定機關（構）及公立學校依公務人員任用法律任用之有給專任人員。也就是說，機關學校內依據任用法律所任用的常任文官，都是保障法的適用對象。

另外，保障法第102條中還訂有準用對象，如公立學校職員、私立改制的留用人員、公營事業人員、依法派用、聘用、聘任、僱用或留用人員。其中考試訓練期間人員不服保訓會決定，則依訴願法行之。

須特別注意的是，前面準用對象中所稱的「僱用」，是指依據任用法第37條授權訂定的雇員管理規則（現已廢止）所進用的「雇員」，不包括以行政命令所進用人員，如依行政院與所屬中央及地方各機關約僱人員僱用辦法所進用的約僱人員。

非保障法的適用或準用人員，在救濟的實體或程序規定則回歸個別或更上位法律，如行政訴訟法、民法、勞動基準法等。有時權責主管機關也會以令函參照方式維護人員權益。

公務員與國家間的關係演進

特別權力關係	公法上職務關係
源自於德意志中古時期領主與家臣間的關係,此說之後含括公務員、軍人、學生與學校、人犯與監獄之間的關係。為二次大戰前主要學說。	二次大戰以後,西德基於民主化及法治國家原則,大幅修正原本的傳統理論內涵。我國大法官解釋也陸續修正,釋字第 395 號理由書中首見此說。
特徵: ❶ 雙方當事人之間地位不平等。 ❷ 義務不確定:相對人負有不確定且不定量的服從義務。 ❸ 得制定特別規則:拘束相對人的特別規則訂定,無須法律授權。 ❹ 有懲戒罰:對違反義務者得予懲罰。 ❺ 不得爭訟:就特別權力關係事項,不得提起民事訴訟或行政爭訟救濟。	**特徵:** ❶ 地位雖仍不平等,但相互間有權利義務存在,不再以單方「權力」行之。 ❷ 所負義務需符合法律保留原則,如法律授權時,授權之目的、內容、範圍應具體明確。 ❸ 重大權利受違法或不當侵害時,得依法定程序提起行政爭訟。

保障法之保障對象

適用對象	法定機關(構)及公立學校依公務人員任用法律任用之有給專任人員	保障法第 3 條
準用對象	❶ 教育人員任用條例公布施行前已進用未經銓敘合格之公立學校職員。 ❷ 私校改制後未具任用資格之留用人員。 ❸ 公營事業依法任用之人員。 ❹ 各機關依法派用、聘用、聘任、僱用或留用人員。 ❺ 應公務人員考試錄取參加訓練人員,或訓練期滿成績及格未獲分發任用人員。	保障法第 102 條
✔	**僱員:** 準用對象中的依法僱用人員,須同時具備「機關僱用」及「依據法律或授權命令」二要件,所以是指依廢止前「僱員管理規則」所進用人員。	保訓會 91.01.16. 公保字第 9100116 號書函 保訓會 92.11.24. 公保字第 0920007619 號令
✘	**約僱人員:** 其進用依據「行政院暨所屬機關約僱人員僱用辦法」是行政院依職權訂定,並非基於法律授權所訂定。	保訓會 100.03.10. 公保字第 1000002930 號函
✘	**現役軍人:** 憲法規定:現役軍人不得兼任文官。軍人非保障法適用或準用對象,其救濟所提應為訴願。	憲法第 140 條 保訓會 92.1.3. 公保字第 0910007681 號書函
✘	**駐衛警察:** 各機關依「各機關學校團體駐衛警察設置管理辦法」僱用之駐衛警察隊隊員,係維護機關團體區域內之安全及秩序,並非公共事務之執行,與機關間並未成立公法上職務關係。	保訓會 92.11.24. 公保字第 0920007619 號令

UNIT **9-5** 保障類型

(一) 身分保障

公務人員之身分應予保障，非依法律不得剝奪。

就算是考績丁等、專案考績一次記兩大過、懲戒處分等免除職務、撤職等，也都必須經過一定的法定程序。

此外，基於身分的請求權，如俸給、退休金、考績獎金等各項公法財產請求權等，也都在保障範圍之內。

除身分剝奪之外，停職也須依法律始得為之，在這段暫時停止執行職務期間，仍具有公務人員身分，人員復職申請權利、機關提前通知義務等期程與做法，在保障法中也有明文規定。

(二) 轉任或派職保障

因機關裁撤、組織變更或業務緊縮時，原則上應由上級或業務承受機關辦理留用人員轉任或派職。除自願降官等者外，轉派應與原任職務的官職等相當，但實在無適當職缺而轉派較低職務者，應依按調任規定辦理。

(三) 辭職權利

106 年保障法增加辭職權利的規定，要以書面申請，機關或其上級機關即應准其辭職，除非有危害國家安全之虞或法律另有規定之情形。同時為了避免機關拖延不批核，也規定 30 日內應為准駁決定，逾期未為決定者，視為同意辭職。約僱人員則是 112 年以人事總處函釋參照方式，以保障其辭職權利。

(四) 官職等俸給保障

經銓敘審定之官等、職等、俸級，以及依其職務種類、性質與服務地區，所應得之法定加給，均應予以保障，非依法律（令）不得變更、降級或減俸。

這些基於身分所衍生出來的保障，原本目的是提供人員一個不受政治力的干擾的保護傘，但這些年來卻也因為越來越多的自願降調情形，而讓這些保障有慷國家之慨或是洗官的雜音出現，使原本的良善設計蒙上陰影。

(五) 工作條件保障

包括環境上的硬體提供或執行時的軟體協助，如應提供必要機具設備及良好工作環境、保障執行職務的安全與防護、有危害之虞時的暫停執行職務、因瑕疵致傷時的國家賠償權利、執行職務發生意外的慰問金發給、因公涉訟時的法律協助等。

(六) 管理措施保障

在指揮監督權的行使，服務法雖然明定服從義務，但保障法同時也限制了長官或主管不得作違法指派或非法要求。命令如有違法之虞時，還能要求長官以「下條子」的方式以示負責，作為屬員的自保手段。106 年修法時更將原本的「書面下達」明確訂定為「書面署名下達」，以保障公務人員權益。

在一般內部管理上，人員加班時應給予的費用或補休、執行職務代墊費用的償還請求等，也都在保障項目之列。不過因沒日沒夜超時服勤大爆肝的外勤消防人員提出救濟而作成的釋字第 785 號，也讓保障法第 23 條在 111 年修法時從原本數行的小條文，擴張成數項大條文，內容包含加班補償應訂計算基準、輪班輪休特殊機關應為考量、加班調任續行、補休期限等。

保障類型（以下條號皆指保障法）

身分上保障

- ✔ 公務人員之身分，與基於身分之請求權，非依法律不得剝奪（第 9 條）
- ✔ 非依法律不得停職；停職期間仍具公務人員身分；申請復職權利及機關查催通知義務（第 9-1、10、11 條）
- ✔ 轉任或派職保障（第 12 條）
- ✔ 辭職權利及機關准駁義務（第 12-1 條）
- ✔ 官職等、俸級、加給保障（第 13、14、15 條）

工作條件保障

- ✔ 提供執行職務必要之機具設備及良好工作環境保障（第 18 條）
- ✔ 執行職務之安全保障（第 19 條）【另訂有「公務人員安全及衛生防護辦法」及「公務人員一般健康檢查實施要點」】
- ✔ 危害情形之暫時停止執行職務保障（第 20 條）
- ✔ 國家賠償、因公發生傷亡之慰問金發給（第 21 條）【另訂有「公務人員執行職務意外傷亡慰問金發給辦法」】
- ✔ 依法執行職務涉訟之辯護及協助（第 22 條）【另訂有「公務人員因公涉訟輔助辦法」】

管理措施保障

- ✔ 不受違法命令或工作指派之保障（第 16 條）
- ✔ 命令違法受有報告義務與責任歸屬（第 17 條）
- ✔ 於法定辦公時數以外執行職務時給予加班費、補休假或相當之補償保障（第 23 條）【另訂有「行政院與所屬中央及地方各機關（構）公務員服勤實施辦法」、「各機關加班費支給辦法」】
- ✔ 執行職務墊支必要費用之請求償還（第 24 條）

- ✔ 保訓會對於保障事件，不得為更不利於該公務人員之決定（第 5 條）
- ✔ 禁止報復條款：各機關不得因人員提起救濟而予不利對待；經保訓會決定撤銷者，3 年內服務機關不得拒絕該員商調（第 6 條）
- ✔ 審理保障事件之人員應自行迴避情形（第 7 條）
- ✔ 保訓會對於保障事件之查證義務（第 8 條）

UNIT **9-6**
救濟程序 ── 復審

公務人員是公權力的執行者,也受依法行政的規範限制,在權益救濟上,須先經過專屬審議程序後,才有機會向司法權(法院體系)提起訴訟。

保障法中將救濟程序區分為「復審」與「申訴及再申訴」兩大途徑,前者為是嚴重影響權益的行政處分,後者則是影響輕微的機關處置。至於孰重孰輕,則因時代變遷而有不同。釋字第 785 號對於現行保障法雙軌救濟制度雖仍宣告「合憲」,但也在理由書中提出了不同以往的重要見解。

(一) 標的要件

復審以「行政處分」為標的,如果機關作出違法或顯然不當的行政處分,或者是機關對於依法申請案件應作為而不作為或駁回,而損害公務人員的權利或利益,如可能改變公務員身分關係、影響公法上財產請求權等對於權益有重大影響時,皆可提起復審。

以考績等次為例,原本在實務上只有考績丁等免職,才許提起復審,104 年保訓會以函釋將丙等改為得提復審,109 年釋字第 785 號後,保訓會更進一步就人事行政行為全面大幅修正,包括考績甲乙等次等許多本列為管理措施、內部準備程序的行為類型,均改認成行政處分,換言之,也就是改成得為復審標的。

然而公務人員權利是否遭到違法侵害,還是要回歸個案具體判斷,若是輕微干預,也不構成權利侵害,行政法院仍應就行政機關本於專業及業務熟知的判斷給予適度尊重。

另外,職場性騷擾事件在 103 年納入為可提復審標的,經機關組成的性騷擾處理委員會作出成案與否或不予處理的決定後,能再向保訓會提起復審,以保障人員合理權益。

(二) 復審提出者

除了現職人員外,非現職人員基於原本公務人員身分之請求權遭受侵害時,也同樣可以提出。

如果人員已經亡故,其遺族基於公務身分所生的公法上財產請求權遭受侵害時,亦得提起復審。

(三) 權責機關

由於復審是在權益受有重大損害時提出,既然出了這麼大的亂子,提出程序上便採取「機關先行自我省察」的設計。復審人應經由原處分機關向保訓會提起復審,讓原處分機關先有自我改正的機會。

(四) 審議程序與決定

復審人於法定期間內,繕具復審書經由原處分機關提起復審。原機關如不變更或撤銷原處分,再將答辯書及相關文件送交保訓會審議。不服保訓會決定,則向行政法院請求救濟。

復審原則上採書面審查,以「先程序、後實體」的方式進行。必要時得通知人員陳述意見、言詞辯論,甚至是派員查證,近年來實務上增加了視訊陳述方式,更為便利。

保訓會救濟案件審理程序

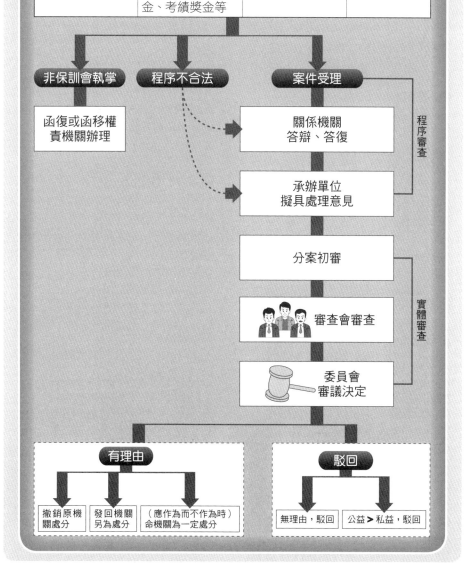

復審救濟案（行政處分）			再申訴救濟案
改變公務人員身分關係： 如：免職、試用不及格解職、辭職事件、資遣事件、否准退休申請事件、其他改變公務人員身分關係事件等	**公法上財產請求權：** 如：退休金、加給、公保養老給付、涉訟輔助費、否准核發服務年資或未支領退休金之證明、加班費、年終工作獎金、考績獎金等	**重大權益影響：** 如：俸級審定、降官等任用或調任、停職、遴選資格、性別平等、考績等次、平時獎懲、專案考績、曠職核定、廢止受訓資格等	對於服務機關所為之管理措施或有關工作條件之處置提出申訴，對其申訴函復仍不服者

非保訓會執掌 → 函復或函移權責機關辦理

程序不合法

案件受理

關係機關 答辯、答復 ┐ 程序審查

承辦單位 擬具處理意見 ┘

分案初審 ┐

審查會審查 │ 實體審查

委員會 審議決定 ┘

有理由
- 撤銷原機關處分
- 發回機關另為處分
- （應作為而不作為時）命機關為一定處分

駁回
- 無理由，駁回
- 公益＞私益，駁回

第 **9** 章 培育保障

UNIT **9-7**
救濟程序 ── 申訴、再申訴；調處；再審議

復審案的前提必須是機關處分對於人員有違法或顯然不當的重大影響時，申訴與再申訴則是在人員對於機關所作所為「很不爽」的時候，仍然有一條可以依保障法所提出的救濟管道。

另外，除了「復審」及「申訴及再申訴」的兩條正規救濟途徑外，為了行政司法效能的提升與救濟品質的把關，保障法中還另外設計有「調處」與「再審議」規定。

(一) 申訴、再申訴

❶ 標的要件

公務人員對於服務機關所為之管理措施或有關工作條件之處置認為不當，致影響其權益者，得提起申訴。109 年保訓會大幅調整人事行政行為的定性之後，許多實務上本屬於提申訴的情況，都因而應改循復審途徑救濟。

❷ 提出者

除了現職公務人員外，離職後才接獲原服務機關的管理措施或處置者，也可以依規定循此管道提出救濟。

不過由於此種救濟管道是在權益並未受有重大損害時，所以就不像復審般，還有遺族人員的適用。

❸ 權責機關

機關基於監督管理權行使的必要性，就像家長管教子女、教師教導學生，所作成的決定，勢必會對某些人造成或多或少的影響，但由於影響程度較小，此制在機關自我省察上，就採取「申訴，先向服務機關提出；再申訴，才向保訓會提出」的權責劃分，可兼顧對於人員的保障，也能夠遏止機關恣意妄為的行徑。

❹ 審議程序

申訴人應於措施或處置達到之次日起30 日內，以申訴書向服務機關提出。

不服機關函復者，於回復函送達次日起30 日內，以書面向保訓會提起再申訴。

申訴、再申訴在程序上，除保障法有另有規定者外，均準用復審程序規定。

❺ 決定與救濟

對於再申訴決定，以往司法實務上均不得再向司法機關聲明不服。也就是說，保訓會就是終審決定機關。但釋字第 785 號理由書指出，保障法第 77 條（申訴、再申訴）並未排除公務人員認其權利「受違法侵害」時，可按照爭議屬性，依法提出對應的行政訴訟以為救濟。日後究竟會修法或者朝向一元化救濟制度邁進，而實務上保訓會及司法機關又該如何受理，就只能「拭目以待」了。

(二) 調處

調處是一種類似於行政訴訟中的「和解」概念，屬於任意性制度，依職權或依申請進行。原本僅於再申訴審理程序中提出，106 年修法後增加復審程序中也能適用，使得行政司法資源在運用上更加精確與智慧。

調處如果成立，則作成調處書，並終結審理程序。調處若不成立，則繼續進行審理程序。

(三) 再審議

再審議制度是針對保障案件的決定已確定後，如有適用法規顯有錯誤、應迴避委員卻參與決定、證物偽造、證詞虛偽陳述等法定情形，可連同原決定書影本及證據，向保訓會提起再審議。本制度也在 106 年修法後，同時適用於復審案及再申訴案。

但復審案件如果已經提起行政訴訟者，則不得申請再審議。

保障法之救濟途徑（釋字第785號以後）

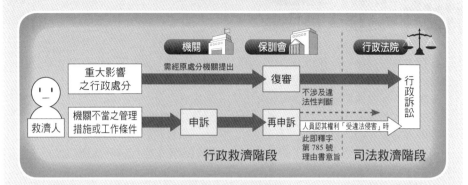

復審與申訴、再申訴之比較

	復審		申訴	再申訴
標的	違法或顯然不當之行政處分：		不當之工作條件、管理措施：	
	機關作成	機關應作為而不作為，或駁回	處置	申訴函復
法定救濟期間	處分達到／30日內	機關受理／2個月內	處置達到／30日內	機關復函／30日內
提出書表格式	（保障法第43條） 復審書。應載明下列事項： ❶ 復審人之姓名、出生年月日等個資（代理人亦有規定） ❷ 復審人機關、職稱、官職等 ❸ 原處分機關、請求事項、事實、理由、證據 ❹ 處分達到及提起日期		（保障法第80條） 申訴書或再申訴書。應載明下列事項： ❶ 申訴人之姓名、出生年月日、機關等資訊 ❷ 請求事項、事實、理由、證據 ❸ 處置達到及提起日期	
受理機關	由原處分機關轉送保訓會		服務機關	保訓會
受理機關之處理期限	保訓會收受機關檢卷答辯3個月內決定，必要得延長2個月		收受申訴書30日內，必要得延長20日	收受再申訴書3個月，必要得延長1個月
再救濟※	決定書送達之次日起2個月內，向法院提起行政訴訟		機關復函30日內，向保訓會提起「再申訴」	原則不得再救濟，除非權利受違法侵害（※釋字第785號新解）

※ 除已提起行政訴訟外，如有保障法第94條情形，「復審」及「再申訴」案均得向保訓會申請「再審議」。

UNIT 9-8
公務人員協會

公務人員在身分上畢竟還是與勞雇關係有所不同，因此在勞動三權這個議題上另有「公務人員協會法」的規範。不過若是與其他國家比較起來，我國相對受到較多限制，因此在功能上發揮較為有限，近期也有修法甚至廢止而全數回到工會法適用的擬議。

(一) 目的

公務人員服務品質的良窳，雖攸關國民權利與福祉，但仍須顧及公共利益及國家安全。為了保障憲法所賦予的基本結社權，所以將公務人員的其他勞動權一併考量，採另訂專法的方式行之。協會法的第 1 條即明白宣示此成立宗旨及法律適用情形。

(二) 主管機關

在組織層級上分為「機關公務人員協會」與「全國公務人員協會」等兩個級別，以中央政府機關及地方政府機關作為協會的組織基礎。

主管機關分別為銓敘部與各直轄市、縣、市政府。但若是會員福利事業，如幼稚園、托兒所等，也需受各該目的事業主管機關的監督指導。

(三) 協會法中的勞動三權規定

❶ 團結權

也稱為結社權，是勞動三權最根本的基礎，如果個人不能透過合法的方式，自願組成或參加團體，其他的權力便缺乏立足點而無從行使。

公務人員協會在性質上屬於社團法人，其組織、管理及活動，均依協會法規定辦理，法無明定的部分，則適用民法有關法人之規定。

成立與否及加入都是採取自由意願，但協會的籌組有 30 人以上的法定門檻，而籌組方式、會議召開、決議及理監事會等運作程序，協會法中也都有明文規定。

❷ 協商權

依照不同的運用態樣與協商範圍，名稱、名堂或展現出來的力道十分多元，包括參與權、交涉權、談判權、協商權、協約權等皆屬之。當中約束力最高的，莫過於團體協約權，雙方是以書面契約的方式來約定勞動關係及相關事項，任何一方如有違反，皆有民事法律的適用。

協會法第 6、7 條分別就得建議、得協商、不得協商等三大類事項舉列。但若細究各款內容，其實除了辦公環境改善、行政管理、服勤方式及起訖時間是可以提出協商，其他真正與重要權益相關的事項，多因法有明文，而被列為不得協商或僅得建議事項。

另有關團體協約的締結請求，協會法第 30 條直接禁止。如果從團體協約法的角度來看，協會因為不是「依工會法成立之工會」，也沒得適用。

❸ 爭議權

也就是我們熟知的罷工權，或稱為團體行動權，是一種透過集體行動向資方施壓的權力。不過這個權利不單單只有以猛烈的罷工方式，其他如怠工、一起休假、通通拒絕加班等，也都屬於爭議權的行使。

協會法第 46 條直接明文禁止協會罷工及政治活動的參與。

勞動三權的定義與關係

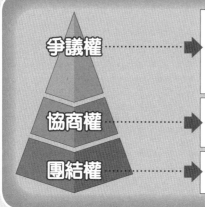

爭議權

Right to Act Collectively, Dispute Strike：
指受僱者為了爭取主導地位，能合法以罷工、怠工、圍堵等各種團體行動，對資方施壓的團體行動權，屬勞動三權的終極後盾。

協商權

Collective Bargaining：
指能夠與雇主交涉有關勞動條件，甚至雙方可訂定具法律約束力的團體協約權利，為勞動三權的運用核心。

團結權

Right to Organize, Unionism：
指依法能夠組織工會或自由加入工會的權利，是勞動三權的磐石基礎。

勞動三權比一比

勞工

團結	協商	爭議
・工會法第 4 條 勞工均有組織及加入工會之權利。 現役軍人與國防部所屬及依法監督之軍火工業員工，不得組織工會。 教師得依本法組織及加入工會。 各級政府機關及公立學校公務人員之結社組織，依其他法律之規定。	・團體協約法第 2 條 本法所稱團體協約，指雇主或有法人資格之雇主團體，與依工會法成立之工會，以約定勞動關係及相關事項為目的所簽訂之書面契約。 （前些年教師們為什麼要積極爭取加入工會法？看出眉角了嗎？）	・勞資爭議處理法第 3 條 本法於雇主團體與勞工或工會發生勞資爭議時，適用之。 但教師屬行政救濟事項，不適用之。 ・第 5 章（53～56 條） 罷工或其他阻礙事業正常運作及與之對抗之行為，均有程序及限制規定。

 團結　　 協商　　 爭議

公務人員

團結	協商	爭議
・協會法第 9 條 公務人員得依本法組織及加入機關公務人員協會。	・協會法第 6 條 得提出建議事項： ❶ 考試事項。 ❷ 銓敘、保障、撫卹、退休事項。 ❸ 任免、考績、級俸、陞遷、褒獎之法制事項。 ❹ 人力規劃及人才儲備、訓練進修、待遇調整之規劃及擬議、給假、福利、住宅輔購、保險、退撫基金等權益事項。 ❺ 人事法規制定、修正及廢止。 ❻ 工作簡化。 ・協會法第 7 條 得提出協商事項： ❶ 辦公環境之改善；❷ 行政管理；❸ 服勤之方式及起訖時間。 不得提出協商事項： ❶ 法律已有明文規定者。（好像都有明文……） ❷ 依法得提起申訴、復審、訴願、行政訴訟之事項。（好像也沒其他救濟種類……） ❸ 為公務人員個人權益事項者。 ❹ 與國防、安全、警政、獄政、消防及災害防救等事項相關者。 ・協會法第 30 條 協商所獲致之結果，參與機關及協會均應履行。 不得請求締結團體協約。	・協會法第 46 條 公務人員協會不得發起、主辦、幫助或參與任何罷工、怠職或其他足以產生相當結果之活動，並不得參與政治活動。

第 **10** 章
服務制度

● 章節體系架構

UNIT **10-1** 公務員服務法

如果將公務人員保障法視為權益的給予，那公務員服務法則是義務的要求，雖然條文不多，但範圍十分廣大，也是現行諸多規範的主要依據，自 85 年修正後，曾有過多次修法研議，一直到 111 年才再次大幅修正及順序調整。

(一) 廣義對象

修法後挪移的第 2 條明定：受有俸給之文武職公務員及其他公營事業機構純勞工以外人員，均適用之。此處所稱的俸給，並不侷限於文官俸表的級俸，依據司法院院解字第 3159 號解釋，其他依法令由中央或地方各級政府經費內開支者也包括在內，如聘僱人員也是服務法適用對象。

另依釋字第 308 號解釋，公立學校聘任的教師雖然不屬於服務法所稱之公務員。但兼任學校行政職務者，就其所兼任的行政職務範圍內，仍然適用服務法。111 年增訂中研院未兼行政職務者的除外條款，也是相同考量。

整體而言，是採較為廣義的解釋。

(二) 義務範圍

服務法的義務種類在分類上並沒有定見，各依所好。修法後仍可歸為以下六大類：

❶ 忠實服務義務

服務法第 1 條便開宗明義的點出，公務員應恪守誓言，忠心努力，依法令執行職務。任用法施行細則第 3 條規定的服務誓言，就是踐行服務法精神。

❷ 執行職務義務

公務員既然是依法且忠實的執行職務，服務法在執行職務的準則及迴避、調派的赴任期限、出差請假的原則、應堅守崗位、專心致力於職務等，都有宣示性的條文規定。有關法定辦公時間及請假規則，另以行政命令規定細節。

❸ 服從命令義務

與保障法的規定完全相同，因兩個法適用對象不一致，如政務人員、民選地方行政首長並非保障法適用對象，故分別訂定。

❹ 保持品位義務

原第 5 條（現第 6 條）常被戲稱為「聖人條款」，111 年的修法與時俱進的將抽象文字加以調整成公正無私、誠信清廉，謹慎勤勉等，仍然都是為了維持國家文官良好的品位及模範。

❺ 嚴守秘密義務

對於機密事件，仍有絕對保守的義務，離職後亦同。但發表有關職務談話的部分，考量言論自由是人民基本權利，111 年就個人名義進行公共政策討論，如未使用職稱，也不以機關立場，則不受限。另新訂「公務員發表職務言論同意辦法」。

❻ 不為一定行為義務

除了上述的應為，服務法中有更多的不可為，如濫權禁止、經商禁止、兼職限制、推薦關說禁止、受贈禁止、互惠禁止等，111 年修法仍多所維持，但調整成更符合實務運作的現代文字用語。

(三) 罰則

除違反服務法義務者，依情節輕重予以懲處外，長官若明知而不處置者，亦同。另 85 年增訂「旋轉門條款」時另訂的專屬罰則仍然保留，但酌修部分文字。

服務法適用對象

✓	受有俸給之文武職公務員	服務法第 2 條
	公營事業機構純勞工以外人員	服務法第 2 條
	公營事業機關代表民股之有給董事、監察人	釋字第 92、101 號
	依「雇員管理規則」進用之雇員	釋字第 113 號
	依「聘用人員聘用條例」進用之聘用人員	銓敘部 75.09.08 (75) 台銓華參字第 43193 號函
	依「行政院與所屬中央及地方各機關約僱人員僱用辦法」進用之約僱人員	銓敘部 75.09.08 (75) 台銓華參字第 43193 號函
	依「各機關學校團體駐衛警察設置管理辦法」進用之駐衛警察	銓敘部 91.03.06 部法一字第 0912114775 號書函
	公立學校兼任行政職務之教師及中央研究院研究人員，但僅就其兼任之行政職務部分	釋字第 308 號服務法第 2 條第 2 項反義解釋
	直轄市長、縣市長、鄉鎮市長	地方制度法第 84 條
✗	地方民意代表、立法委員（以相同法理推論）	銓敘部 90.06.22 (90) 法一字第 2037733 號書函
	村里長	銓敘部 89.07.17 (89) 法一字第 1921810 號書函
	依原「事務管理規則」（現為「工友管理要點」）進用之技工、工友、駕駛	銓敘部 87.4.22 (87) 台法二字第 1609542 號書函
	公營事業機構之純勞工	銓敘部 92.06.20 部法一字第 0922259031 號令

服務法的義務範圍

忠實服務	公務員應恪守誓言，忠心努力，依法律命令所定，執行其職務。
執行職務	❶ 執行職務，應力求切實，不得畏難規避，互相推諉，或無故稽延。 ❷ 收受派令後應於 1 個月內到職，經同意得延長至多 1 個月。駐外人員期限另訂。 ❸ 奉派出差除天災或其他不可歸責事由延後情形，應於核准期程內往返。 ❹ 未奉機關同意，不得擅離職守，其出差者亦同。 ❺ 應依法定時間辦公，不得遲到早退。明定法定辦公時數、休息日數、彈性調整原則、延長加班時數上限、輪班制勤休制度框架或連續休息時間等。 ❻ 公假、按年資給予休假、各類事由請假，授權以法規命令訂定。
服從命令	❶ 長官監督範圍內之命令有服從義務，但違法命令有報告義務。 ❷ 兩級長官同時命令，以上級長官為準；主管長官與兼管長官同時命令，以主管長官為準。
保持品位	公務員應公正無私、誠信清廉、謹慎勤勉，不得有損害公務員名譽及政府信譽之行為。
嚴守秘密	❶ 公務員有絕對保守政府機關機密之義務，就機密事件無論是否為主管事務，均不得洩漏，離職後亦同。 ❷ 未經機關同意，不得以機關名義或使用職稱，發表有關職務或機關職掌之言論。
不為一定行為	第 7 條之濫權禁止、第 14 條之經商禁止、第 15 條之兼職限制、第 16 條之離職後任職限制、第 17、18、22 條之餽贈、受贈及借貸禁止、第 19 條之主動迴避。

UNIT **10-2**
服從義務

君臣之間雖然有上下從屬關係,但卻也非絕對的服從義務,論語中即明白的指出「君使臣以禮,臣事君以忠」,若為君者「其身不正,雖令不從」的道德政治觀。我國現行法令對於公務員的服從義務,主要規範在服務法、保障法與刑法中。

(一) 學說分類

❶ 絕對服從說

此說採特別權力關係的角度,認為行政權本質即上對下的指揮監督權,上級長官就其職務範圍內所發布的命令(即「職務命令」),下屬全無置喙餘地,更沒有審查權限,本應絕對服從。

不過這種說法非但不尊重公務員人格的獨立自主,也過度擴張長官的權力範圍,更有濫權與盲從之弊,走回獨裁的人治,有違法治國家精神。

❷ 相對服從說

此說依責任的性質及輕重程度,保留屬員取捨空間,服從範圍也僅限於長官合法命令,若違法,自然不需服從。也稱為「顯然服從說」或「折衷說」。

如此一來,等於賦予屬員對於長官命令的審查空間,恐妨礙管理上的指揮監督,影響並阻礙公共事務的效率及推行。

❸ 陳述意見說

此說結合絕對服從的原則及違法得陳述的例外,即屬員如認為長官命令違法,得隨時陳述意見。但實務上如對違法命令仍加以配合執行時,並不因主張阻卻違法而免責。

❹ 絕對不服從說

此說則是建立在法治國原則,要求國家與人民(公務員也是人民)間的法律關係均應有明文,在白紙黑字之下才可能預知並遵守,排除國家的權力濫用與恣意。在這種依法行政的前提下,長官命令如違法,即已逾越指揮監督得行使範圍,便無服從義務。此說的觀點也納入國家通過的法律應優於長官職務命令的法律優位原則。

(二) 現行法令規範

❶ 服務法及保障法

因考量兩法的適用對象並不完全一致(如政務人員、公立學校兼任行政職務教師、民選地方行政首長等均非保障法適用範圍),為了釐清長官與屬員間之責任,服務法 111 年參照保障法第 17 條,就「服從義務」訂定了相同的規定,採絕對服從為原則,陳述意見為例外。屬員就長官監督範圍內所發命令,有服從義務,如有意見,得隨時陳述,並賦予屬員請求書面下達的權利(長官如拒絕,視為撤回命令)。並就行政責任加以規範。

服務法第 4 條則是規定不同層級長官命令間的服從效力:若是兩級長官同時命令,以上級長官為準,這也是行政層級的節制性,試想大腦指揮手臂,手臂再指揮手指運作,難道手指還能不聽大腦的嗎?此外,若主管長官與兼管長官同時命令,則以主管長官為準。

❷ 刑法

第 21 條雖規定公務員依上級職務命令執行者,不罰。但明知違法者,不在此限。採相對服從說,人員執行違法的職務行為,仍應負刑事責任。

現行法令規範

公務員服務法

第4條（「公務員」）
公務員對於兩級長官同時所發命令，以上級長官之命令為準，主管長官與兼管長官同時所發命令，以主管長官之命令為準。

第3條（「公務員」與「公務人員」改為相同，僅與「公務人員保障法」第17條相同）

公務人員保障法

第17條
公務人員對於長官監督範圍內所發之命令有服從義務，如認為該命令違法，應負報告之義務；該管長官如認其命令並未違法，而以書面署名下達時，公務人員即應服從；其因此所生之責任，由該長官負之。但其命令有違反刑事法律者，公務人員無服從之義務。
前項情形，該管長官非以書面署名下達命令者，公務人員得請求其以書面署名為之，該管長官拒絕時，視為撤回其命令。

刑法

第21條第2項
依所屬上級公務員命令之職務上行為，不罰。但明知命令違法者，不在此限。

兩級長官命令

司長　科長　命令　為準　以上級長官命令為準　為準　以主管長官命令為準

一般命令之服從

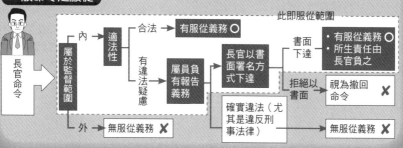

此即服從範圍

長官命令 → 屬於監督範圍
- 內 → 適法性
  - 合法 → 有服從義務 ○
  - 有違法疑慮 → 屬員負有報告義務 → 長官以書面署名方式下達
    - 書面下達 → 有服從義務 ○／所生責任由長官負之
    - 拒絕以書面 → 視為撤回命令 ✗
    - 確實違法（尤其是違反刑事法律）→ 無服從義務 ✗
- 外 → 無服從義務 ✗

知識補充站 ★阻卻違法

犯罪的成立在學理上分為構成要件的「該當性」、「違法性」及「有責性」三大要件。但若有正當理由，就可以阻斷排除違法性，稱為「阻卻違法」，可再細分為法有明文規定的「法定阻卻違法事由」及社會共同倫理所容許的「超法規阻卻違法事由」。

刑法的法定阻卻違法事由規定在第 21～24 條，包括依法令之行為、公務員依職務命令所為行為、業務上正當行為、正當防衛、緊急避難等五種，其他法律有也阻卻違法規定。所以像是消防隊因救火必要而破壞門窗，或是醫生的開刀醫療行為，因為阻卻違法的適用，並不構成毀損罪或傷害罪。

知識補充站 ★法律優位原則

依法行政可分為積極與消極兩個層面，積極要求行政行為必須有法律依據，稱為「法律保留原則」，但為了保有行政權運作的彈性，不致處處受限於立法程序，消極面則允許行政行為在不得牴觸法律的前提亦可為之，稱為「法律優位（或優越）原則」。

中央法規標準法第 11 條中明文規定：法律不得牴觸憲法，命令不得牴觸憲法或法律，下級機關訂定之命令不得牴觸上級機關之命令。

憲法
法律
上級機關命令
下級機關命令

高　位階　低

UNIT **10-3**
不當行為禁止義務

由於公務員是公權力的執行者，也是國家權力的象徵，未免因貪圖私利而發生濫權情形，服務法就算 111 年大修，仍然有著滿滿的禁止規定與限制圍籬，以去除瓜田李下之嫌。

(一) 濫權禁止

法律賦予公務員的公權力，是用來推動公共利益或維持公共秩序，可不是圖謀個人己利或結黨營私的特許權，更禁止利用職務之便損害他人。服務法也進一步規定，公務員執行職務時，就涉及本身或其家族之利害事件，有主動迴避的義務，另訂有「公職人員利益衝突迴避法」。

(二) 經商投資禁止

禁止公務員經營商業，是為了避免官商兩棲或因求私利而影響公務的情形發生，除政府代表外，絕對禁止。

而投資禁止則是為了避免利用職務之便進行不法投資行為。但為了避免矯枉過正，同時合理兼顧公務員理財自由，加上已有財產申報法、利益衝突迴避法等相關規範，111 年修法後仍維持不得投資其監督管理範圍之營利事業，但取消持有股份或出資額的比率限制。

(三) 兼職限制

服務法首條便闡明公務員應忠心努力執行職務，111 年修法後仍維持「一人一職」為原則，法定兼職為例外。另本次修法並就從事其他業務、下班後的公益活動、教學研究工作、兼任非營利事業團體職務、以個人才藝獲取報酬、個人智慧財產權授權等各項現代化社會情

形，明訂原則性規定。

(四) 推薦與關說禁止

考量現行公務員職缺，除依法申請考試分發外，本應依陞遷法辦理內陞或外補作業，又利益衝突迴避法、公務員廉政倫理規範本有相關規定，基於立法經濟且避免重複規範，111 年修正時刪除服務法中的相關條文。

(五) 贈受招待禁止

除了關說文化的禁止之外，紅包文化也在禁止之列。有上下隸屬關係者，不管是否涉及職務，均不得贈受財物。對於自己的所辦業務，也不得收受餽贈。更不得利用視察等機會，接受地方的招待或餽贈。

但這些民國 28 年就制定的規定，卻也與婚喪喜慶紅白包的正當禮俗起了衝突，因此行政院於 97 年頒布「公務員廉政倫理規範」，對服務法的原則規定有更細緻的操作準則，也將一般的飲宴應酬、出席演講等禮俗行為，明定金額上限標準。

(六) 其他禁止或限制

服務法的本質上是屬於公職服務的義務準則，本來多半就是規範應遵循的範疇，111 年也因應現代文字及社會觀念調整修正部分文字，但也反映出社會對於公務員有著較高行為舉止及道德標準的期待。

不當行為禁止

濫權禁止	不得假借權力，以圖本身或他人利益，並不得利用職務上機會，加損害於人。 執行職務時，遇有涉及本身或其家族之利害關係者，應行迴避。
經商投資禁止	❶ 公務員不得經營商業。但經指派代表公股或遴薦兼任政府投資事業之董監職務並經事先核准者，不受此限。 ❷ 公務員所任職務對營利事業有直接監督或管理權限者，不得取得該營利事業之股份或出資額。
兼職、兼任限制	❶ 公務員非依法令不得兼任他項公職，依法兼職者不得兼薪。 ❷ 法定工作時間以外，從事社會公益活動或其他非經常性、持續性工作，且未影響本職工作者，不在此限。 ❸ 得於法定工作時間以外，依個人才藝獲取適當報酬。得就其財產處分、智財權及肖像權授權行使，獲取合理對價。 上述行為，對公務員名譽、政府信譽、其本職性質有妨礙或有利益衝突者，不得為之。
贈受招待禁止	❶ 公務員不得餽贈長官財物或於所辦事件收受任何餽贈。 ❷ 公務員不得利用視察、調查等機會，接受招待或餽贈。 但上述行為符合廉政相關法令規定者，不在此限。
互惠禁止	與職務有關係者，不得私相借貸，訂立互利契約，或享受其他不正利益： ❶ 承辦本機關或所屬機關之工程者。 ❷ 經營本機關或所屬事業來往款項之銀行。 ❸ 承辦本機關或所屬事業公用物品之營利專業。 ❹ 受有政府機關獎（補）助費。
其他禁止或限制	❶ 公務員非因職務之需要，不得動用行政資源。 ❷ 公務員職務上所管理之行政資源，應負善良管理人責任，不得毀損、變換、私用或借給他人使用。

罰則

第 23 條共同罰則	公務員有違反本法者，應按情節輕重，分別予以懲戒或懲處，其觸犯刑事法令者，並依各該法令處罰。
第 25 條長官責任	公務員有違反本法之行為，該管長官知情而不依法處置者，應受懲戒或懲處。
第 24 條旋轉門專屬罰則	離職公務員違反第 16 條（即旋轉門條款）規定者，處二年以下有期徒刑，得併科新臺幣一百萬元以下罰金。

UNIT 10-4
兼營、兼職與兼課

111 年服務法將原本經商禁止、兼職兼課等相關條文重新整併，但未如媒體報導的放寬公務員兼職，而是將不得為之的情形更加明文界定，但仍於機關同意、不妨礙政府或公務員名譽、不影響本職、非法定辦公時間的各項大前提下，允許部分業外收入或兼職行為。另訂有「公務員兼職同意辦法」。

(一) 經營商業與投資

服務法對於經營商業仍採絕對禁止原則，並將依相關法令規定擔任公司發起人、公司負責人、商業負責人、營利事業負責人、董事、監察人或相類似職務，均明文列屬經營商業範疇。

但在投資適法性方面，適度合理兼顧公務員的理財自由，取消了持有股份或出資額比率限制，而改以人員所任職務對該營利事業具有直接監督或管理權限者為限。

(二) 其他兼職情形

111 年修法後仍對兼職採「原則禁止、例外許可」原則，但因近年有部分爭議案例（如知名球評石明謹，於擔任交通警察時遭檢舉而受降級改敘懲戒並罰款；奧運金牌麟洋配，因身為土銀員工，而不能代言商業廣告），本次修法增訂並明文允許下班後不影響政府聲譽的其他情形，如從事社會公益活動、非經常性或持續性工作、個人才藝表演、個人財產處分、運用自身知能的智慧財產權、個人肖像權授權行使，獲取適當報酬合理對價等。

另原本實務上擔任社區大廈管委會委員或主委、子女學校家長會職務，也都

有踩紅線的疑慮，導致具有公務員身分的人，就連生活上的公共參與、親權行使似乎都受到過度的限制，本次修法也將此種兼任非營利事業團體職務且無報酬又不影響本職工作的情形，明文排除，不須經機關同意或備查。

(三) 兼任教學研究工作

公務員兼任教學或研究工作的規定仍相同，但將「許可制」修正為「同意制」，也就是事前或事後徵得機關同意皆可。

另原本無論是否受有報酬均應經機關許可，但考量此種狀況並不違反立法意旨，也無須多作限制，而明文取消限制。

(四) 仍持釐清之實務認定疑義

111 年的修法看似對公務員下班後不影響本職工作的個人興趣或行為、甚至是據以獲取報酬的情形，有些許微幅鬆綁，但實際上恐怕仍存在不少認定上的問題，例如怎樣的按件計酬頻率算是經常性或持續性？而頻率高低與報酬多寡也並非是絕對的必然關係，一個月上兩場節目所獲報酬恐怕比每天下班後騎車接外送單的辛苦錢多更多，但後者卻可能因屬經常性而觸法。又如網路平台自媒體在何種程度範圍內才算是「依個人才藝表現，獲取適當報酬」？可以當街頭藝人，但能不能當 YouTuber？而這些情形或許也都只能等待個案發生後，再看權責機關如何解釋與界定了。

公務員兼職處理程序

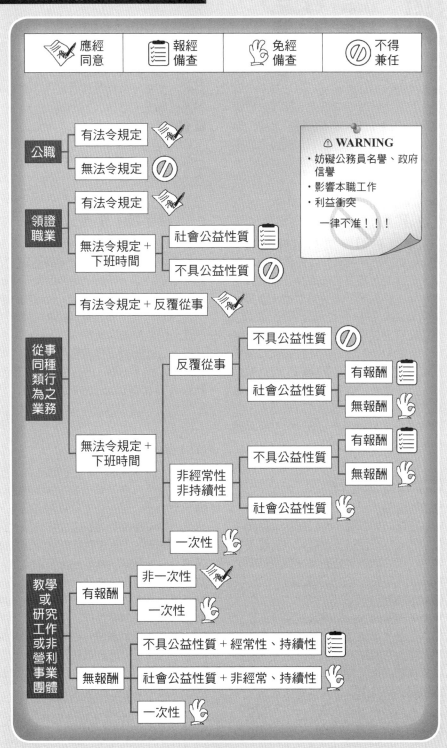

UNIT **10-5**
旋轉門條款

圖解現行考銓制度

服務法第 16 條及第 24 條規範了公務員於離職後的任職範圍及違法罰則,避免人員利用在職期間就處心預謀自己離職後的出路,以「未來門神」之姿,與企業有不當勾結,謀取不當利益而影響市場公平競爭,也將對公務員職務的公正性造成重大打擊。

(一) 背景

我國旋轉門條款(Revolving Door Clause)起因於中美菸酒貿易談判時,傳出前臺灣菸酒公賣局離職高官將我國資料提供給美國菸酒公司還擔任顧問、前電信局局長退休後轉任美國 AT & T 電信在臺分公司職位,以及尹清楓命案所引發的官商勾結等,這些案件不僅使國家利益嚴重受損,更突顯了利益輸送的缺口。鑑於世界各國也針對公務員離職後的任職與利益迴避多訂有限制,立法委員便主動提案,並至 85 年增訂服務法中相關規定與罰則。

(二) 服務法規範

❶ 期間限制

以離職時點計算,包括退休、辭職、資遣、免職、停職及休職等原因離開其職務,而該職務與營利事業直接相關,採後 3 年與前 5 年的區間限制。

❷ 職務限制

於上開區間內,不得擔任與職務直接相關之營利事業董事、監察人、經理、執行業務之股東或顧問。所稱的「職務直接相關」指服務機關為其目的事業主管機關,而具有監督或管理權責者,從承辦人到首長,通通包括在內,此外,有營建或採購業務關係人員也含括其中。「營利事業」的組織型態不以公司為限,獨資、合夥等其他方式組成的事業通通屬之。

❸ 罰則

111 年修法仍維持 2 年以下有期徒刑,得併科 100 萬元以下罰金的刑罰,但刪除了犯罪利益沒收的規定。

(三) 釋字第 637 號

至於服務法是否過分限制離職公務員之工作權,依該釋字看來,為了公正廉明的重要公益,而限制職業選擇自由的個人私益,除了目的正當,所採取限制手段的關聯性也屬必要,並未牴觸憲法保障人民工作權的意旨。

但大法官同時也指出現行採「職務禁止」且搭配「刑罰」的立法方式,對離職公務員權益影響甚鉅,仍宜檢討修正。

(四) 擬議修正

85 年修法時以防弊為主要目的,但公私間交流日漸頻繁,就連 107 年的退撫新法中也因應設計了年資轉銜制度,旋轉門條款雖確有其訂定必要,但也因條文中充滿了不確定法律概念,服務法又沒有施行細則,銓敘部雖努力作出行政解釋,卻有因為涉及刑責而對法院無拘束力,個案認定爭議甚多。為兼顧維護公正廉明與職業選擇自由,諸多建議修法方向包括如參考外國規定期間縮短年限、由原採「特定職務禁止」修正為兼採「特定行為禁止」方式予以規範等,不過 111 年並未做修正。

服務法之旋轉門規定

服務法之旋轉門規定

《服務法第 16 條》	公務員於其離職後 3 年內，不得擔任與其離職前 5 年內之職務直接相關之營利事業董事、監察人、經理、執行業務之股東或顧問。
《服務法第 24 條》	離職公務員違反本法第 16 條者，處 2 年以下有期徒刑，得併科新臺幣 100 萬元以下罰金。

徒刑

＋

罰金

政府機關　營利事業

前 5 年內　**離職**　後 3 年內

離職

職，包括退休（職）、停職及休職等、辭職、資遣、免職及離開原職者。

職務直接相關

❷及首長及直接之主管（機關）機關及其各級主管（包括各機關正副首長、副首長）辦理、採辦或提供本機關及所屬機關各級單位之主管業務。

❶建立該業務之目的事業主管機關即為辦理、監督、直接承辦該管業務之機關；離職前之職務承辦人員亦辦理、監督及直接承辦工作之相關業務，對目職務責任該管機關之主辦業務機關之幕僚、幕僚長及各級主管或首長、副首長（包括採購、工程招標、買訂契約或承辦採購業務等）。

（銓敘部 85.07.20 (85) 台中法二字第 1332483 號函）

營利事業

他以公司組織方式組成之獨資、合夥或其他類型，以公營、私營或公私合營，凡以營利為目的之所有事業，不論定為公司法、商業登記法規定之營業，皆屬之。

擔任職務

❺稱顧問者。

❹經理：規定之總經理、副總經理、協理、經理及副經理，除依公司法之經理人外，尚包括總經理、副總經理、協理等擔任營利事業「顧問」一職。

❸❷記載：公司之執行業務股東、無限公司或兩合公司之股東。

監察人：依公司法規定之監察人。

❶董事長、常務董事、副董事長：有限公司或股份有限公司、股份有限公司。

其他函釋

✔ 離職後自行開業擔任專門職業及技術資格之執行者（如律師、建築師、醫師、會計師等），不違反旋轉門規定。惟各專業法律另有特別規定者，仍應適用。

✘ 離職後自設營利事業公司，倘屬銓敘部函釋所規定之目的事業主管機關且其職務具監督或管理權責者，仍有旋轉門適用。

釋字第 637 號解釋

公務員服務法第 14-1 條（現為第 16 條）規定，旨在維護公務員公正廉明之重要公益，避免離職後憑恃與原任職機關關係，不當往來巧取私利，或利用所知公務資訊助其任職之營利事業從事不正競爭，並藉以防範在職期間預謀出路，而與營利事業掛鉤，產生利益衝突或輸送，限制目的洵屬正當；所採取手段與目的間具實質關聯性，為保護重要公益所必要，且限制僅及於特定職務型態，亦未禁止職務不直接相關之職業，並未牴觸憲法第 23 條規定。

惟服務法採「職務禁止」立法方式，且違反者處以刑罰，攸關離職公務員權益甚鉅，宜依實際執行情形，審酌維護重要公益與人民選擇職業自由之均衡，檢討修正。

※ 爭點：職務禁止、行為禁止

UNIT **10-6** 勤休制度與請假規則

各家公司都有自己的上下班管理規則，政府這個大公司的規定則見於服務法。111 年並配合釋字第 785 號要求，就攸關公務人員服公職權及健康權保護，訂定框架性的規範。

(一) 勤休制度

服務法第 9 至 13 條主要就公務員的赴任、出差、到公、請假情形等訂有原則性的規範，其中第 12 條更從寥寥數行增為 7 大項，除了原本僅明文週休 2 日，一口氣增加每日及每週辦公總時數、年度辦公日曆表、延長辦公時數加班的一般上限及特殊上限、輪班輪休人員連續休息下限及勤休頻率等工時規範，不過公務員加班並沒有如勞基法的倍增或加乘規定，計算方式及對象也有明文。

另外還有「各機關加班費支給辦法」、「行政院與所屬中央及地方各機關（構）公務員服勤實施辦法」、「天然災害停止上班及上課作業辦法」、「政府機關調整上班日期處理要點」等規定。而人事總處每年公布的「政府行政機關辦公日曆表」，也是各行業的主要參考基準。

(二) 請假規則

依據服務法第 12 條授權，訂有「公務人員請假規則」。

❶ 事、病假

事假中還包括「家庭照顧假」，病假中包括「生理假」，均有法定天數，相互併計後超過部分應按日扣薪。另外因重大傷病或安胎需休養者，也有 2 年內不得超過 1 年的延長病假核給規定。

❷ 婚、喪、娩、器捐假

婚喪情形除法定天數外，亦有請畢期限；就懷孕女性，訂有產前假、娩假及流產假，另就配偶訂有陪產檢及陪產假；為鼓勵骨髓及器官捐贈，另行給假，不歸屬為病假。

❸ 公假

請假規則第 4 條針對參加活動、政府集會、訓練進修等情形，列有 11 項公假法定事由，原則上都應為奉派、奉准，且與職務相關。

❹ 特休假

由於政府為單一雇主，公務人員的特休假年資均統一結算到年底，自次年起給假，初任職者則按比例核給。年資銜接或未銜接者，併計與計算方式不同。

❺ 權責與程序

請假為機關的內部管理事宜，否准權為機關首長，但首長自己的請假則需報請上級機關核准。另對各種假別的最小值、事先核准為原則、業務應確實代理、虛偽情事以曠職論等，皆有明文。

(三) 國民旅遊卡

到年底沒休完的特休假，可發給不休假加班費，但為鼓勵休假與節省公庫支出，87 年增訂應休畢日數（為強制休假，不發給不休假加班費），訂有「行政院與所屬中央及地方各機關公務人員休假改進措施」。

為避免人員反彈與變相減薪之嫌，同時促進國內旅遊與經濟景氣，於 92 年起將強制休假改以特定刷卡消費後始得申領的定額方式給予，只不過這項措施因冠以「國民旅遊卡」的名稱，常讓外界以為是公務員的額外福利而屢遭譏諷，心裡真是有苦難言。

公務人員請假規則之法定假別

假別	事由	天數※	其他說明
事假	因事	7 日	❶ 超過應按日扣薪。 ❷ 任職未滿 1 年者,依在職月數比例計算。
家庭照顧假	家庭成員預防接種、嚴重疾病或其他重大事故須親自照顧	7 日	請假日數併入事假計算
病假	因疾病或安胎須治療休養	28 日	超過者,以事假抵銷
生理假	女性因生理日致工作困難	每月 1 日	全年請假未逾 3 日,不併入病假,餘併入病假計算
延長病假	因重大傷病非短期能治癒或因安胎確有需要休養	2 年內合計不得超過 1 年	❶ 病、事及休假均請畢後,經機關長官核准。 ❷ 自延長病假首日起算。但銷假上班 1 年以上者,重行起算。
婚假	結婚(現行民法為登記婚,非儀式婚)	14 日	自結婚日前 10 日起 3 個月內請畢。但因特殊事由經核准者,得於 1 年內請畢
產前假	懷孕者,於分娩前	8 日	❶ 產前假不得保留至分娩後 ❷ 娩假及流產假應一次請畢。 ❸ 已請畢產前假者,必要時得於分娩前先申請部分娩假。 ❹ 流產假應扣除先請之娩假日數。
娩假	懷孕者,於分娩後	42 日	
流產假	懷孕滿 20 週以上 / 12〜20 週未滿 / 未滿 12 週流產	42 / 21 / 14 日	
陪產檢及陪產假	因陪伴配偶懷孕產檢,或因配偶分娩或懷孕 20 週以上流產者	7 日	陪產檢應於配偶懷孕期間請畢,陪產應於配偶分娩或流產日前後合計 15 日(含例假日)內請畢
喪假	父母、配偶死亡	15 日	❶ 除繼父母有其他規定外,其餘喪假以天然血親或擬制血親為限。 ❷ 應於百日內請畢。
	繼父母、配偶之父母、子女死亡	10 日	
	曾祖父母、祖父母、配偶之祖父母、配偶之繼父母、兄弟姐妹死亡	5 日	
捐贈假	捐贈骨髓或器官	視實際需要給假	
公假	政府集會、國考、兵召、投票、因公傷病、訓練進修、考察、應邀活動或作證答辯、本機關活動、傳染病強制隔離、考試院激勵法規等 11 項法定事由	期間由機關視實際需要定之	❶ 除法定義務或具強制性外,均應奉派或奉准。 ❷ 參加國家考試、訓練進修、會議或活動並應與職務有關。
休假 (均自 1 月起算)	至年終連續服務滿 1 / 3 / 6 / 9 / 14 年者,次年 1 月起	7 / 14 / 21 / 28 / 30 日	於 2 月以後初任到職者,按在職月數比例於次年 1 月起核給休假。第 3 年 1 月起依規定給假。

※ 事、病、休假等類型為「每年」日數;婚、娩、喪假等類型為「單一事件」日數。

延長辦公時數及加班費框架性規範

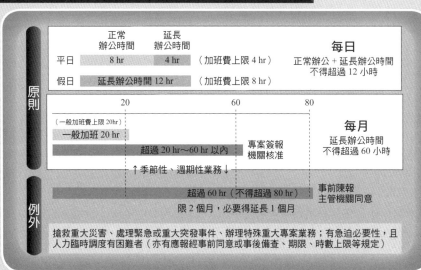

UNIT **10-7**
行政中立

「鐵打的衙門，流水的官」這句俗諺或許正點出了歐美國家自 19 世紀末興起的公共行政學科中對於政治與行政間的關係討論，更明白指出行政中立（也有稱為政治中立）的重要性。我國首於 98 年訂頒公務人員行政中立法及其施行細則，考試院另早於 91 年依訓練進修法發布公務人員行政中立訓練辦法。

(一) 目的功能

為了規範常任事務官應秉持客觀中立及公平的超然立場執行職務，以國家人民的整體利益為依歸而一視同仁，而非以個人好惡或政黨利益團體取向而予差別對待，行政中立法第 1 條即明白指出「依法行政、執行公正、政治中立」的立法目的，另於第 3、4 條也有嚴守中立及依法公正執行職務的要求。

(二) 適用對象

行政中立法中分別明文規定適用及準用對象，人員範圍大致與保障法相類似，但仍有些許不同。103 年修法後將社教研究機構人員限縮於兼任行政職務、公營事業則限縮於負決策責任者，方準用之。

另軍、教人員則由主管機關國防部及教育部分別在相關法律中規範軍人及教師的行政中立事項。另針對司法權的維護與行使人員，法官法中甚至有更為嚴格的限制，對於司法中立的要求強度遠勝於行政中立。

除依第 18 條應超黨派獨立行使職權的政務人員（如考試委員）仍受規範外，因政治任命或民選方式產生的政務官，因身分屬性本取決於政黨傾向，並不受行政中立法的約束。

(三) 禁止行為及罰則

行政中立法屬於義務要求，條文中多半是禁止規定，不允許常任事務官對於所掌握的行政資源有差別運用甚至濫權情形，包括干涉加入政黨與否、上班時間從事政黨活動、濫用權力對選舉予以限制、對申請受理有差別待遇等，就連懸掛旗幟、領導連署、站台拜票等活動參與，都在禁止之列。不過 103 年也考量人情常理，修法放寬配偶及二親等內血親、姻親的部分助選行為。

如有違法情形，應按情節輕重，依懲戒法、考績法或相關法規處罰；上級長官若有包庇依法舉報的吃案情形，更以失職論，由監察院介入。

從某個角度而言，這麼多的限制其實有不淌渾水的自清效果，藉由明文禁止事項來避免常任事務官被迫介入地方派系或政治紛爭，而能安心、中立且忠實的推動政府政策。

(四) 權益維護及保障

行政中立法並未剝奪憲法所賦予人民的基本參政權，仍可加入政黨、行使投票權或以事、休假登記參選，但對於介入政爭當然是嚴格禁止。

如有因拒絕從事法定禁止行為而受不利對待，則可循保障法救濟。但同時為避免人員對長官反有挾怨而誣控濫告的情形，對於向上級指控長官一節，適度課予人員負有舉證責任。

對象	適用	法定機關依法任用、派用之有給專任人員及公立學校依法任用之職員
	準用	❶ 公立學校校長及公立學校兼任行政職務之教師。 ❷ 前未銓敘之公立學校職員及私校改制後留用職員。 ❸ 公立社教機構專業人員及研究機構兼任行政職務之研究人員。 ❹ 行政機關軍職人員、軍訓教官。 ❺ 依法聘用、僱用人員。 ❻ 公營事業對經營政策負有主要決策責任之人員。 ❼ 正式任用前,實施學習或訓練人員。 ❽ 行政法人有給專任人員。 ❾ 代表政府或公股之董事及監察人。 ❿ 依法規定獨立行使職權之政務人員。
執法原則		❶ 應嚴守行政中立,依法執行職務。 ❷ 執行職務之中立原則,不得予以差別待遇。 ❸ 受理申請事項之平等原則,不得有差別待遇。
允許行為		❶ 得加入政黨或其他政治團體。 ❷ 公務人員登記為公職候選人者,自候選人名單公告之日起至投票日止,應依規定請假或休假,長官不得拒絕。
禁止行為		❶ (**參與政治活動之權限**) 不得兼任黨政職務、不得介入黨派紛爭、不得兼任競選辦事處職務。 ❷ (**利用職務之禁止行為**) 使他人加入或不加入政黨或其他政治團體,要求他人參加或不參加黨政有關之選舉活動。 ❸ (**從事政治活動之時間限制**) 不得於上班或勤務時間,從事政黨或其他政治團體之活動。 ❹ (**捐助及募款活動之禁止**) ❺ (**從事政治活動或行為之禁止**) 　① 動用行政資源編印製、散發、張貼宣傳品或辦理相關活動。 　② 辦公場所懸貼穿戴或標示黨政團體或候選人之旗徽服飾。 　③ 主持集會、發起遊行或領導連署活動。 　④ 在大眾傳播媒體具銜或具名廣告。但公職候選人之配偶及二親等以內血親、姻親只具名不具銜者,不在此限。 　⑤ 對職務相關人員或其職務對象表達指示。 　⑥ 公開為公職候選人站台、助講、遊行或拜票。但公職候選人之配偶及二親等以內血親、姻親,不在此限。 ❻ (**妨害投票權行使之禁止**) ❼ (**選舉期間辦公處所競選活動之禁止**) 應禁止政黨、公職候選人或其支持者之造訪活動;並應於辦公、活動場所之各出入口明顯處所張貼禁止競選活動之告示。 ❽ (**違反中立行為之舉發**) 長官不得要求人員從事本法禁止之行為,違者檢證向上級長官舉發,上級未依法處理者,以失職論。
救濟保障		❶ 不得因拒絕從事本法禁止行為而受不公對待或不利處分。 ❷ 遭受前項對待或處分時,得依保障法及其他法令規定,請求救濟。

第 **10** 章
服務制度

UNIT 10-8
公務倫理

早年的人一與人二,後者已獨立為政風體系。完整的人員管理制度本仰賴胡蘿蔔與棍子所建構出的恩威並濟,而公務員又是國家治權的延伸與實踐,故各國多有較高的倫理道德要求。

(一) 核心價值及服務守則

考試院於 98 年公布文官制度興革規劃方案,並頒布「廉正、忠誠、專業、效能、關懷」等五項文官應具備的核心價值,作為執行職務及行為處事的原則,並開展為 10 條「公務人員服務守則」以資遵循。

(二) 廉政倫理

為防範貪腐行為,行政院於 97 年訂頒「公務員廉政倫理規範」,作為日常業務執行時,如遇受贈財物、飲宴應酬、請託關說及出席演講等情形的共同標準,同時也規範正常社交禮俗或公務禮儀往來的金額上限。此外,針對請託關說案件另有「行政院及所屬機關機構請託關說登錄查察作業要點」。

此規範當中的廉政案件主要由政風單位辦理,各項活動均有簽報核准、知會政風或登錄建檔等程序,以建立一個合理明確且公開透明的標準化程序。

(三) 利益衝突迴避

89 年在社會濃厚的反貪腐氛圍下,由立委主動聯署提案通過「公職人員利益衝突迴避法」,將財產上及非財產上利益、經作為或不作為,直接或間接使本人或其關係人獲取利益者都包括在迴避之列,訂有裁罰基準及刊登公報等規定,以收警惕之效。

在適用對象及關係人於 107 年有修正調整,與財產申報法脫勾,將現職且擔任重要決策者或業務易生弊端人員皆納入規範。

(四) 財產申報

同樣也是在連續爆發諸多重大國家工程採購弊案,國人「反金權」的強大要求聲浪下,我國第一部陽光法案「公職人員財產申報法」於 82 年迅速通過。對於擔任重要公職或有特殊利害關係人員,藉由財產公開以釐清個人職務與資產的關係外,也防止人員利用職權貪瀆斂財,杜絕金錢政治。

法案中包括適用對象、申報期間、申報範圍、強制信託及罰則等均有明文規定,然因當年立法倉促,又定位為防貪而非肅貪,期間雖有多次修正,但仍有「該管沒管、行政繁瑣」等批評,落入立意甚佳但執行無力的窘境,對於落實政府課責機制以符合人民期許,還有很大的進步空間。

(五) 揭弊者保護

「好人袖手旁觀,是邪惡勝利的唯一要件!」英國政治家 Edmund Burke 的名言一語道盡我國現況。以上規定多屬於消極限制,但仍缺乏積極保障。為鼓勵並保護人員面對內部不法行為時,能免除恐懼勇於揭弊,世界各國無不積極進行吹哨人(Whistleblower)保護。我國目前只有勞基法、職安法、食安法等少數法律中有類似條款,但皆未有身分保密與人身安全保護,而採「公私合併立法」方式的專法草案,立法進展進度緩慢且不明朗,面對越來越多的弊案,我國腳步實在是刻不容緩啊!

核心價值及服務守則

核心價值	對應之服務守則
廉正	❶ 公務人員應廉潔自持，主動利益迴避，妥適處理公務及有效運用公務資源與公共財產，以建立廉能政府。 ❷ 公務人員應依法公正執行公務，嚴守行政中立，增進公共利益及兼顧各方權益，以創造公平良善的發展環境。
忠誠	❸ 公務人員應恪遵憲法及法律，效忠國家及人民，保守公務機密，以增進國家利益及人民福祉。 ❹ 公務人員應重視榮譽與誠信，並具道德與責任感，待人真誠與正直，任事熱心與負責，以贏得人民的尊敬。
專業	❺ 公務人員應與時俱進，積極充實專業職能，本於敬業精神，培養優異的規劃、執行、溝通及協調能力，以提供專業服務品質。 ❻ 公務人員應踐行終身學習，時時追求專業新知，激發創意，以強化創新、應變及前瞻思維能力。
效能	❼ 公務人員應運用有效方法，簡化行政程序，主動研修相關法令，迅速回應人民需求與提供服務，以提高整體工作效能。 ❽ 公務人員應發揮團隊合作精神，踐行組織願景，提高行政效率與工作績效，以完成施政目標及提升國家競爭力。
關懷	❾ 公務人員應具備同理心，提供親切、關懷、便民、主動積極的服務、協助與照護，以獲得人民的信賴及認同。 ❿ 公務人員應培養人文關懷，尊重多元文化，落實人權保障，並秉持民主與寬容的態度體察民意，以調和族群及社會和諧。

其他公務倫理相關規定

依據	公務員廉政倫理規範	公職人員利益衝突迴避法	公職人員財產申報法
適用對象	適用公務員服務法之人員	❶ 正副總統、各級正副首長、正副幕僚長、政務人員、民意代表、政府／公股／捐助董事、監察人、執行長、政風／會計／採購主管等共 11 款。 ❷ 依法代理期間亦屬之。	❶ 正副總統、五院正副院長、政務人員、機關正副首長、列簡 10 以上幕僚長及主管、民選首長、民意代表、法官、檢察官、政風主管、採購業務主管等共 13 款人員。 ❷ 代理者亦應申報。但代理未滿 3 個月者，毋庸申報。
主要規範內容	❶ 受贈財物：除法定情形外，3 日內簽報長官及知會政風。 ❷ 請託關說：3 日內簽報其長官並知會政風。 ❸ 政風機構受知會通知後，應即登錄建檔。 ➡ 正常社交禮俗標準：不超過 3,000 元。但同一年度來源以 1 萬元為限。 ➡ 演講鐘點費：每時不得超過 5,000 元。 ➡ 稿費者：每千字不得超過 2,000 元。	❶ 利益：包括財產上利益及非財產上利益。 ❷ 關係人：包括配偶、共同生活家屬、二親等內親屬、信託財產之受託人、任重要職務之營利事業、機要、民意代表助理。 ❸ 利益衝突：執行職務時，因作為或不作為，直接或間接使本人或其關係人獲取利益者。 ❹ 不當利益之禁止：假借職權、關說請託、交易行為，以及自行、申請、命令與強制迴避義務。	❶ 應於就（到）職 3 個月內申報財產，每年並定期申報一次。 ❷ 配偶及未成年子女所有之財產，應一併申報。 ❸ 受理財產申報之機關（構）為監察院、政風單位、各級選舉委員會。 ❹ 財產申報之內容、申報資料之公布、財產信託、財產變動申報均有明文規定。
罰則	違反並經查證屬實者，依相關規定懲處；其涉及刑事責任者，移送司法機關辦理。	❶ 依各情事分訂罰鍰。 ❷ 假借職權、關說請託之所得財產利益應予追繳。 ❸ 未予迴避之處罰後再違反者，得按次處罰。 ➡ 年度迴避情形應彙報監察院／法務部。 ➡ 罰鍰確定者，刊登政府公報並網路公開。	❶ 無正當理由拒絕說明或為不實說明、拒絕配合或提供不實資訊、故意隱匿不實，分訂罰鍰。 ❷ 無正當理由仍未依限期通知申報或補正者，訂有徒刑及罰金規定。 ➡ 處罰確定者，公開於網路或政府公報、新聞紙。

UNIT 10-9
公務員的責任

公務員除了身為一般國民之外，更是公權力的象徵，在權利與義務之外，所應承擔的責任範圍，自是不在話下。

(一) 行政責任

此項責任顧名思義是基於違反行政法上的義務而生，由行政機關或司法機關予以職務上或紀律上的處罰。

❶ 司法懲戒

國家為了維持官箴紀律，可對故意或過失的違法、怠職、失職等情形，依公懲法進行免除職務至申誡等九項輕重不等的懲戒處分，104年新增的「罰款」更可併為處分。受懲戒的對象除了原本的現職公務員與政務人員之外，也將退離公務員納入規範。

懲戒法院即為終局判決，不得再向行政法院提起救濟。

❷ 行政懲處

考績法賦予機關長官就其監督管理權行使的必要，對任何違法失職行為均得以平時考核、年終（或另予）考績及專案考績的方式進行懲罰性的不利處分。本項懲處並不及於政務人員。

若影響人員重大權益，如變更身分的免職處分，可向保訓會提起復審，不服可再向行政法院救濟；申誡以上懲處也於109年改認行政處分而循復審救濟。

另外，基於一事不二罰的法理精神，如同一行為已受司法懲戒，則不再受行政懲處。

(二) 民事責任

此項責任則是公務員執行職務，因故意或過失不法侵害他人權益，所負的損害賠償責任，採雙軌制，常有競合情形：

❶ 民事賠償

這裡並不是指純粹的私人行為（如借貸不還），而是以公務員身分執行職務的私經濟行政行為（也稱為國庫行政，國家脫下制服換上便服），規範於民法第186條。

被告的「高風險族群」包括警察、醫事、公營事業、採購或總務承辦人員等。如非出於故意或重大過失，可循「公務人員因公涉訟輔助辦法」審查並申請延聘律師等相關費用的補助。

❷ 國家賠償

我國雖早在民國69年便依憲法第24條制定公布「國家賠償法」，對於不法侵害、怠行職務、設施設置管理失當等情形都包括在其中，機關也對具故意或重大過失的公務員有求償權。但實務上卻要等到87年釋字第469號所揭示的保護規範理論後，國家怠於執行職務而使人民生命財產受侵害的情形才真正負有賠償責任。

(三) 刑事責任

刑法中除第四章瀆職罪是公務員專屬罪責外，其他犯罪如假借職務上權力，第134條更特別訂定加重其刑1/2，以茲警惕。不過依法執行職務行為，如消防隊為了救火而必須破壞門窗，因適用阻卻違法，而不構成毀損罪責。

除刑法外，如貪污治罪條例、公務員服務法的違反旋轉門罰責，均為徒刑及罰金，亦可視為廣義的刑事責任。

另基於公懲法的「刑懲併行」原則，刑事判決對司法懲戒並不具拘束力。

公務員的法律責任

公務員責任
- 行政責任
  - 司法懲戒（公務員懲戒法）
    - 權責機關：懲戒法院
    - 種類：免除職務、撤職、剝奪或減少退休金、休職、降級、減俸、罰款、記過、申誡。
  - 行政懲處（公務人員考績法）
    - 權責機關：各機關
    - 種類：考績免職（年終、另予或專案考績）、記大過、記過、申誡。
- 民事責任
  - 民事賠償（民法）
    - 公務員之私經濟行政發生侵權行為視民法規定，國家恐負連帶責任。
  - 國家賠償（國家賠償法）
    - 公務員執行公權力，因故意或過失不法侵害人民，負損害賠償責任。怠於執行職務亦同。
- 刑事責任
  - 公務員行為違反刑事法律而應受罰之責任
  - 特殊規定：
    ❶ 阻卻違法：依上級職務命令，不罰。但明知命令違法者，不在此限。
    ❷ 職務犯：指專屬公務員身分而成立的犯罪行為，如貪污罪。
    ❸ 準職務犯：指一般人民均可能觸犯，但公務員為之，特別加重刑罰（刑法第 134 條）。

★罰金、罰鍰

不像道德律、自然律般的天然存在，法律是人類用文字描述方式創造並藉以共同遵守的社會規範，不同法規體系會以不同的文字表述作為區分，如「罰金」與「罰鍰」、「沒收」及「沒入」、「拘役」跟「拘留」，前者都是刑法上的犯罪處罰、後者是行政法上的違規處分。僅因不同類型，以不同文字區別而已。

★保護規範理論

國賠法通過以來，人民如因公務員怠於執行職務致生命財產受損，均依最高法院72 年台上字第 704 號判例所指出「人民享有之反射利益，尚無公法上請求權可資行使，自不得請求國家賠償損害」而敗訴或遭駁回。

一直到日月潭遊艇翻覆致 57 人喪生的船難事件受害家屬，主張南投縣政府未妥善管理且設置安全救難設施，長期放任違法遊湖業者，才導致此重大悲劇後，大法官於 87 年作成第 469 號解釋，揭示了新保護規範理論。舊論採主觀的二分法，只區分「公權力」及「反射利益」，新論採客觀三分法，除前兩項外，也包括中間值得保護的法益，明白指出公務員於法規裁量權萎縮至零時，即依法負有作為義務，如怠於執行或不作為，致特定人自由或權利受損時，被害人自得請求國賠。

退撫保險

●●●●●●●●●●●●●●●●●●●●●●●● 章節體系架構 ▼

UNIT **11-1**
退休制度收支學理

組織是由人員組成的動態生命體，有自然的新陳代謝。古代官吏退休後告老還鄉，帝王常以分封或賞賜土地作為安養天年的照護，現代當然不可能這麼做，所以改以退休後金錢給與方式為之，所以退休金一般也被翻譯為養老金（Pension）。

(一) 退休金經費來源

❶ 政府籌款制

退休經費的籌措由政府負完全責任，也稱為「恩給制」，經費來源及管理上都較為單純，但對於國庫的財政負擔就比較沉重。這種制度是建立在組織對於忠誠盡職者的特別報償，以金錢給予的方式作為對人員生涯貢獻的酬庸，由於文官為統治權的延伸，基於此身分的特殊性，世界各國以往多半採取此制，我國 84 年 6 月 30 日以前的退休法也是此制。

❷ 個人籌款制

從字義上解讀，就是退休經費全數由公務員自己繳交或以捐款的方式籌措，政府頂多就是所籌款項的保管者或經理人，不在經濟上予以協助。有時政府基於雇主責任，會負擔退休基金保管或操盤的行政費用，或是道義承擔基金操作績效不佳時的最低保證支付責任（多半以定存利率作為低標）。不過此種制度的風險幾乎全由公務員承擔，操作績效卻取決於他人，並無實惠，因此實務上實施的國家並不常見。

❸ 共同籌款制

此制是目前世界各國最常運用的制度，就是退休給予所需經費，由政府及公務員雙方按照一定的比例共同籌措，多半仍基於國家責任及社會安全維護，伴隨著政府最低保證支付責任，應用儲蓄保險的原理融入退休制度，於在職期間就由政府及公務員預先定期撥儲基金，專款生息以供未來退離人員支付退休金之用，不至於過分加重任何一方的負荷，同時也具有世代養護扶持的精神。

(二) 退休給付方式

❶ 確定給付制

Defined-Benefit Plan，簡稱 DB，從英文直譯，是「明確的利益」，也就是以工作年資搭配薪俸等級高低，按照一定的計算公式及法定標準，能夠事先明確的計算並預知退休時所獲得的利益，也就是給與金額。對政府與雇主而言，是一種長期的給付承諾，而給付金額的高低與在職時的基金提撥未必有關聯性。我國 112 年 6 月 30 日以前的公務人員退休金給付及 94 年 6 月 30 日以前實施的勞工退休金舊制給付，均屬此制。

❷ 確定提撥制

Defined-Contribution Plan，簡稱 DC，英文可直譯為「明確的貢獻」，此處的貢獻是指員工及雇主分別於工作期間定期繳納提撥的退休準備金，共同交付信託人保管運用，退休時則提領退休帳戶內所累計的收益本息。因此投資報酬的高低，將影響退休時所領取的數額，也就是說，退休給付、提撥率、投資損益三者間的連動性非常密切，不確定性及風險較高，但也較無世代間移轉的債留子孫問題。112 年 7 月 1 日起初任公職的個人專戶制以及 94 年以後的勞退新制屬於此制。

我國退撫制度演進

民國 32 年	84.7.1 起		112 年起兩制併行
恩給制 （政府籌款） DB	**儲金制** （共同負擔） DB	**112.7.1 初任** **個人專戶制** （共同負擔） DC	

退休金收支學理

政府籌款制

（也稱為「恩給制」）

退休經費籌措完全由政府負擔，有當權者以金錢對過去忠誠盡職人員恩賜酬庸之意。

• 優點：

❶ 籌款責任全由政府負擔，迅速簡單。

❷ 鼓勵人員安於工作，戮力服務。

• 缺點：

❶ 政府單獨負責籌措龐大款項，國庫負擔沉重。

❷ 需考量退休時給付，恐亦影響在職時調薪水準。

共同籌款制

（亦有稱為「儲金制」）

退休所需經費由政府及公務員雙方定期依一定的比例共同提撥及負擔。

• 特點：

❶ 以保險理論為基礎，對退休後之照護責任共同承擔，不致過分加重任一方負荷。

❷ 政府承擔保障人員退休後生活安全之國家責任，個人亦負有自我照顧之義務，履行社會責任。

個人籌款制

退休經費籌措完全由個人負擔，政府僅代為保管或管理。較少實施，頂多作為額外強制儲蓄選項。

• 缺點：

❶ 經費全由人員自籌，限於經濟能力，恐有籌措困難之虞。

❷ 政府對人員退休的經濟協助上幾無貢獻，誠意不足，對人員亦無實惠，難以促進工作效率。

收入　→　**退撫金**　→　支出

確定給付制

（Defined-Benefit Plan, DB）

政府於退休時按照工作年資及退休等級，依法定標準計算，給付人員一定數額之退休金。

• 特點：

❶ 退休金高低與提撥多寡無必然關係，取決於在職薪俸水準及服務年資長短。

❷ 對政府屬於長期給付承諾，未來景氣及通膨等變數均不確定，易有實質財務風險。

❸ 較不具有工作轉換可攜性及個人選擇性。

確定提撥制

（Defined-Contribution Plan, DC）

政府及人員在工作期間定期提撥固定比例金額作為退休基金，員工退休時提領所繳交帳戶內之累計收益本息。

• 特點：

❶ 退休金高低取決於提撥金額多寡及信託保管運用績效，不保證退休金給付數額。

❷ 計算較為單純，政府可節省管理費用，但人員需承擔投資報酬風險。

❸ 長期實施後較無債留子孫情形。

❹ 具有工作可攜性及投資選擇性。

UNIT 11-2
我國退休制度沿革（含年金改革）

我國的退休法制作業可以回溯到國民政府時代，曾有過多次修正，原本是與撫卹制度分別立法，於 107 年改為合併專法，112 年並因應個人專戶退撫儲金制而另訂專法。

(一) 32 年起退撫舊制

國民政府於民國 32 年制定公布公務人員退休法，全文 18 條，退撫經費籌措採「恩給制」，一般稱之為「舊制」，由各級政府按年編列預算支付，沒有事前預作提存準備，個人也無須繳納任何費用。48 年起才開放人員有擇領一次退休金或月退休金的權利，並採基數方式計算。但當時申領月退休金人員比率甚低，68 年便增加 3 種一次退休金搭配月退休金的方式，誘導人員選擇月退，以減輕政府大額支出的財政負擔。

(二) 84 年起退撫新制

隨著退撫制度日漸成熟，支領月退人數及金額在累加的情形下，政府長期負債金額也逐年擴大，甚至造成嚴重的世代債務移轉問題。因應世界年金制度的改革潮流，我國自 84 年 7 月 1 日起改為「儲金制」，由政府與公務人員共同提撥費用，設立退撫基金，以自助互助的方式支付退撫給與，逐漸紓解政府財政困境。一般稱之為「新制」。

(三) 99 年實施 85 制

退撫新制實施之初，為了減少反彈與阻力，設計了漸進改革的方式，但由於醫療與生活條件的長足改善，世界各國都面臨人均壽命延長，但月退休金支領年齡卻偏低，經費不足額提撥等問題，

而我國當時更有新舊制退休所得加上公保優存利息（俗稱 18%）後，竟然比在職時領更多的不合理情形，於是 99 年退休法再度大幅修正，包括以漸進指數方式延後月退起支年齡、取消 55 歲退休加發、增加退休再任停發月退規定、修正配偶支領月撫慰金條件、調整提撥費率上限、限定支領月退休金的所得替代率等規定。自此退休法也從以往的 18 條文大幅擴充為 37 條文。

(四) 107 年年金改革

退撫制度雖是對於人員退休後的生活保障，但也必須考量財政現實與公平合理，近年來世界各國都面臨經濟成長趨緩、少子化使勞動人口大幅下滑等嚴峻考驗，政府年金改革的步伐更須加快以避免破產危機。自 107 年 7 月 1 日起，我國退撫制度改採合併立法，除了因應延後所設計的展期與減額支領制度仍然持續外，透過提高提撥率、增加收益率的開源策略，及再延月退金起支年齡、再調降退休替代率上限、優存改革、廢止年資補償金等節流策略，解決急迫財政危機。

(五) 112 年初任個人專戶制

由於 84 年退撫基金制度建立之初，已採不足額提撥，加上前述高齡化、少子化、請領年限漸長等情形，使退撫基金收支失衡狀況日漸嚴重，即便 107 年的調整已先完成階段性改革任務，但現行退撫法仍明訂 112 年以後初任人員應重新建立退撫制度，個人專戶制退撫法便應運而生。

公務人員退休法制重大修正歷程

32 年
- 分為聲請退休及命令退休，得延長退休至多 10 年
- 符合條件者給與「年退休金」或「一次退休金」，以月俸額為計算基礎

48 年
- 聲請退休及年退休金分別更名為自願退休及月退休金
- 開放擇領一次退或月退，以「本俸＋實務代金」為基數

68 年
- 增加部分一次退搭配兼領 1／2、2／3 及 3／4 月退金方式

84 年
- 恩給制改為儲金制，退撫基金撥繳由政府負擔 65%，公務人員負擔 35%
- 基數內涵改為「本俸 x2」，與現職接近，改善退撫所得
- 提高服務年資採計上限，並增列月撫慰金
- 創設「階段式退休」（立法委員主動加入）：
  ❶ 滿 55 歲自願退休者，加發 5 個基數一次退
  ❷ 未滿 50 歲自願退或滿 65 歲延退休者，不得領月退
  ❸ 滿 35 或 45 歲自願離職者，得申請發還所繳退撫基金（自提＋公提）

100 年
- 刪除延長退休；增列配合機關裁撤、精簡時之彈性退休
- 將任用法第 29 條資遣規定移列本法，明訂條件與辦理程序
- 延後月退起支年齡〈75 制改 85 制〉，並設計 10 年過渡期間
- 搭配展期及減額年金之配套措施
- 刪除 55 歲加發、規範月退所得替代率〈退休所得合理化〉
- 修正配偶支領終身月撫慰金之條件〈防嫩妻條款〉
- 增訂退休後再任應停領月退及優存情形〈防肥貓條款〉
- 提高退撫基金法定提撥率、簡化退休金支領方式

107 年
合併為「公務人員退休資遣撫卹法」（前 2 項先於 106.08.11 施行）
- 育嬰留職停薪年資得選擇全額自費繼續撥繳基金以併計
- 退撫給與開立專戶保障（即不得抵扣押、擔保或強制執行）
- 月退起支年齡再延後至 65 歲，退休金基準改以均俸額計算
- 再調降所得替代率、再提高退撫基金提撥率
- 取消年資補償金；優存逐步歸零，另訂最低保障
- 撫慰金更名為遺屬金，延長配偶支領年金之婚姻關係條件。增訂已領月退或優存者，不得擇領遺屬年金
- 增訂公私部門年資轉銜制度，以利公私人才交流
- 增訂離婚配偶退休金請求權（立法委員主動加入）

112 年
另訂「公務人員個人專戶制退休資遣撫卹法」
- 適用 112.07.01 初任公職者，與原制完全切割
- 採確定提撥制，設立個人退休金專戶以增加孳息
- 輔以自主投資理財平台、賦稅優惠設計等配套

UNIT **11-3**
退休種類與條件

即便 112 年 7 月 1 日起,公務人員的退撫制度為採行確定提撥(DC)的個人專戶制與原本採行確定給付(DB)的退撫基金制,但兩制主要是在退休金給付的方式有所差異,但退休種類及條件仍相同。

(一) 自願退休

雖然退撫法規定符合要件者,「應」准予自願退休,看起來似乎機關沒有駁否權,不過由於民國 84 年以前的舊制年資退休金需由各級地方政府自籌財源編列預算,實務上地方機關多有年度退休名額的限制,而形成了排隊退休的奇特默契。

❶ 一般條件

公務人員任職滿 5 年且年滿 60 歲,或者是任職滿 25 年者,都符合自願退休的申請。所規定的年資或年齡,都必須要按日十足計算,如有畸零日數,則以 30 天折算 1 個月。

❷ 危勞降齡

擔任具有危險及勞力等特殊性質職務的人員,例如醫護、警消、海巡等,體恤其職業的確具相當的特殊性,另授權主管機關檢討後酌予調降自願退休年齡,但最低以 50 歲為限,並應送銓敘部核備。另訂有「公務人員危勞職務認定標準」。

❸ 彈性精簡

大政府的瘦身計畫儼然已是世界趨勢,人員如配合機關裁撤或業務緊縮而依法精簡者,自願退休的年資與年齡條件另有彈性規定。

❹ 身心傷病或障礙

公保半失能以上、身心障礙重度以上、末期惡性腫瘤或末期病人、永久重大傷病且無法工作,或經專業評估為終生無工作能力等情形者,如已任職滿

15 年,應准其自願退休。

❺ 原住民身分

原住民平均餘命與全體國民平均餘命有落差,雖然差距也有縮短趨勢,但為落實政府對於原住民族照顧的政策,具原住民身分的公務人員(依戶籍登載資料為準)自願退休年齡為 55 歲,並應於新法實施後,配合逐步提高至 60 歲。

(二) 屆齡退休

為了避免公務人力過度老化,所以達一定年齡必須強制退休,但同時為了降低人員與機關行政作業負擔,所以屆退的生效日期一律以 1 月 16 日(7 至 12 月間出生者)及 7 月 16 日(1 至 6 月間出生者)為至遲生效日期。

❶ 一般屆退

公務人員任職滿 5 年,且年滿 65 歲者,應辦理屆齡退休。新法並刪除原本可以報請延長的規定。

❷ 危勞降齡

基於相同考量,危勞職務的屆退年齡也同樣授權主管機關檢討後酌予調降,最低以 55 歲為限。

(三) 命令退休

❶ 一般命退

如任職滿 5 年,受監護或輔助宣告且未撤銷,或有法定身心傷病或障礙情形且無法工作者,由服務機關主動申辦命令退休。另為符合身心障礙者權益保障法,後者情形並課予機關須先提供職務重建服務的義務。

❷ 因公命退

如果受監護或輔助宣告或身心傷病或障礙是因為執行公務所致(必須有相當因果關係),就不受任職年資滿 5 年之限制。

退休種類、要件及請領

		退休種類與要件	全額月退請領條件
自願退休	一般條件	下列情形之一： ❶ 任職滿 5 年 + 滿 60 歲 ❷ 任職滿 25 年（除特別規定外，亦為其他自願退休基本條件）	15 年以上 + 達法定起支年齡 過渡至 115 年均為 65 歲
	危勞降齡	任職滿 5 年者 + 主管機關審酌調降年齡，但不得低於 50 歲	15 年以上 + 滿 55 歲
	新修條件 彈性退休	公務人員配合機關裁撤、組織變更或業務緊縮，經其服務機關依法令辦理精簡並符合下列情形之一：	
		❶ 任職滿 20 年	滿 60 歲
		❷ 任職滿 10 年而未滿 20 年 + 滿 55 歲	以 65 歲起支
		❸ 任本職務最高職等功俸最高級滿 3 年 + 滿 55 歲	15 年以上 + 以 65 歲起支
	新 身心傷病或障礙	任職滿 15 年，有下列情形之一： ❶ 公保半失能以上或身心障礙重度以上 ❷ 罹患末期惡性腫瘤或末期病人 ❸ 健保永久重大傷病證明，經機關認定不能從事本職及其他相當工作 ❹ 具身心障礙資格，且經個別化專業評估※機制，終生無工作能力 ※ 專業評估費用由申請人自行負擔	15 年以上 + 滿 55 歲
	新 原住民族	任職滿 5 年者 + 具原住民身分酌降年齡，但不得低於 55 歲 配合平均餘命差距之縮短，逐步提高至 60 歲，銓敍部並每 5 年檢討一次	25 年 + 滿 55 歲 有過渡提高起支年齡
屆齡退休	一般屆退	任職滿 5 年 + 滿 65 歲	15 年以上
	危勞屆退	任職滿 5 年者 + 主管機關審酌調降年齡，但不得低於 55 歲	
命令退休	新修條件 一般命退	任職滿 5 年，由服務機關主動申辦： ❶ 未符自願退休條件，並受監護或輔助宣告尚未撤銷 ❷ 有下列身心傷病或障礙情事之一，經服務機關出具其不能從事本職工作，亦無法擔任其他相當工作之證明※： ① 公保半失能以上且領取失能給付，或身心障礙等級重度以上 ② 罹患第三期以上之惡性腫瘤 ※ 機關主動申辦前應提供職業重建服務。（本人書面表示無任職意願者除外） ※ 另有需經考績會、陳述申辯機會等法定程序規定。	15 年以上
	因公命退	如因執行公務所致（因公傷病）且具有相當因果關係，命令退休不受任職滿 5 年限制： ❶ 於執行職務時發生意外、暴力或罹病 ❷ 於辦公場所、公差期間或往返途中發生意外。但不適用因本人之重大交通違規 ❸ 上開期間或途中，猝發疾病 ❹ 戮力職務，積勞過度 ※ 另有因公審查機制。	15 年以上 **因公擬制年資：** ❶ 請領一次退休金者，任職未滿 5 年，以 5 年計給。 ❷ 請領月退休金者，任職未滿 20 年者，以 20 年計給。

UNIT **11-4**
退撫基金制之退休金給付（一）

　　雖然任職滿 25 年是自願退休的基本條件，但如果不符合請領月退的資格，就只能領一次退休金。新舊制在年資計算與俸額基準上分別有不同規定。

（一）計算基準與基數內涵

　　退休金的計算最早是直接以最後在職的月俸額為計算基礎，之後才採取「基數」方式計算，以月俸額加本人實物代金作為基數內涵。原退休法或 107 年起的新退撫法中，都將 84 年以前的舊制年資計算基數中「實物代金」的概念以新臺幣 930 元取代。

　　由於我國退休制度從恩給制轉為儲金制，而這段期間國家社會的經濟景況也大幅提升，為了改善當時公務人員的生活，舊制的基數是「俸額 +930 元」，而新制則以「俸額加一倍」作為基數內涵。

　　原本採計基準一律為「最後在職同等級人員俸額」，為了讓退休所得計算更加公平合理，107 年新法生效日以後退休人員改為最後 5 年平均俸額，並逐年拉至 15 年均俸。但在生效日前已經符合法定支領月退休金條件者，則不需適用均俸的規定，盡量降低已經久任公職並取得退休門票人員的搶退潮，避免造成公務人力與經驗傳承的斷層。

（二）給付類型與年資採計

　　現行退休制度的退休金給付種類共有一次退休金、月退休金、兼領 1／2 一次退與 1／2 月退等三種，以往為了鼓勵公務人員從一次退擇領月退所設計的另外兩種 2／3 及 3／4 的搭配都已經刪除，以降低行政作業的複雜度。

　　為兼顧退休權益保障與國家財政負擔，也考量以 84 年區分的新舊制退休金來源不同，因此兩者在給與的標準計算上分別規定，基數內涵亦大不相同。此外，由於平均壽命延長，且支領月退年齡不斷延後，對於較早投身公職人員的影響加大，因此 107 年新法中對於退休年資的採計上限部分上修，舊制仍至多採計 30 年，而新制就看退休時點，107 年新法施行日前退休者，新舊制合計最高採計 35 年，施行日以後退休者，一次退採計上限 42 年、月退上限為 40 年，除相對合理外，亦希望鼓勵人員久任。

　　舊制的退休給與項目中包括一次退或月退、優惠存款利息、其他現金給與補償金、年資補償金等四項；新制的給與項目則僅有一次退或月退、年資補償金等三項。兩者的年資補償金都已於 108.7.1 過渡限期後，不再發給。

　　另外，退撫法中的各項退休及給與種類、新舊制年資超過上限的取捨，申請時就必須審慎決定，一旦經審定生效後，便不得請求變更。

（三）發放期程

　　一次退休金及首期月退休金經審定後，自退休生效日起發給。另外，107 年新法並將以往每半年發給一次月退的規定，統一改為按月發給，雖可節省政府財政支出，卻大幅增加各機關查驗頻率及行政成本。

基數內涵（公務人員）

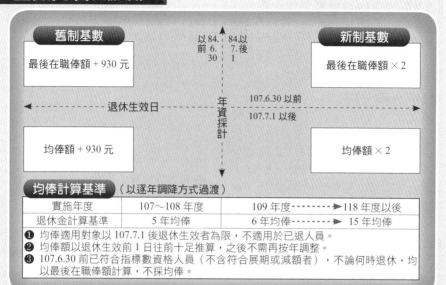

舊制基數

最後在職俸額＋930 元

新制基數

最後在職俸額 × 2

以84. 6.30 前 ｜ 84以 7.後 1

退休生效日

年資採計

107.6.30 以前

107.7.1 以後

均俸額＋930 元

均俸額 × 2

均俸計算基準（以逐年調降方式過渡）

實施年度	107～108 年度	109 年度┈┈┈┈▶118 年度以後
退休金計算基準	5 年均俸	6 年均俸┈┈┈┈▶ 15 年均俸

❶ 均俸適用對象以 107.7.1 後退休生效者為限，不適用於已退人員。
❷ 均俸額以退休生效前 1 日往前十足推算，之後不需再按年調整。
❸ 107.6.30 前已符合指標數資格人員（不含符合展期或減額者），不論何時退休，均以最後在職俸額計算，不採均俸。

退休金給與標準

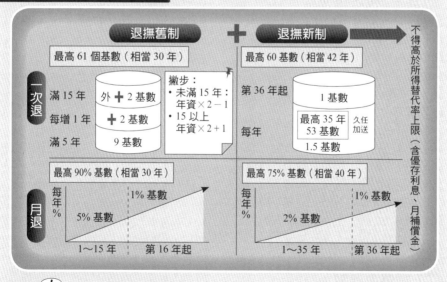

退撫舊制 ＋ **退撫新制** ➡ 不得高於所得替代率上限（含優存利息、月補償金）

一次退

最高 61 個基數（相當 30 年）

滿 15 年	外 ＋ 2 基數
每增 1 年	＋ 2 基數
滿 5 年	9 基數

撇步：
· 未滿 15 年：
年資 × 2 − 1
· 15 以上
年資 × 2 + 1

最高 60 基數（相當 42 年）

第 36 年起｜1 基數

最高 35 年 53 基數｜久任加送

每年｜1.5 基數

月退

最高 90% 基數（相當 30 年）

每年 %｜5% 基數｜1% 基數

1～15 年｜第 16 年起

最高 75% 基數（相當 40 年）

每年 %｜2% 基數｜1% 基數

1～35 年｜第 36 年起

知識補充站 ★實物代金

由於 1950 年代初期，為了改善並照顧當時抗戰後來臺的軍公教人員及其眷屬數十萬人薪水微薄、生活條件不佳的問題，同時避免觸發通貨膨脹，便採取配發米糧、油、鹽等生活必需物資方式的方式予以照護。1970 年代以後，臺灣經濟情況逐漸好轉且美援物資減縮，為節省繁瑣手續，便改以持米糧票至配發中心領取。當時俗稱福利中心的特殊賣場，於 1990 年代後多轉為一般賣場，也就是現在熟知的「全聯福利中心」。民國 76 年宣告解嚴之後，再度順應時代轉變，改以實物代金計算，並逐年併銷，以折現金方式加入公教人員薪俸之中。

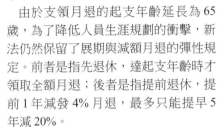

UNIT **11-5**
退撫基金制之退休金給付（二）

（一）過渡及彈性做法

❶ 展期與減額月退

由於支領月退的起支年齡延長為65歲，為了降低人員生涯規劃的衝擊，新法仍然保留了展期與減額月退的彈性規定。前者是指先退休，達起支齡時才領取全額月退；後者是指提前退休，提前1年減發4%月退，最多只能提早5年減20%。

❷ 過渡期間指標數

因應人口結構高齡化與世界趨勢，原本任職滿25年且滿50歲就可以支領月退休金的規定（25＋50，故稱75制），已經在100年將月退起支年齡延後（25年＋60歲 或30年＋55歲，故稱85制），以紓解退休金財政負擔。但同時為了降低改革衝擊，採取過渡期間指標數的設計，107年的改革再將年齡拉高，並延續指標數的起支與基本年齡，於120年以後一律為65歲。

❸ 年資轉銜制度

為了解決跨職域轉任的問題，新法也在「留才」與「流才」間，以及「政府組織穩定」與「人員職涯轉換選擇權」之間取捨衡平，設計了「年資保留」及「年資併計、年金分計」的制度轉銜原則，讓107.7.1新法施行後離職的人員可以選擇離職退費或保留年資。

（二）補償金機制

❶ 年資補償金

為了使新退撫制度順利過渡，84年修法時便設計了舊制未滿15年者可給付年資補償金，可擇一次領或月領方式。但隨著時光流轉，現行退休人員多半具備較多新制年資，該項補償金已經完成歷史任務，而補償也不可能毫無期限，因此107年新法便刪除此項不合時宜的給與，並設計1年的過渡期間，自108.7.1以後退休生效的人員將不再發給。原已領取月補償金者，也會在新法公布施行後，以一次補償金計算，如有餘額則予補發。

❷ 其他現金給與補償金

本項為68年退休法中所定的退休金給與內涵之一，所以針對具有舊制年資者，不論退休金種類為何，都依「公教人員退休金其他現金給與補償金發給辦法」，以人員退休時俸額15%作為補償標準，一次性發給。

（三）所得替代率

以往曾經有月退加優存利息的每月退休所得居然形成部分人員「退休領的比在職還多」的荒謬現象，這種不合理的情形已經在100年明定退休所得比率上限並重審優存本金之後改善。但由於國家仍然面臨龐大的財政負擔，因此在107年新法中大幅調降所得替代率，並採「年資每少1年，替代率上限少1.5%」的規範拉大落差。

此外，為了保障早年已退人員的基本生活所需，除了前述的天花板規定外，107年的年金改革也設計了樓地板保障規定，對於已退人員的月退休總所得低於最低保障金額者，不予調降。但如果退休人員本身因年資短淺或職等較低，本來金額就低於最低保障者，仍依原金額發給，並不會有反而需拉高到樓地板金額的不合理情形。

自願退休之月退法定起支年齡及指標過渡

適用對象			任職年資	109 年以前起支年齡	110 年以後起支年齡（➡ 為過渡）
自願退休種類	一般	5 年 + 60 歲	15 年 ⬆	60 歲	60 ➡ 65 歲
		滿 25 年	25 年 ⬆	60 歲	60 ➡ 65 歲
		30 年 ⬆	55 歲	
	彈性精簡	滿 20 年	20 年 ⬆	107.6.30 前　107.7.1 後 55 歲　　　60 歲	60 歲
		15～未滿 20 年	15 年 ⬆	僅得支領一次退	65 歲	65 歲
		年功俸最高級滿 3 年 + 任職滿 15 年	15 年 ⬆		65 歲
	危勞降齡		15 年 ⬆	55 歲	55 歲
	身心傷病或障礙		15 年 ⬆	55 歲	55 歲
	原住民公務人員		25 年 ⬆	55 歲	55 ➡ 60 歲

起支年齡過渡

退休年度	107	108	109	110 ➡ 114	115 ➡ 119	120 年以後
法定起支年齡	滿 25 年，60 歲 滿 30 年，55 歲			60 ➡ 64 歲	65 歲	一律為 65 歲
過渡期間（年資 + 年齡≧指標數）+（滿基本年齡）➡ 可支領全額月退	指標數	82	83	84	85 ➡ 89	90 ➡ 94
	基本年齡	至少 50 歲			至少 55 歲	至少 60 歲

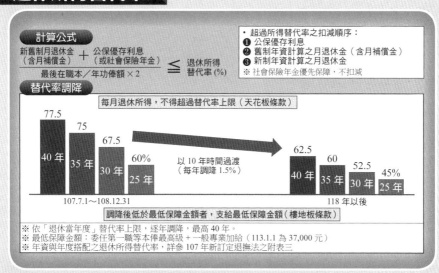

退休所得替代率

計算公式

$$\frac{新舊制月退休金（含月補償金）+ 公保優存利息（或社會保險年金）}{最後在職本／年功俸額 × 2} \leq 退休所得替代率 (\%)$$

- 超過所得替代率之扣減順序：
❶ 公保優存利息
❷ 舊制年資計算之月退休金（含月補償金）
❸ 新制年資計算之月退休金
※ 社會保險年金優先保障，不扣減

替代率調降

每月退休所得，不得超過替代率上限（天花板條款）

77.5 **40 年**
75 **35 年**
67.5 **30 年**
60% **25 年**

以 10 年時間過渡（每年調降 1.5%）

62.5 **40 年**
60 **35 年**
52.5 **30 年**
45% **25 年**

107.7.1～108.12.31　　　　　　118 年以後

調降後低於最低保障金額者，支給最低保障金額（樓地板條款）

※ 依「退休當年度」替代率上限，逐年調降，最高 40 年。
※ 最低保障金額：委任第一職等本俸最高級 + 一般專業加給（113.1.1 為 37,000 元）
※ 年資與年度搭配之退休所得替代率，詳參 107 年新訂定退撫法之附表三

年資轉銜制度（107.7.1 新法實施之後退離者才適用）

年資保留	任職已滿 5 年且未辦理退休或資遣而離職者，其年資得保留至年滿 65 歲後之 6 個月內，再依規定請領退休金： 未滿 15 年 ➡ 一次退休金；滿 15 年以上 ➡ 可擇領一次退或月退。
年資併計 年金分計	● 辦理屆齡或命令退休時，年資未滿 15 年 ➡ 併計其他職域年資成就支領月退條件 ● 任職已滿 5 年而離職（未辦理退休或資遣）➡ 滿 65 歲後 6 個月內，得併計其他職域年資成就支領月退條件

UNIT **11-6**
退撫基金

(一) 參加對象

公務人員 84.7.1 後的服務年資為退撫新制，均由基金支應，教育人員及軍職人員分別於 85.2.1 及 86.1.1 加入退撫新制，政務人員則於 93 年起依法退出基金。112 年底參加基金人數為 65 萬多，但個人專戶制實施後，逐漸降低的參加及繳費人數，要如何持續支應退休給付支出，將是未來必然發生且須提早面對的問題。

(二) 監管機關

原公務人員退休撫卹基金監理委員會調整為銓敘部任務編組，仍負責基金審議、監督及考核；基管會則因應個人專戶新制，改制為行政機關（公務人員退休撫卹基金管理局），負責退撫基金與新退撫儲金的收支、管理及運用。

(三) 經費來源與分攤

退撫基金費用的法定提撥費率在成立之初就已經不足額，為舒緩收支過度失衡情形，107 年新法實施後陸續調高，由政府負擔 65%，個人自繳 35%，其後依精算結果或立院決議調整。

另外，孳息收入、投資運用的收益、政府核撥的補助款項也都是基金來源。為保障軍公教人員的權益，基金運用所得若未達法定最低收益，差額由國庫補足，政府負最後擔保責任。

(四) 給付範圍

新制實施以後的一次退休金、月退休金（含兼領）；支（兼）領月退休金人員死亡後，給與遺族的遺屬一次金、遺屬年金（即原退休法中的一次撫慰金、月撫慰金）；人員在職亡故後，發給遺族的一次撫卹金、月撫卹金（即原撫卹法中的年撫恤金）；資遣給與，以上這些項目在新制期間的年資，都是由基金給付，不過各項加發，如已經刪除的 55 加發與年資補償金、仍予維持因公加發及特殊勳獎加發等，則由政府編列預算支應。

(五) 補繳併計

如有未曾領取退離給與的當兵、雇員、公營事業職員、軍用文職人員等依法令釋准予併計之年資，在 84 年新制實施後需由本人於法定期間內申請補繳基金費用後才可併計。申請時效也配合行政程序法第 131 條的修正，107 年新法將 5 年改為 10 年，但超過 3 個月申請者仍需加計利息。此外，該次修法並新增育嬰留職停薪期間得自行選擇全額自繳，以併計年資。

(六) 退費發還

退休時沒有被採計的年資（新舊制合計逾年資上限時，由本人取捨）、不合退休資遣條件而離職者，得申請一次發還自繳費用本息，結算之後就不得再要求補繳併計。原本任職 5 年以上而離職者（因案免職除外）還可領取政府撥繳本息，也於 107 年刪除。

因應新法的年資制度轉銜，請求權時效不再侷限於 5 年，107.7.1 以後離職者，便可以選擇保留年資至 65 歲，以併計離職後的其他職域年資而成就請領月退休金條件。

退撫基金適用對象

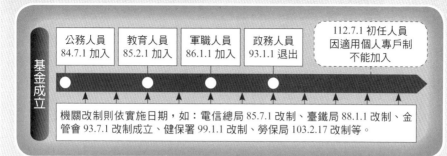

| 公務人員 84.7.1 加入 | 教育人員 85.2.1 加入 | 軍職人員 86.1.1 加入 | 政務人員 93.1.1 退出 |

112.7.1 初任人員因適用個人專戶制不能加入

基金成立

機關改制則依實施日期，如：電信總局 85.7.1 改制、臺鐵局 88.1.1 改制、金管會 93.7.1 改制成立、健保署 99.1.1 改制、勞保局 103.2.17 改制等。

提撥與分攤

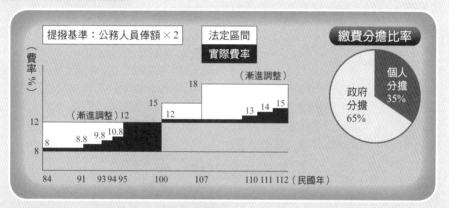

提撥基準：公務人員俸額 × 2　法定區間　實際費率

（費率 %）

（漸進調整）

18
15
（漸進調整）12
12
8　8.8　9.8　10.8
13　14　15
12
8

84　91　93 94 95　100　107　110 111 112（民國年）

繳費分擔比率

個人分擔 35%
政府分擔 65%

經費來源、運用與給付

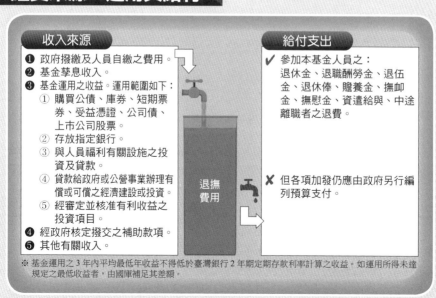

收入來源

❶ 政府撥繳及人員自繳之費用。
❷ 基金孳息收入。
❸ 基金運用之收益。運用範圍如下：
　① 購買公債、庫券、短期票券、受益憑證、公司債、上市公司股票。
　② 存放指定銀行。
　③ 與人員福利有關設施之投資及貸款。
　④ 貸款給政府或公營事業辦理有償或可償之經濟建設或投資。
　⑤ 經審定並核准有利收益之投資項目。
❹ 經政府核定撥交之補助款項。
❺ 其他有關收入。

退撫費用

給付支出

✔ 參加本基金人員之：
退休金、退職酬勞金、退伍金、退休俸、贍養金、撫卹金、撫慰金、資遣給與、中途離職者之退費。

✘ 但各項加發仍應由政府另行編列預算支付。

※ 基金運用之 3 年內平均最低年收益不得低於臺灣銀行 2 年期定期存款利率計算之收益。如運用所得未達規定之最低收益者，由國庫補足其差額。

UNIT **11-7**
個人專戶制退撫法

這個世界上不存在完美的退休制度。退撫基金自 84 年 7 月成立以來，雖歷經多次改革，但一直處於穿著西裝改西裝的窘境，在高齡且少子化趨勢下，只能努力將破產時間點延後，確定給付制仍免不了債留子孫的問題。因此，退撫法明定，應為 112 年 7 月 1 日以後的初任公務人員重新建立新的退撫制度，「公務人員個人專戶制退休資遣撫卹法」便自此誕生，採確定提撥制。

(一) 適用對象

避免發生同一個人同時適用確定給付制及確定提撥制，而造成未來退撫制度適用混淆，甚至連退休金都無法計算（因為涉及所得替代率、給付上限等），所以個人專戶法僅適用乾乾淨淨的初任人員，有任何曾任、得併計年資、甚至已曾結算年資者，都排除個人專戶法的適用。

(二) 個人專戶

相對於 84 年設置的「退撫基金」，個人專戶法則取名為「退撫儲金」，同樣用來存提個人及政府費用與孳息，個別公務人員則基於確定提撥制設立個人專戶。每月儲金的提撥比例仍為政府 65%、個人 35%，同樣以俸額加 1 倍計算，法定提撥費率為 15%，另有個人自願增加提繳的規定，均給予免稅優惠。

(三) 投資收益

因為確定提撥制的退休金多寡主要來自於基金投資收益率的高低，所以個人專戶法規定政府應設計多元化投資標的組合供人員選擇，按照基管局目前的設計，規劃提供保守型、穩健型、積極型及人生週期型等 4 種投資組合，而其中風險程度最低的保守型（包括人生週期型當中配置於保守型的標的部分），則由政府付最低收益保障（不低於銀行 2 年期定存利率）。

(四) 退休條件

個人專戶法仍與現行退撫法相同，主要分為自願、屆齡及命令退休，也有因應彈性精簡、危勞降齡、失能等特殊規定，年資年齡等條件都相同。但因確定提撥制定期給付與確定給付制月退休金，兩者本質概念不同，所以不須再額外規範領取月退休金的起支年齡。

(五) 退休給付

給付種類一樣分成一次領、月領或兼領等 3 種，而原則上也以任職滿 15 年以上作為月領的基本門檻。也基於相同理由（DB 與 DC 制的給付本質不同），個人專戶法不須設計基數、過渡指標、所得替代率，當然也沒有補償金，展期或減額領取等規定或是退休再任停發、赴陸定居停發等限制。

確定提撥制的退休金是領取個人專戶的累積總金額（含個人提撥、政府提撥、孳息、投資收益等），攤提給付、定額給付等 2 種方式，易發生老年時因領光專戶而影響晚年生活安定的情形，所以個人專戶法也提供保險年金供選擇。不過 112 年才剛實施的全新制度，暫時還不會有請領退休金的情形，基管局現正如火如荼地規劃保險年金方案，待與有緣私部門合作，協力承接。

退撫法與個人專戶法

依據	公務人員退休資遣撫卹法	公務人員個人專戶制退休資遣撫卹法
給付類型	確定給付制 Defined Benefit, DB	確定提撥制 Defined Contribution, DC
基金性質	共同帳戶	個人專戶
月退給付	● 退休均俸 × 按年資 　＝計算出一定金額 ● 有所得替代率上限	● 以個人專戶的累計總金額為上限 ● 與在職期間的提撥金額高低、投資收益相關
風險	退休餘命長，領得久，但少子化使繳費人數漸少，導致基金破產，債留子孫	因投資失利或晚年專戶總金額領罄而影響生活的長壽風險，且較難抵抗通貨膨脹威力

個人專戶制之資金給付進出

共同提繳退撫儲金

政府提撥
本俸 × 2 × 15% × 65%
個人提繳
本俸 × 2 × 15% × 35%
個人自願增加
本俸 × 2 × 5.25%
（納入年度薪資所得免稅）

【自主投資】

基管局規劃 114 年開辦，委託專業投顧公司設計不同收益、風險的投資標的組合供選擇：

保守	穩健	積極	人生週期

（自負盈虧。可變更、可選擇、有每年 2 次轉換手續費等優惠）
（適用政府保證收益責任：保守、人生週期裡的保守型配置）

$
退休給付（下列方式擇一）
- 一次退：個人專戶總金額。
- 月退：以個人專戶總金額，擇一方式支領：
  ❶ 攤提給付：依據年金生命表，以平均餘命及利率等基礎計算每月領取金額，直至專戶領罄為止。（領月退期間，餘額繼續投資）
  ❷ 定額給付：由人員自行決定每月領受金額，直至專戶領罄為止。（領月退期間，餘額繼續投資）
  ❸ 保險年金：以個人專戶總金額一次繳足購買符合保險法規定之年金保險，作為定期發給之退休金。

$$$

UNIT **11-8**
退撫限制與保障

退撫申請與請領給與，或許可以被視為公務人員的權利，但卻也同時擔負著相對責任，並受有一定限制。支給方式、保障與變更，在退撫法第四章訂有專章。除退休再任外，個人專戶退撫法大多也有類似或相同的比照規定。

(一) 控管機制

❶ 事前控管

公務人員如於留職停薪、停職期間，或有涉犯貪瀆罪經判處徒刑、移送懲戒等法定情形，其退休申請或資遣案，應不予受理。若為屆退人員，也有先行停職的規定。

兩個退撫法的施行細則都規定機關應召開考績委員會檢討涉案人員的行政責任並詳慎審酌是否應移送懲戒或先行停職，如果仍然同意受理退休申請或資遣，機關應於送審時敘明理由並檢附審查資料，明示負責。

❷ 事後控管

104 年修正的懲戒法對於已經退離的人員，增設剝奪、減少退休金的懲戒處分，甚至可於亡故時就遺產強制執行。而 107 年新法中更針對犯一定罪責並判處徒刑 1 年以上確定者，退撫法區分為自始剝奪全部至減少一定比率的退離給與，補償金、優存利息，甚至是遺族金也含括其中。而個人專戶退撫法則剝奪或減少政府提撥的儲金部分。

(二) 退撫給與領受權

兩個退撫法對於公務人員或遺族「喪失」退撫給與領受權的情形均明文列舉，如褫奪公權終身、未具或喪失國籍等，權利一旦喪失，則不能再行恢復。相較於權利喪失，如褫奪公權尚未復權、因案通緝期間等，則為「停止」領受的情況，至原

因消滅時恢復。此外，如行蹤不明、無法聯繫、赴大陸地區長期居住（本項於個人專戶制不受限）等，為「暫停」領受，需由本人親自申請後再行補發。

(三) 退休再任限制

除純粹的行政機關外，行政法人、公法人、以補捐助經費成立的財團法人、轉投資事業的經費同樣來自於政府預算，部分退休人員再任有給公職職務，便產生支領雙薪、排擠工作機會的不公允情形。因此第 77 條仍然保留退休再任停發規定，並將門檻由委任一職等俸給總額下修至法定基本工資，一旦超過，便需停發月退休金。而原本再任私校職務應停發規定則因釋字第 782 號宣告違憲而刪除。

但同時為了顧及偏鄉救難及醫療人力缺乏的實際需要，第 78 條另訂有排外規定，不需停發。

個人專戶制退撫法則因確定提撥制的月退休金概念不同，領的是個人專戶內的累積總金額，也較無雙薪排擠疑慮，所以沒有比照的條文規定。

(四) 權利保障

請領退撫給與的權利，不得作為讓與、抵銷、扣押或供擔保之標的。這些退撫給與並可以金融機構開立專戶專存的方式，保障專戶內存款不被作為上開擔保或強制執行標的。

兩個退撫法都有「離婚配偶分配請求權」，基本條件為婚姻關係為 2 年以上、且配偶無工作或其退休也有相同分配規定的互惠原則，離婚時以一次退休金為基準，並依婚姻占公職之重疊期間比率的一半，計算得請求分配的退休金。

涉案退休人員控管機制

事前控管	事後控管
申請退休或資遣，應不予受理： ❶ 留職停薪、停職、休職期間。 ❷ 動戡終止後，犯內亂外患罪，未判決確定、不起訴或緩起訴處分未確定、緩起訴未期滿。 ❸ 犯貪瀆罪，有期徒刑以上確定。 ❹ 移送懲戒或送監察院審查中，或經懲戒判決但尚未發生效力。 ❺ 其他法律有特別規定。	在職期間涉犯貪瀆罪或假借職務上之權力、機會或方法犯其他罪，退離資遣後始判刑確定：

機關審理程序：

送審函敘明理由、檢附審查資料，以明責任 ← 檢討後仍同意受理（非「應不予受理」情形）← 審酌是否送懲戒、監察院、停職或免職 ← 召開考績會

公務人員退撫法

死刑、無期徒刑或7年以上有期徒刑	→ 自始剝奪
有期徒刑3～7年未滿 ✂ 50%	→ 自始減少
有期徒刑2～3年未滿 ✂ 30%	
有期徒刑1～2年未滿 ✂ 20%	

緩刑宣告者先扣減，緩刑期滿且未撤銷，再由支給機關補發。

個人專戶退撫法

應比照退撫法規定，剝奪或減少其個人專戶內由政府提撥之退撫儲金。
（本人自繳並存入專戶的部分，本來就是個人所有，不宜限制）

退撫給與領受權的變動

喪失情形		停止情形		暫停情形
自始喪失	向後喪失（不得再恢復）	（原因消滅向後恢復，停止期間不得補發）		（暫停期間於法定10年時效內得補發）
❶ 褫奪公權終身。 ❷ 動戡終止後，犯內亂外患罪，判刑確定。 ❸ 喪失或未具中華民國國籍。 ❹ 為支領遺屬或撫卹金，故意致退休、現職人員或其他具領受權遺族於死，判刑確定。 ❺ 其他法律有特別規定。	❶ 死亡。 ❷ 褫奪公權終身。 ❸ 動戡終止後，犯內亂罪、外患罪，經判刑確定。 ❹ 喪失中華民國國籍。	● 卸任總統、副總統領有禮遇金期間。 ❶ 犯貪瀆罪，判刑確定入監服刑期間。 ❸ 褫奪公權，尚未復權。 ❹ 因案被通緝期間。 ❺ 其他法律有特別規定。 ❻ 再任退撫法77條所定有給職務且超過法定基本工資。	● 赴大陸地區長期居住，設有戶籍或領用護照，經許可回復身分者，向後恢復，停止期間不得補發。	● 赴大陸地區長期居住，未設戶籍或領用護照者，親自回臺居住時申請補發。 ● 行蹤不明或發放機關無法聯繫時，親自申請後補發。 ❶ 依兩岸條例施行細則規定，「長期居住」指赴大陸地區居住、停留，1年內合計逾183日。 ❷ 另有「支領月退休給與之公務人員赴大陸地區長期居住改領停領及恢復退休給與處理辦法」

退休再任停發月退休金（不包括個人專戶制）

再任職務		每月支領薪酬總額
政府預算支給之行政機關、學校或團體職務。 行政法人、公法人之職務。 政府原始捐助（贈）經費20%以上之財團法人之職務。 政府轉投資金額占20%以上事業之職務。 受政府直接或間接控管之財團法人及（轉／再轉）投資事業機構。	+	領有薪酬且超過法定基本工資。同時再任2個以上職務，個別職務所領薪酬應合併計算。

➡ 停止月退休金領受權利，至原因消滅時恢復

UNIT *11-9*
撫慰與撫卹

(一) 撫卹制度

人員在職時亡故的撫卹制度，兩個退撫法在條件、給付方式、因公定義、請領年限規定均相同，但個人專戶制先由其專戶累積總金額支應撫卹金，不足部分再由政府發給。

❶ 辦理時點

原則上為現職人員死亡時，但考量人員於休職、停職或留職停薪期間仍保有公務人員身分，為了體恤在職期間的貢獻並照護遺族生活保障，便採撫卹從寬，於前開期間亡故亦可辦理。

❷ 種類

法定原因分為「病故或意外」及「因執行公務（因公）」等兩大類，因公死亡並訂有較高的擬制年資規定及加發比率。此外，107年新法將因公撫卹的事由重組後，分為5種不同情形，同時因應現代社會的工作型態，在執行職務、往返途中外，增加了「必要之事前準備或事後整理期間」。不過往返途中若是因為自身重大交通違規以致死亡，則被排除在因公範圍之外，而應以意外死亡給卹。死亡情事與因公之間的因果關係認定，則由專案審查小組依事實及學理審認。

原本撫卹法施行細則中排除自殺死亡給卹，是為了避免鼓勵自殺行為的不良風氣，但因為軍人的撫卹條例中並未排除，基於平等原則的法理，107年的新法中明定自殺死亡比照病故或意外認定，但犯罪自殺仍不予撫卹。

❸ 撫卹給與

107年新法將年撫卹金改為按月發給的月撫卹金，給卹期間也改採月數規定，並微調因公給卹期限及一次撫卹金的加給額度。

由於社會變遷，家庭結構已蛻變為小家庭的形式，甚至有隔代教養情形，政府基於照護遺族及人道考量，除明定未再婚配偶受特別保障而應領受1/2外，撫恤金領受順序特別微調，將祖父母往前挪移（與民法繼承順序相較）。公務人員如有預立遺囑，則從其遺囑，但仍保障未成年子女的領受比率。

此外，107年就終身給卹對象亦有調整，增訂因身心障礙而無工作能力子女，但刪除無子女之寡妻鰥夫。

(二) 撫慰制度

❶ 給與及對象

支（兼）領月退休金人員亡故後，另核給遺族之照護金，107年新法並將名稱修改為遺屬金。以遺屬一次金為原則，遺屬年金為例外。

遺屬一次金其實就是以一次退休金為基準，扣除已領取的月退休金，將餘額發給遺族，並再加發6個基數〈無餘額者亦同〉。但配偶、子女、父母如果不領一次金，符合法定條件者得改領遺屬年金，金額為原月退金的一半，給與期限也有規定。

❷ 限制

基於資源分配的合理性，107年的新法中排除已領月退或優存利息者，不得擇領遺屬年金。但如果遺族本人自領金額較少，可放棄自己的定期給與，改領遺屬年金。

另外，99年退休法修正時便已基於繳費義務與給付權利對等的考量，且撫卹撫慰都是公法給付，有別於遺產，將未再婚配偶領受條件增加了55歲及退休生效時2年婚姻關係的限制，以杜絕當時「撿屍團」的歪風，107年新法更將領遺屬年金的婚姻關係拉長為亡故時10年以上，俗稱「防嫩妻條款」。

撫慰、撫卹比一比

撫卹		撫慰
現職人員亡故時 由遺族申請或服務機關主動辦理	情形	支（兼）領月退休人員亡故時 由遺族申請
● 因執行公務（簡稱「因公」）： （第 1 款）執行搶救災害（難）或逮捕罪犯等艱困任務，或執行與戰爭有關任務時，面對存有高度死亡可能性之危害事故，仍然不顧生死，奮勇執行任務，以致死亡。 （第 2 款）於辦公場所，或奉派公差（出）執行前款以外之任務時，發生意外或危險事故，或遭受暴力事件，或罹患疾病，以致死亡。 （第 3 款）於辦公場所，或奉派公差（出）執行前二款任務時，猝發疾病，以致死亡。 （第 4 款）因有下列情形之一，以致死亡： （第 1 目）執行第 1 款任務之往返途中，發生意外或危險事故。 （第 2 目）執行第 1、2 款任務之往返途中，猝發疾病，或執行第 2 款任務之往返途中，發生意外或危險事故。 （第 3 目）為執行任務而為必要之事前準備或事後之整理期間，發生意外或危險事故，或猝發疾病。 （第 5 款）戮力職務，積勞過度，以致死亡。 ● 意外或病故	事由	無特別區分
未再婚配偶領受 1／2 其他遺族順序： 子女 ➡ 父母 ➡ 祖父母 ➡ 兄弟姊妹	遺族及順序	未再婚配偶領受 1／2 其他遺族順序： 子女 ➡ 父母 ➡ 兄弟姊妹 ➡ 祖父母
● 月撫卹金給卹月數 240 個月：因公第 1 款 180 個月：因公第 2 款、第 4 款 1 目 120 個月：其他事由，其中意外或病故需任職 15 年以上始得領取月撫卹金 ● 遺族之特殊規定： ❶ 終身給卹：因身心障礙而無工作能力之子女（原無子女之寡妻鰥夫終身給卹，已於 107 年刪除） ❷ 就學子女：未成年子女，繼續給至成年；已成年子女仍就學者，繼續給至取得學士學位	遺族給與及期限	● 遺屬年金 未成年子女，給至成年 以下情形，給與終身： ❶ 配偶【防嫩妻條款】： 未再婚 ＋ 退休人員亡故時 10 年以上婚姻關係 ＋ 滿 55 歲 **或** 身心障礙無工作能力 ❷ 已成年子女： 身心障礙 ＋ 無工作能力 ❸ 父母
● 擬制年資 　因公第 1 款： 　| 未滿 15 年 | 15～25 年未滿 | 25～35 年未滿 | 　| 以 15 年計 | 以 25 年計 | 以 35 年計 | 　因公其他款目：未滿 15 年，以 15 年計 ● 因公加發一次撫卹金 　| 加發 50% | 加發 25% | 加發 15% | 加發 10% | 　| 第 1 款 | 第 2 款 | 第 4 款 1 目 | 其他款目 | 　※ 意外或病故：均無擬制年資或加發	特殊支領計算	一次金者，加發 6 個基數（有無餘額皆同）
因公撫卹事由及其因果關係認定，應經專案審查小組依據事實及學理審認之 另給與斂葬補助費（需依法辦理撫卹者始發給）	其他	無遺族等特殊情形，機關先具領 3 個基數，辦理喪葬事宜。

UNIT **11-10**
資遣、政務人員退撫制度

圖解現行考銓制度

(一) 資遣

❶ 適用情形

考量資遣也是對服務一定期間人員，按任職年資計算給與，以慰勉在職辛勞的制度，與退休性質相近，因此 99 年便將原本列於任用法第 29 條的資遣規定，移列至退休法中。

為了促進政府人事的新陳代謝，107 年退撫新法將不符退休條件但配合精簡裁減、調整工作後仍不適任等情形，列為應予資遣的法定事由。同時考量機要人員的任用性質特殊，為免弊端，也明定排除工作不適任的資遣規定。

❷ 資遣給與

準用一次退休金標準計算，若是配合組織精簡，還有一次最高 7 個月俸給總額慰助金的加發規定，但若是在一定期限內再任法定的有給職務，慰助金餘額將被收繳回國庫。

❸ 資遣程序

與退休辦理程序差不多，但是由服務機關主動經首長初核後，送權責機關核定，並檢齊有關證明文件函送審定其年資及給與。同時為了保障當事人，除配合精簡的法定情事外，其他情形均應先經考績委員會初核，並給予當事人陳述及申辯機會。

(二) 政務人員退撫

我國的政務人員專法及公務人員基準法多年來都還停留在草案階段，因此有關於政務人員的定義，主要依「政務人員退職撫卹條例」，包括下列有給人員：❶總統任命；❷總統提名，立院同意任命；❸行政院長提請總統任命；❹前三款以外之特任、特派；❺其他中央或地方比照簡任 12 等以上職務人員。

政務人員退撫制度之歷史演變，與我國政黨政治生態的大幅轉變息息相關。主要經歷三大階段：

❶ 第一個階段始於 61 年所建立的退職酬勞制度，比照常任文官採恩給制。由於當時的政務人員絕大多數來自於頗具專業能力的常任高階事務官，為了吸引一流人才投入政治性的領導職位，除了一次性支領外，更於 74 年增加月退職金的設計，任職滿 2 年以上即有退職金的請領權，也可以併計原常任文官年資。一次退職酬勞金並可存入 18% 優惠存款。

❷ 第二階段則以 85 年區分，與常任文官的改革方向一致，退職金不再採恩給制，而改為共同籌款制，一併參加退撫基金，改領一次退或月退職金，之後也不再有優惠存款的適用。

❸ 第三階段為 93 年起施行的退職撫卹條例。由於政黨輪替後，我國的政治生態不變，政務人員的平均任期大幅縮短，新訂條例除改採離職儲金制，不參加退撫基金，事務與政務的年資原則上分開計算。但當時的部分規劃欠缺周延，有不少批評聲浪，年資切割的計算方式近年更讓公立大學教授及常任人員的轉任意願大幅降低，造成政府攬才困難，故 106 年修法時將人員分為兩類，原軍公教轉任且未領取退離給與者，轉任為政務後仍可參加並適用原退撫制度。也併同年金改革整體規劃，修正所得替代率及優存改革等規定。

資遣制度

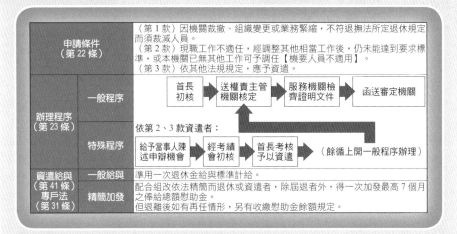

申請條件 （第 22 條）		（第 1 款）因機關裁撤、組織變更或業務緊縮，不符退撫法所定退休規定而須裁減人員。 （第 2 款）現職工作不適任，經調整其他相當工作後，仍未能達到要求標準，或本機關已無其他工作可予調任【機要人員不適用】。 （第 3 款）依其他法規規定，應予資遣。		
辦理程序 （第 23 條）	一般程序	首長 初核 → 送權責主管 機關核定 → 服務機關檢 齊證明文件 → 函送審定機關		
	特殊程序	依第 2、3 款資遣者： 給予當事人陳 述申辯機會 → 經考績 會初核 → 首長考核 予以資遣 →（餘循上開一般程序辦理）		
資遣給與 （第 41 條） 專戶法 （第 31 條）	一般給與	準用一次退休金給與標準計給。		
	精簡加發	配合組改依法精簡而退休或資遣者，除屆退者外，得一次加發最高 7 個月之俸給總額慰助金。 但退離後如有再任情形，另有收繳慰助金餘額規定。		

政務人員退撫制度沿革

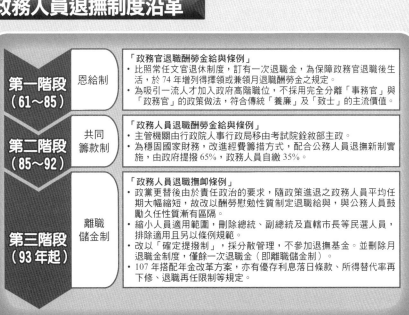

第一階段（61～85） 恩給制

「政務官退職酬勞金給與條例」
- 比照常任文官退休制度，訂有一次退職金，為保障政務官退職後生活，於 74 年增列得擇領或兼領月退職酬勞金之規定。
- 為吸引一流人才加入政府高階職位，不採用完全分離「事務官」與「政務官」的政策做法，符合傳統「養廉」及「致士」的主流價值。

第二階段（85～92） 共同籌款制

「政務人員退職酬勞金給與條例」
- 主管機關由行政院人事行政局移由考試院銓敘部主政。
- 為穩固國家財政，改進經費籌措方式，配合公務人員退撫新制實施，由政府提撥 65%，政務人員自繳 35%。

第三階段（93 年起） 離職儲金制

「政務人員退職撫卹條例」
- 政黨更替後由於責任政治的要求，隨政策進退之政務人員平均任期大幅縮短，故改以酬勞慰勉性質制定退職給與，與公務人員鼓勵久任性質漸有區隔。
- 縮小人員適用範圍，刪除總統、副總統及直轄市長等民選人員，排除適用且另以條例規範。
- 改以「確定提撥制」，採分散管理，不參加退撫基金。並刪除月退職金制度，僅餘一次退職金（即離職儲金制）。
- 107 年搭配年金改革方案，亦有優存利息落日條款、所得替代率再下修、退職再任限制等規定。

★離職儲金

現見於「各機關學校聘僱人員離職給與辦法」（原離儲辦法，107.7.1 以後新加入者均改參加勞退制度）及「政務人員退職撫卹條例」中。以其在職時薪酬（政務人員為月俸加一倍，聘僱人員為月支報酬）依法定費率（均為 12%），按月由政府撥繳一定比例作為公提儲金，人員亦撥付自提儲金（政務人員公提 65%，自付 35%；聘僱人員公提 50%，自付 50%），由服務機關在銀行或郵局開立專戶儲存孳息，並按人分戶列帳管理，於退離後一次核發公、自提儲金本息。均為一次性給與，無定期月領或年金給與規定。

UNIT 11-11
公教保險制度

圖解現行考銓制度

(一) 沿革

　　我國早在民國 47 年就開辦公保制度，以保障公務人員生活，增進福利並提高工作效率。公保業務範圍原先包括生育、疾病、傷害、殘廢、養老、死亡、眷屬喪葬等各種現金給付與醫療給付，不過在 84 年全民健保實施之後，便將醫療給付業務移歸健保署辦理。

　　另外，有鑑於私校保險的主管機關也是銓敘部，各項權益與給付方式都差不多，在法規精簡整合與追求經濟效益的考量下，88 年便將公務人員保險法和私立學校教職員保險條例合併為「公教人員保險法」。

　　因應少子化的社會轉變，公保也自 98 年新增育嬰留停津貼，且進一步於 103 年增列生育給付〈為現金給付，與最早規範的生育醫療給付性質不同〉。同時為落實政府建構社會安全網路的政策，103 年修法時亦將養老及死亡給付由一次性現金給付改採年金給付方式，先由私校教職員開始適用，再以漸進方式，陸續擴大適用對象。

(二) 適用對象

　　法定機關編制內之有給專任且具公務員身分者、公立學校編制內有給專任教職員、教育部核准立案的私立學校編制內之有給專任教職員，都屬於公保的加保對象。至於編制內的聘僱人員如有在保情形，那都是 87 年之前已經進用且依當時規定辦理的事了。

　　此外，由於公保是國家各項職域社會保險的其中一環，不但強制納保，且有互斥性，除非有法定特殊情形，被保險人不能另外參加勞保、軍保、農保或國民年金保險。重複加保期間一旦發生保險事故，公保將不予給付，該段年資亦不予採認，所繳保費也概不退還。

(三) 權責機關

　　公保的主管機關為銓敘部。至於承保機關原本為中央信託局，該局與臺灣銀行 96 年合併後，現在均由臺灣銀行辦理承保、現金給付、財務收支及保險準備金管理運用等保險業務。

(四) 保險費率

　　目前公保的法定費率區間是月俸額的 7～18%（112 年調高上限），由被保險人自付 35%，其餘部分由政府補助 65%，但若是私校教職員，則由政府及學校再攤一半，各補助 32.5%。

　　公保是屬於風險共同分擔的保險性質，跟感念在職辛勞的退休金不同，所以政府並不負最後擔保責任，公保法也有強制辦理精算的規定。另外，因參加公保對象身分多元，私立學校需負擔部分年金，再加上參加個人專戶退撫制度人員的公保養老給付採計上限由 35 年提高為 40 年等諸多因素，目前實際撥繳費率則依是否為年金適用對象、全額年金或基礎年金、採計年限上限，一共區分為 5 種不同的費率。

(五) 其他特殊情形

　　在募兵制全面上路之前，當兵現仍是國民義務，所以因服法定兵役而保留原職期間，保費自付額由政府負擔，但私校教職員則由學校負擔。至於其他非因公務種類的留職停薪，由被保險人自行選擇退保或自付全部保險費繼續加保；一旦選定之後，就不得變更。

236

公保、退撫比一比

公保		退撫（新制）
風險共同分擔之保險互助	性質	感念在職辛勞之生活照護
公教人員保險法	主要依據	公務人員退休資遣撫卹法 （公校教職員另依「公立學校教職員退休資遣撫卹條例」）
主管機關：銓敘部 承保、給付及管理：臺灣銀行（公教保險部）	權責機關	主管機關：銓敘部 基金監督及管理：基管局、銓敘部監理司
❶ 法定機關編制內之有給專任、具公務員身分人員。 ❷ 公立學校編制內有給專任教職員。 ❸ 依私校法規定登記核准立案之私立學校編制內有給專任教職員。	適用對象	依公務人員任用法及其相關法律任用（指任用法第 32～35 條授權所定），並經銓敘審定之人員
（依適用條件共分為 5 種費率 7.83%～16.33%） 政府補助 65%（32.5%） 個人自付 35% 私立學校 32.5% （私校教職員，由政府學校各補助一半）	費率	（分 3 年調升費率）110 年 13% 111 年 14% 112 年 15% 政府負擔 65% 個人自繳 35%
失能給付、生育給付 養老給付、死亡給付 眷屬喪葬津貼 育嬰留職停薪津貼	支給內涵	一次退休金、月退休金 遺屬一次金、遺屬年金 一次撫卹金、月撫卹金 資遣給與
❶ 考試錄取人員訓練期間：除 103～105 年度考試外，均可加入 ❷ 留職停薪期間： 　兵役留停：自付額由政府負擔（私校教職員由學校負擔） 　其他原因留停：得選擇退保或自付全額續保 （※ 續保者始得請領各項給付或津貼） ❸ 中途離職：無發還或退費規定	特殊選擇權規定	❶ 考試錄取人員訓練期間：103 年起不得參加退撫基金 ❷ 留職停薪期間： 　兵役留停：自付額補繳後始併計 　育嬰留停：選擇退出或全額自繳 　協助友邦或借調財團法人之留停：全額補繳後始併計 　其他原因留停：除函釋許可情形外，原則不得補繳併計 ❸ 中途離職：得申請一次發還自繳費用本息
自給自足，實際收支情形及精算結果適時調整費率 （惟 88.5.30 以前年資之養老給付，仍由財政部審核撥補）	最終財務責任	由政府負最後支付保證責任

UNIT *11-12* 公教保險給付

(一) 計算標準

公保的繳費與退撫基金相似，以「月均俸額」乘以一定的比率計算，並不包含其他的加給。養老及死亡給付以 10 年均俸，其他的給付津貼均以 6 個月的均俸額為計算基準。

(二) 給付與津貼

❶ 失能給付

若以商業保險的角度來看，本項屬於重大傷殘給付。原為殘廢給付，104 年修正名稱，我國近年來多項法令規章的文字修正，如殘障改為身心障礙、痴呆症改為失智症，都是基於避免歧視或貶損用語，而研擬出的中性字詞。

被保險人在保險期間如果發生傷害事故或罹患疾病，經醫治終止後符合失能標準且經鑑定為永久失能者，按發生原因及程度核給。另訂有「公教人員保險失能給付標準」，並就各種失能種類的狀態、等級、審核及給付標準以附表方式明列。

❷ 養老給付

此項類似商業保險的生存金，需依法退休資遣，或達到繳費 15 年且 55 歲以上離職退保時，才符合養老給付條件。

原本只有一次性給付，且可以存入18% 優惠存款，但在年金改革的推動之下，103 年增加年金給付方式，也搭配展期與減額的彈性配套。目前的年金適用對象為私校教職員及未有政府定期退離給與規定者，如考試訓練期間人員、公部門駐衛警等。原退撫法的一般公務人員暫不適用年金規定。

與退撫給與領受權一般，也有停止、喪失領受權的法定情形，及所得替代率的退休年金給與上限規範等。

❸ 死亡給付

類似壽險的概念，於被保險人死亡時的一次性給付。配偶、子女或父母若符合一定條件，得選擇請領遺屬年金給付，法定條件大致上與退撫法規定相類似。

另外考量政府財政資源分配的合理性，若同時符合請領養老年金及遺屬年金給付條件，或者具有領受二個以上遺屬年金給付之資格時，只能擇一請領年金。

❹ 眷屬喪葬津貼

本項津貼對象包括父母、配偶及未滿25 歲以下子女，因疾病或意外傷害死亡。如家中有多人參加公保，則應自行協商並切結由 1 人請領。

❺ 育嬰留職停薪津貼

世界各國無不為了少子化造成勞動人口快速降低而推出各種政策，只要加保年資滿 1 年以上，養育三足歲以下子女，並選擇繼續加保者，就可以請領均俸的 60%，按月發給，最長 6 個月。如果夫妻都參加公保，111 年 2 月公保法第 35 條也刪除原本的限制，而放寬夫妻可以同時請領同一子女的津貼。另為落實「0～6 歲國家一起養」政策，110.7.1 實施軍公教人員加發 20% 措施，為法定外的加碼。

❻ 生育給付

本項給付為 2 個月，多胞胎則按比例增給。113 年並刪除加保須達一定期間的限制，另增加投保期間懷孕但於停保後分娩或早產亦得請領的規定，逐步落實 103 年立法院附帶決議，公、教、勞、農、國保等各類人員的生育給付，全數回歸法律位階的保障（軍保目前尚未完成修法，仍以補助方式辦理）。

公教保險給付（除生育給付 113 增訂例外情形，其他均需於在保期間）

失能給付

發生保險事故當
月起往前推算

= 6 個月保險均俸 ✕

因 經醫治終止後，仍遺留無法改善之障礙而符合失能標準，並經中央衛生主管機關評鑑合格之醫院鑑定為永久失能

❶ 因公或服兵役所致：全失能者，給付 36 個月；半失能 18 個月；部分失能 8 個月。
❷ 因病或意外傷害所致：全失能者，給付 30 個月；半失能 15 個月；部分失能 6 個月。

- 全失能、半失能、部分失能之標準，及 9 種失能種類另參考「公教人員保險失能給付標準」。
- 加入本保險前已失能者，不得請領本保險失能給付。

養老給付

退離當月起
往前推算

= 10 年保險均俸 ✕

因 依法退休（職）、資遣或繳費滿 15 年且滿 55 歲以上而離職退保時

❶ 一次養老給付：
滿 1 年，給付 1.2 個月，最高 42 個月為限。但辦理優存者，最高 36 個月為限。
❷ 養老年金給付：
滿 1 年，在給付率 0.75～1.3%（基本年金率～上限年金率）之間核給，最高 35 年，給付 45.5。
112.7.1 初加入者最高 40 年、給付 52%。

- 年金基本條件：❶繳費 15 年且 65 歲；❷繳費 20 年且 60 歲；❸繳費 30 年且 55 歲。
- 限制：納入退休所得替代率計算。

死亡給付

亡故當月起
往前推算

= 10 年保險均俸 ✕

因 被保險人死亡時

❶ 因公死亡者，給與 36 個月。
❷ 病故或意外死亡者，給與 30 個月。但繳付保險費 20 年以上者，給與 36 個月。

- 符合請領遺屬年金給付條件之遺屬，得擇領年金，另有給付率及上限規定。
- 具有領受二個以上年金給付或請領條件時，應擇一請領。

眷屬喪葬津貼

眷屬亡故當月起
往前推算

= 6 個月保險均俸 ✕

因 眷屬因疾病或意外傷害而致死亡者

❶ 父母及配偶，給與 3 個月。
❷ 子女：
① 12～25 歲未滿，給與 2 個月。
② 已為出生登記且未滿 12 歲者，給與 1 個月。

- 如有數人符合請領同一眷屬喪葬津貼時，應自行推由一人檢證請領。
- 生、養或繼父（母）死亡時，應在不重領原則下，擇一請領。

育嬰留停津貼

育嬰留停當月起
往前推算

= 6 個月保險均俸 ✕ 60% ✕

（110.7.1 起加發 20%）

因 加保年資 1 年以上，養育 3 足歲以下子女，辦理育嬰留停並選擇繼續加保者

自留停日起按月發給；最長發給 6 個月。但留停期間未滿 6 個月者，以實際留職停薪月（日）數發給計算。

- 同時撫育子女二人以上者，以請領一人之津貼為限。

生育給付

生育當月起
往前推算

= 6 個月保險均俸 ✕

因 在保期間分娩或早產。
在保期間懷孕，且於保險效力停止後 1 年內，同一懷孕事故而分娩或早產。

給與 2 個月

- 分娩或早產為雙生以上者，按比例增給。
- 同時符合其他生育給付或生育補助請領條件者，僅得擇一請領。

UNIT **11-13**
優惠存款（18 趴）

每一次的年金改革，總因 18 趴而吵得沸沸揚揚，其實 84 年以後任職者都已經不適用。然而此制確實有其時代背景，時至今日，仍有部分早年退休生活困難者僅能依靠這些利息收入以維持最基本的生活。

(一) 源由

早年政府資金不充裕，公務人員的所得也的確偏低，為了鼓勵人員把退休金放在臺灣銀行，設計了以利息補貼的方式，除彌補退休人員生活開銷，也可使國家有較多資金可運用調度，便於 49 年陸續訂頒了退休金、保險給付相關的優惠存款辦法與要點，適用對象與範圍也從退休公務員、退除役官兵、學校退休教職員到退職政務人員，不斷擴大。

但隨著銀行利率持續走向微利化，失業率攀升與經濟景氣的下滑，使早年的優存政策與持續低靡的景氣形成強烈對比，再加上對於公務人員的其他優惠或補助措施，便逐漸造成社會與民眾的相對剝奪與不佳觀感。

(二) 改革歷程

❶ 84 年 7 月 1 日落日斷源

配合恩給型態的退撫舊制走入歷史，一併取消優惠存款措施，所以公務人員僅得以舊制年資計算的一次退休金與公保養老給付，可辦理優惠存款。

但由公立學校教育人員、政務人員及軍職人員轉任公務人員者，舊制年資則分別按各大類人員加入退撫基金的時點起算。

❷ 95 年 2 月 16 日調整方案

由於 84 年以後的退撫新制基數計算內涵提高為俸額加 1 倍，產生部分兼有新舊制年資人員的每月所得竟然高於現職同等級人員的不合理情形，因此在不變動優存利率與月退休金的前提之下，設計了一套複雜的公式，調降公保養老給付可辦理優惠存款的額度。

❸ 99 年 8 月 4 日調整方案

前項改革措施實施一段時期之後，產生「肥大官，瘦小吏」與「服務越久，扣減越多」的不合理情形，而受到不少批評。

因此銓敘部重新研擬處理方案，並將退休法納入，變更改革方案的計算公式，但調整模式與 95 年大致相同，都採僅調整優存額度，而不變動月退休金。

❹ 100 年 2 月 1 日再調整方案

由於 99 年的調整，使部分退休人員的優存額度增加且可辦理回存，遭受外界批評政府走回頭路。為了回應民意，100 年進行再調整，並採取兩階段計算方式，取最小值為實際可辦理優存的金額。

(三) 現況

❶ 依據

為 107 年公務人員退休資遣撫卹法授權訂定的「退休公務人員一次退休金與養老給付優惠存款辦法」。

❷ 利率及保障

支領月退休金人員，18% 的利率以兩年半為期，從 9% 降至 0%，逐漸走入歷史；而領一次退或月退所得偏低人員，也另有不同降幅及人道關懷弱勢保障的制度設計。

由於 107 年 7 月 1 日退撫新法已全面施行，實務上已領月退人員因所得替代率而重行審定後，由於優存優先調降，故降幅及速度比預期的更加快速。

沿革

49 年
陸續訂頒退休公務員退休金優惠存款辦法、退休公務人員一次退休金優惠存款辦法、陸海空軍退伍除役官兵退除役給與及保險退伍給付優惠儲蓄存款辦法、退休公務人員公保養老給付金額優惠存款要點、學校退休教職員退休金優惠存款辦法、學校退休教職員一次退休金優惠存款辦法、政務官退職酬勞金優惠存款辦法等規定。

84 年
配合退撫新制實施，取消優惠存款措施，即新制實施後的年資，無論一次退休金或公保養老給付，均不得再辦理優惠存款（舊制年資始得辦理）。

95 年
部分人員月退休所得高於現職同等級人員，未盡合理。以不變動優存利率及法定退休金為前提，降低公保養老給付優存額度，所得替代率上限計算公式為：

$$\frac{月退休金 + 公保養老給付每月優存利息 + 年終慰問金\,1/12}{本（年功）俸 + 專業加給加權平均數 + 主管職務加給 + 年終工作獎金\,1/12} \leq \begin{matrix} 75\%{\sim}80\%（簡12以上主管、政務人員）\\ 85\%{\sim}90\%（其餘人員）\end{matrix}$$

99 年
前次改革產生「服務年資越長者，退休所得扣減越多」，且使中、低階人員扣減額較大，產生公平性的質疑，故修正改革方案計算公式為：

$$\frac{月退休金 + 公保養老給付每月優存利息}{本（年功）俸 \times 2} \leq 75\%{\sim}95\%$$

100 年
前次改革因部分人員優存額度可辦理回存，遭受外界批評將增加政府財政負擔且軍公教人員福利與一般民眾差距過大，再度修正，搭配優存辦法最高月數標準表並採 2 階段分別計算額度，取最低者為實際可辦理金額：

❶ 以優存辦法最高月數標準表計算之金額

❷ 先計算（第 1 階段）
$$\frac{月退休金 + 公保養老給付每月優存利息}{本（年功）俸 \times 2} \leq 75\%{\sim}95\%$$

❸ 再計算（第 2 階段）
$$\frac{月退休金 + 公保養老給付每月優存利息}{本（年功）俸 + 專業加給加權平均數 + 主管職務加給 + 年終工作獎金\,1/12} \leq 70\%{\sim}90\%$$

（辦優存實際金額 ❶❷❸ 取最低值為可）

107 年
以 2 年時程將優存全面歸零。但為照顧退休人員基本生活，支領一次退或月退者，均保留最低保障及人道關懷條款。

※ 年終慰問金自 100 年起發給對象應為生活弱勢及對國家有重大犧牲貢獻人員；年終工作獎金發給對象為現職人員。

107 年金改革後優存利率

領月退者	全部優存本金	9%	0%	0%	0%
領一次退者 （一次退＋公保養老給付）	＞最低保障本金	12%	10%	8%	6%
	≤最低保障本金	18%	18%	18%	18%
退休金種類	實施期間	107.7.1~ 109.12.31	110~111 年	112~113 年	114 年以後

例外：
最低保障條款：調降後之每月所得低於最低保障，期間差額可按 18% 辦理優存
人道關懷條款：調降後之每月所得低於最末年（118 年）替代率上限者（不含減額者），期間差額可按 18% 辦理優存
※ 最低保障金額：委任第 1 職等本俸最高級＋專業加給表（二）之合計數額

知識補充站 ★釋字第 717 號【降低公保養老給付優惠存款金額案】

銓敘部、教育部增訂支領月退人員每月所得，不得超過現職同等級待遇上限一定比率方式，減少公保養老給付得辦理優惠金額之規定，尚無涉禁止法律溯及既往原則。已退休或在職人員固有值得保護之信賴利益，惟上開變動確有公益考量，且衡酌其所欲達成之公益及人員信賴利益，所採措施尚未逾越必要合理程度，未違反信賴保護原則及比例原則。

國家圖書館出版品預行編目(CIP)資料

圖解現行考銓制度 / 梅林著. -- 三版. -- 臺北市：
五南圖書出版股份有限公司, 2024.07
　　面；　公分. -- (圖解政治系列；8)
ISBN 978-626-393-331-6 (平裝)
1.考銓制度

573.4　　　　　　　　　　　　113006175

1PN8

圖解現行考銓制度

作　　者 — 梅林 (489)

發 行 人 — 楊榮川

總 經 理 — 楊士清

總 編 輯 — 楊秀麗

副總編輯 — 劉靜芬

責任編輯 — 呂伊真

封面設計 — 封怡彤

出 版 者 — 五南圖書出版股份有限公司

地　　址：106 台北市大安區和平東路二段339號4樓

電　　話：(02)2705-5066　　傳　　真：(02)2706-6100

網　　址：https://www.wunan.com.tw

電子郵件：wunan@wunan.com.tw

劃撥帳號：01068953

戶　　名：五南圖書出版股份有限公司

法律顧問　林勝安律師

出版日期　2018 年 10 月初版一刷
　　　　　2021 年 10 月二版一刷
　　　　　2024 年 7 月三版一刷

定　　價　新臺幣 400 元

經典永恆・名著常在

五十週年的獻禮——經典名著文庫

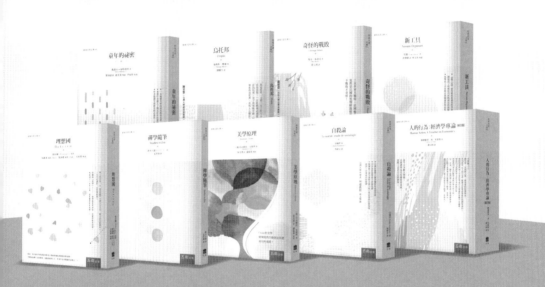

五南，五十年了，半個世紀，人生旅程的一大半，走過來了。
思索著，邁向百年的未來歷程，能為知識界、文化學術界作些什麼？
在速食文化的生態下，有什麼值得讓人雋永品味的？

歷代經典・當今名著，經過時間的洗禮，千錘百鍊，流傳至今，光芒耀人；
不僅使我們能領悟前人的智慧，同時也增深加廣我們思考的深度與視野。
我們決心投入巨資，有計畫的系統梳選，成立「經典名著文庫」，
希望收入古今中外思想性的、充滿睿智與獨見的經典、名著。
這是一項理想性的、永續性的巨大出版工程。
不在意讀者的眾寡，只考慮它的學術價值，力求完整展現先哲思想的軌跡；
為知識界開啟一片智慧之窗，營造一座百花綻放的世界文明公園，
任君遨遊、取菁吸蜜、嘉惠學子！